LES NOUVELLES HISTOIRES EXTRAORDINAIRES DE L'HISTOIRE

Pierre Bellemare

présente

Les nouvelles histoires extraordinaires de l'histoire

de

Jean-Jacques Becker, Frédéric Chauvaud,
Marion Godfroy, Dominique Kalifa, Nicolas Lyon-Caen,
Michel Porret et Sylvain Rappaport

FIRST
Editions

ISBN : 978-2-7540-7691-3
Dépôt légal : septembre 2015

Direction scientifique de l'ouvrage : Marion Godfroy
Couverture : Hokus Pokus
Mise en page : Stéphane Angot
Correction : Anne-Lise Martin
Production : Emmanuelle Clément

Imprimé en France par Normandie Roto Impression s.a.s., 61250 Lonrai
N° d'impression : 1504421

Éditions First, un département d'Édi8
12, avenue d'Italie
75013 Paris – France
Tél. : 01 44 16 09 00
Fax : 01 44 16 09 01
E-mail : firstinfo@efirst.com
Internet : www.editionsfirst.fr

Sommaire

Préface

Par Pierre Bellemare

Je suis un conteur de faits-divers et me voilà écrivant une préface pour un livre d'histoires de l'Histoire. Cherchez l'erreur… En y réfléchissant bien, il n'y en a pas !

En effet, l'étude du quotidien de nos cousins d'hier permet de mieux comprendre les réactions du peuple et des bourgeois face aux événements qui ont marqué notre passé.

Cette méthode remonte aux années cinquante et l'un des premiers à l'utiliser fut Gosselin Lenotre entre les deux guerres. Cet historien de droite écrivait dans les colonnes du *Temps,* quotidien d'autrefois. Le 16 octobre, il décide de consacrer son article à la mort de Marie-Antoinette qui fut exécutée ce jour-là. Son récit commence par décrire le temps qui régnait sur Paris : « Une petite bruine tombait sur la capitale, brouillant les images et pénétrant les vêtements de la Reine. » Le lendemain, dans les journaux de gauche on se gausse : « Voilà que

Monsieur Lenotre invente le temps qu'il faisait le jour de l'exécution de la Reine. Etc. ». Lenotre s'empresse de leur répondre : « Il existe à Paris un observatoire fondé en 1667 qui enregistre chaque jour le temps qu'il fait. Il suffisait d'avoir la curiosité de s'y rendre pour connaître le temps du 16 octobre 1793. » Ce souci du détail est aujourd'hui commun à tous ceux qui s'intéressent à l'histoire et le fait-divers donne ainsi parfois au passé des couleurs inattendues.

Je ne résiste pas au plaisir de vous communiquer un autre détail étonnant. Mon ami André Castelot préparait un livre sur Louis XVI. Il se rendit à Varennes pour mieux décrire les lieux. Le hasard lui permit de révéler un fait ignoré jusqu'ici lors du tragique épisode du retour après la fuite de Varennes. Quand le carrosse du roi repartit pour Paris, la route empruntée longeait une rivière dénommée l'Aire. Les troupes favorables au roi étaient à quelques kilomètres de Varennes. Un groupe de cavaliers, inquiets de ne pas voir Louis XVI, partit en reconnaissance. Ils arrivèrent à Varennes, mais de l'autre côté de l'Aire… Ils découvrirent le carrosse du roi qui prenait la direction de la capitale. Ils voulaient intervenir, mais il leur fallait trouver un gué. Et malheureusement, à cet endroit il n'y en avait pas. Savez-vous comment se nommait cet endroit : Ratantout ! Ça ne s'invente pas !

Vous allez maintenant découvrir les événements, bien souvent inédits, que contient ce livre.

Et tout d'abord Sylvain Rappaport va vous entraîner au bord des eaux d'un lavoir où flottent les morceaux d'un corps de femme démembré. Qui peut être l'auteur de cette horrible boucherie ? Deuxième texte, deuxième fait-divers surprenant et tout aussi original. Dans la France de Louis XIV, un vol est commis au sein du prestigieux Palais de justice de Paris. Nicolas Lyon-Caen nous entraîne à la suite du commissaire Delamare au cœur de la police et de la vie du Paris de Louis XIV. Avec Frédéric Chauvaud, nous allons faire la découverte d'un long, très long tuyau de plomb qui entoure quatre fois le corps d'un homme mort d'un coup de marteau et de canne-épée. Puis avec Dominique Kalifa, nous entrerons dans le mystère de l'affaire Troppmann qui assassine huit membres d'une même famille, dont quatre garçons âgés de 8 à 16 ans. Cette boucherie et son étrange auteur passionnèrent les grands auteurs du XIXe siècle comme Flaubert, Alexandre Dumas ou Barbey d'Aurevilly… Un dénommé Robert-François Damiens armé d'un petit couteau blesse le roi Louis XV au ventre. Cette tentative de meurtre sera jugée avec la même sévérité que celle de Ravaillac, assassin d'Henri IV. Sylvain Rappaport nous fait découvrir les conséquences de cet acte manqué. Ensuite Jean-Jacques Becker vous fera pénétrer à la suite d'Henriette Caillaux dans le bureau du directeur du *Figaro*. Nous sommes le

16 mars 1914 et elle a un pistolet à la main. Aviez-vous entendu parler de François Rosay ? Ce jeune homme de 22 ans est un bandit de grand chemin qui fut surnommé « l'Hercule du crime ». Disparu dans les archives de la prison de Genève, Michel Porret redécouvre cet incroyable assassin accusé de trente crimes. Landru n'aurait-il été qu'un pâle copieur ? En 1885, un dénommé Albert Pel est accusé de sept empoisonnements. Frédéric Chavaud nous raconte les méthodes de ce bizarre assassin qui, condamné à mort, verra curieusement sa peine transformée en bagne à perpétuité. Il y a des meurtres dont la honte poursuit la famille de l'assassin jusqu'à aujourd'hui. C'est le cas pour la famille Choiseul-Praslin. Sylvain Rappaport nous conte cette affaire digne d'un roman. Vous vous souvenez sûrement de Simone Signoret dans le rôle de *Casque d'or* de Jacques Becker avec Serge Reggiani dans le rôle de Manda ? Eh bien cette histoire a réellement existé et Marion Godfroy en a retrouvé les protagonistes. Le cinéma, comme souvent, a fait d'une affaire sordide un drame sentimental et nous allons enfin connaître la vérité.

Je vous laisse maintenant en compagnie de nos historiens-découvreurs pour aller de surprise en surprise !

Bonne lecture, et bonnes sensations fortes !

Meurtre au presbytère

Au matin du 31 août 1835, Sainte-Marie-la-Blanche – un petit village bourguignon situé à quelques kilomètres de Beaune dans la Côte-d'Or – est encore assoupi. Rose Renaud et Jeanne Poupon, deux jeunes paysannes, se sont levées de bonne heure pour aller au lavoir. Alors qu'elles s'approchent de la mare de Meix-ez-Pavots, elles aperçoivent une toile flottant sur l'eau. Elles ont tôt fait de ramener sur le bord un sac lourdement chargé qu'elles s'empressent d'ouvrir. Un cri d'effroi déchire alors le silence. C'est un bras qu'elles découvrent, bientôt suivi de deux cuisses séparées du tronc, d'une jambe, d'un autre bras et d'une tête de femme ornée d'une longue chevelure où se trouve encore une papillote. Ces sinistres restes sont déposés sur la berge au vu de tous les voisins, à peine protégés par la présence du garde champêtre. Durant toute la matinée, les habitants de Sainte-Marie se pressent pour contempler le spectacle morbide.

Angoisse à Sainte-Marie

Le juge d'instruction Chauvin arrive bientôt sur les lieux. Il est accompagné du docteur Molin qui fait office de légiste. Depuis les réformes impulsées par la Révolution et par l'Empire, il est en effet prévu que des médecins soient mobilisés pour des expertises judiciaires. La procédure est obligatoire dans les cas de mort violente. Après un rapide examen, rendu difficile par la foule qui se masse alentour, le docteur Molin estime que le corps dépecé est celui d'une femme de 30 à 35 ans. Autres indices ? Les mains blanches ne portent pas la marque des travaux manuels, la chevelure est soignée, ce qui indique que « la victime n'appartenait pas aux couches inférieures de la société ». L'état de la tête, touchée par un début de putréfaction, rend toute identification difficile. Aucun habitant de Sainte-Marie présent sur les lieux et sollicité par les enquêteurs n'est en mesure de fournir des informations... Ces derniers ne peuvent s'accrocher qu'à un unique indice : les initiales « F.B » brodées sur le sac ayant contenu les restes macabres. Une chose est certaine, aucune disparition n'a été signalée dans le village. Personne n'a remarqué une quelconque agitation dans la nuit qui a précédé la sinistre découverte, même si quelques villageois mentionnent des aboiements de chien. L'enquête est confrontée au silence. Les autorités n'ont d'autre solution que de lancer des appels à témoins dans les feuilles de signalement publiées par le ministère de l'Intérieur. Ils sont rapidement relayés par les journaux locaux comme *Le Spectateur de la Côte-d'Or* qui insiste sur la nécessité de faire parvenir tout renseignement au procureur général de la cour royale de Dijon. Malgré la découverte de nouvelles parties du corps quelques jours plus tard au même endroit, le 4 septembre, les investigations piétinent. Les enquêteurs n'ont qu'une seule conviction : la victime est étrangère au pays et le crime n'a pas été commis dans un lieu proche de Sainte-Marie.

Étonnant présupposé que celui selon lequel l'assassin aurait transporté un corps dépecé sur une longue distance ! Mais les autorités l'affirment : le crime est venu d'ailleurs ! Dans un monde où l'on considère d'un œil hostile tous ceux qui n'ont pas d'attaches territoriales, les voyageurs, les mendiants, les forains focalisent l'attention. C'est ainsi un défilé de déclarations. Un monsieur de Limoges annonce que la victime pourrait être son épouse qui l'a abandonné pour suivre un voyageur de commerce. Le juge de paix de Seurre fait état d'un « bruit vague » concernant un couple ayant traversé sa juridiction. Un certain Menu aurait publiquement menacé Anne Gerbot, sa compagne. Si le juge de paix estime nécessaire de procéder à un signalement, c'est que dans son esprit, ces passants ont tout pour susciter la défiance. Par exemple, Anne Gerbot a le visage marqué par la petite vérole, elle a perdu une dent. Son apparence physique témoigne de sa déchéance morale et de la violence que le couple porte avec lui. Mais l'angoisse qu'a fait naître le terrible crime de Sainte-Marie favorise aussi la naissance de rumeurs au sein des tranquilles villages de la Côte-d'Or. Ce meurtre d'une rare violence stimule fortement l'imaginaire, d'autant que les autorités sont incapables de résoudre la crise et donc d'apaiser les peurs. Chacun devient enquêteur, observe ses voisins d'un œil méfiant. Dans ces collectivités où la vie se déroule toujours dans le cadre d'une surveillance croisée, la peur fait redoubler la vigilance. Les signalements auprès des gendarmes ou du procureur se multiplient alors qu'en temps ordinaire les villageois s'avèrent méfiants à l'égard des autorités extérieures et sont toujours prompts à régler de manière infra-judiciaire les troubles qui perturbent la communauté. Le procureur apprend ainsi qu'on est sans nouvelle d'une femme de Saint-Loup depuis plusieurs semaines ou que la femme d'un boucher de Charny aurait disparu ! La rumeur joue le rôle de détonateur. Le juge de paix de Charny n'hésite ainsi pas à envoyer un gendarme déguisé se renseigner sur un couple de mauvaise réputation. Mais toutes les investigations aboutissent à des impasses. Cet assassin et sa victime défient l'enquête et la mobilisation générale…

Un coupable au-dessus de tout soupçon

Alors que les investigations paraissent s'enliser, la clameur publique pousse la gendarmerie à revenir à Sainte-Marie. Pourquoi ce revirement ? C'est que, dans le langage judiciaire, si la rumeur n'est qu'un bruit sourd qui se répand vaguement, la clameur est une accusation forte, reprise par la majorité d'une communauté et justifiant une intervention rapide. Quelle est la source de l'émoi des habitants de Sainte-Marie ? Ils sont troublés par l'absence prolongée de Jean-Baptiste Delacollonge, curé desservant la paroisse, disparu le jour même de la découverte du sac macabre dans la mare. Invité par un de ses paroissiens à venir voir le cadavre exposé sur la berge, il a fermement refusé et pris un autre chemin. Nul ne l'a plus revu. Mais le prêtre est réputé dans la commune pour ses éclipses fréquentes. Or, cette situation se prolonge au-delà du tolérable, suscitant l'interrogation, puis le soupçon… Le silence se fissure et le 22 septembre, le maire informe les gendarmes en tournée qu'« une fille étrangère dont il ignore le nom, présumée des environs de Lyon, est venue à plusieurs reprises au presbytère ». Les explications de la servante du prêtre, Suzanne Bourgeois, qui font état d'une maladie de son maître parti à Lyon pour y recevoir les soins appropriés, ne satisfont pas le juge Chauvin qui décide de reprendre les interrogatoires. Et les langues se délient.

Dans ce village, ils sont désormais nombreux à se souvenir de cette femme qui a été vue aux côtés de Delacollonge. Une des habitantes, Marguerite Martin, se rappelle que le curé lui a demandé en avril 1834 de recevoir une jeune femme prénommée Fanny, présentée comme sa cousine. Un certain Pignolet évoque un dîner au presbytère durant lequel il a rencontré une femme de 35-40 ans. Comme le souligne *Le Spectateur de la Côte-d'Or* dans son édition du 2 octobre : « Tout le village a vu cette femme ». La longue discrétion dont ont fait preuve les habitants de Sainte-Marie relève de la solidarité communautaire, du désir de ne pas accuser un membre essentiel dans la vie du village tant qu'il n'existe pas une certitude absolue. La prudence s'imposait, compte tenu de l'opprobre dont la petite commune risquait d'être la cible. Il a fallu que le temps fasse son œuvre.

Soumise à de nouveaux interrogatoires, Suzanne Bourgeois est contrainte de confirmer le passage d'une jeune femme à la cure au cours de l'année 1834. Mais elle ne serait restée que quelques jours avant de repartir pour Paris où elle envisageait de devenir première fille de magasin. Comme le souligne *L'Annuaire historique universel* : « Malgré l'invraisemblance qui semblait repousser ce soupçon, il prit une telle consistance que les magistrats durent diriger l'enquête de ce côté. » Là où l'on attendait un suspect habituel, un errant aux mœurs douteuses, compagnon de la violence et de la dépravation, surgit la figure d'un notable local, celle du curé du village !

Il est désormais nécessaire d'aller au-delà des témoignages, de chercher des preuves plus consistantes que les simples soupçons formulés par les habitants de Sainte-Marie. Utilisant les pouvoirs qui lui sont attribués, le juge Chauvin ordonne une perquisition du presbytère et demande au docteur Molin de procéder à l'inspection des lieux. Il faut une preuve matérielle, validée par un expert, pour constituer une conviction. La fouille livre un verdict sans appel. Les gendarmes découvrent un pantalon noir taché de sang, une ombrelle de femme et deux malles contenant des effets portant les initiales « F.B ». On retrouve également des lettres adressées à Fanny Besson, ainsi qu'un billet révélant que Delacollonge lui a prêté la somme de 2 000 francs au mois d'avril 1825. Cette découverte libère définitivement la parole. Les témoignages abondent. Une villageoise se souvient désormais avoir *entendu* du bruit autour de la cure durant la nuit du crime, d'autres habitants du lieu affirment avoir *vu* le curé rôdant à plusieurs reprises autour de la cure et une certaine Éloise Lelong peut reconstituer un calendrier précis de tous les passages à Sainte-Marie de Fanny Besson, décrite désormais avec une remarquable précision : « Elle était très soignée dans son extérieur, sa figure était un peu maigre, le nez bien fait, les cheveux d'un châtain foncé… » Le doute n'est plus permis. La traque du coupable peut commencer. Elle est rapide. Le 30 septembre 1835, Jean-Baptiste Delacollonge est arrêté à Lyon alors qu'il s'apprête à partir pour la Suisse. Aux gendarmes qui l'interpellent, il présente un passeport au nom de Pierre Chervin. L'enquête nous apprend alors sa tragique biographie.

Une Église en quête de prêtres

Saisi par les forces de l'ordre, le prêtre déchu entre sur la scène du théâtre judiciaire. Le premier acte commence le 2 octobre 1835 lorsqu'il pénètre dans le cabinet du juge d'instruction à Lyon. Son interrogatoire est suivi de cinq autres, deux à Lyon puis trois à Beaune. Cette multiplication des séances manifeste le caractère exceptionnel de l'affaire car, dans ce premier XIXe siècle, un seul interrogatoire est généralement suffisant pour recueillir les faits et renvoyer l'affaire devant la juridiction compétente. Les procès-verbaux des auditions par le magistrat instructeur permettent de reconstituer l'histoire de celui qui, aux yeux de la France entière, apparaît désormais comme l'exemple du clerc pervers.

Delacollonge est né en 1795 à Bagnols dans le département du Rhône. Il a donc 40 ans lorsque l'affaire commence. Il est le deuxième enfant d'une modeste famille paysanne. Comme il témoigne d'une certaine aptitude pour les études, ses parents décident rapidement de le faire entrer au séminaire. La prêtrise constitue alors une voie efficace d'ascension sociale, surtout pour des enfants issus de la petite paysannerie. Sous les gouvernements de la Restauration désireux d'assurer à l'Église une place centrale dans la société française, le traitement annuel est passé de 500 à 800 francs entre

1820 et 1830. À ce montant fixe, il faut ajouter le casuel, les honoraires de messe et d'éventuelles indemnités versées par les municipalités. Le prêtre est en outre une figure majeure au sein des communautés villageoises, bien au-dessus du gendarme, voire de l'instituteur ou du maire. Chargé du salut des âmes, il est aussi celui qui a pour mission d'apaiser les tensions au sein de la collectivité.

Le désir des parents a sans doute rencontré celui du curé de Bagnols et de sa hiérarchie. Entre 1800 et 1830, l'Église française a désespérément besoin de prêtres. La méfiance des autorités révolutionnaires envers l'Église catholique, culminant avec la lutte acharnée contre les prêtres réfractaires et la politique de déchristianisation conduite entre 1793 et 1794, a abouti à la fermeture des séminaires et à l'arrêt du recrutement. Nombre de prêtres ont été tués ou sont partis en exil, on en compte environ 25 000 en 1814 (ils sont 60 000 à l'aube de la Révolution). Il n'est plus possible d'assurer la présence d'un prêtre dans chaque paroisse et des milliers de villages se retrouvent sans pasteur. Ainsi, en Côte-d'Or, on dénombre 387 prêtres pour 727 communes. Cette absence de gardien des âmes alimente le processus de déchristianisation redouté par les élites. Il faut donc recruter rapidement et massivement. C'est pourquoi, dès la réouverture des séminaires après la signature du Concordat en 1800, les évêques encouragent les curés à pousser les enfants prometteurs vers la carrière religieuse. On voit de plus en plus de candidats issus de la petite et moyenne paysannerie, véritable intrusion des pauvres, dans une fonction qui, à la veille de la Révolution, attirait davantage les membres des classes aisées. Jean-Baptiste Delacollonge n'est donc pas une exception. Mais pour les chroniqueurs de l'époque, c'est la solidité de sa vocation qui fait question. Ils sont nombreux à estimer que c'est l'orgueil ainsi que le dégoût pour les métiers manuels – et non pas l'appel de Dieu – qui l'ont poussé vers le séminaire. Or, pour la théologie du premier XIXe siècle, il existe une sorte de prédestination à la fonction de prêtre. On est convaincu que Dieu choisit ceux qui doivent le servir et qu'il enracine en eux un désir profond de s'engager dans une carrière qui impose d'énormes sacrifices. Un prêtre non appelé ne peut qu'errer et se révéler un mal pour l'Église...

Pour les commentateurs de l'époque, Delacollonge paraît bien inapte à la vocation de prêtre. D'abord moralement puisqu'il déclare au juge d'instruction que c'est pour obéir à ses parents qu'il a accepté d'entrer au séminaire. Aucune trace d'appel, de conviction profonde dans un tel aveu. Son inaptitude transparaît également dans ses caractéristiques physiques. En effet, un article du *Spectateur de la Côte-d'Or* le décrit comme d'une stature élevée, et doué d'une grande force musculaire. Et ils sont nombreux ceux qui surenchérissent, évoquant des épaules puissantes, un cou de taureau. Ce prêtre qui a fait vœu de célibat et de chasteté déborde de virilité ! On l'imagine aisément en militaire, mais pas en homme d'Église. Le séminaire, où l'on cherche à assurer un élan vers la science religieuse et la piété, ne peut canaliser cette énergie. Le colosse à la force indomptable se trouve enfermé dans un espace où il faut intégrer la contrainte, refouler tout désir sexuel. Son manque de conviction rend la résistance fragile. Ses biographes imaginent un corps impatient, des muscles qui frissonnent et un esprit totalement débridé que la volonté ne peut maîtriser !

Un homme vigoureux et sans vocation

Si la discipline du séminaire est difficile à endurer, Delacollonge se révèle pourtant un élève de qualité. En 1820, il est nommé vicaire de la paroisse Saint-Pierre-de-Lyon. La faiblesse de sa vocation apparaît toutefois rapidement. La tentation prend les traits de Fanny Besson, séduite au cours de la confession, et qui devient bientôt sa maîtresse. Il organise la vie de la jeune femme, lui fait abandonner sa patronne, lui prête l'argent nécessaire à son installation. Cette première faute en entraîne rapidement d'autres. Dès que le barrage a cédé, la virilité – longtemps contenue – s'empare du jeune prêtre qui multiplie les relations. « Il voulait goûter d'autres femmes », affirment ses détracteurs, jugeant que sa relation avec Fanny était presque trop simple, trop normée. Ceux qui l'ont fréquentée la présentent, en effet, comme ayant d'excellentes manières, douce, rangée et pieuse, allant très souvent à la messe. Elle se serait donc révélée incapable de satisfaire les appétits de son amant qui commence à fréquenter des prostituées et notamment une certaine Maria, dite « l'Alsacienne », qui le poursuit jusque dans son église, ou encore Adélaïde Ripet qu'il mène régulièrement à son domicile.

Tous ces éléments apparaissent dans la procédure qui a débuté dès l'arrestation du prêtre. Face au juge d'instruction, Delacollonge proteste avec force contre toutes ces accusations, affirme avoir été victime de chantage et ne reconnaît une liaison avec Fanny qu'à partir de 1832. Mais une enquête menée par la mairie de Lyon, avertie du scandale, confirme la réalité des soupçons. Informées, les autorités ecclésiastiques avaient déjà choisi de l'éloigner. Cela avait été le point de départ d'une errance qui avait mené le curé à Sainte-Marie. En quelques années, le jeune prêtre était passé d'une paroisse au cœur de la riche ville de Lyon à une petite commune de cinq cent trente et un habitants où la pratique religieuse n'était pas forte. Seul un tiers des hommes y faisaient leurs Pâques.

Le drame noué autour d'une relation sincère

Unique rayon de soleil pour un homme confronté à la ruine de ses ambitions, Fanny lui reste fidèle. Chaque année, elle se rend durant plusieurs semaines à Sainte-Marie où, pour éviter les commérages, elle est présentée comme sa cousine. Et ce qui devait arriver ne tarde pas à arriver. Fanny annonce bientôt qu'elle est enceinte. Loin d'être désarçonné, Delacollonge accueille la nouvelle avec plaisir, affirmation confirmée par ceux qui le voient côtoyer Fanny durant sa grossesse, alors qu'elle est installée à Dijon chez les dames Valotte sous le nom de Desgarennes. Se présentant comme son frère, il lui rend de fréquentes visites et apparaît d'un dévouement total. Fanny l'emporte clairement sur ses paroissiens qu'il néglige. Il est d'ailleurs présent en février 1834 lorsque la jeune femme entre en labeur. Mais l'accouchement est difficile et, malgré les soins de la sage-femme et du docteur Rathelot appelé en urgence, Fanny donne naissance à un enfant mort-né. Cette mort n'est que la première étape du chemin de croix des deux amants. Fanny est de santé fragile. La mort de son enfant a aggravé son état. Elle doit être suivie régulièrement par un médecin et les soins sont coûteux. La situation financière du couple devient si difficile qu'en juin 1835, Delacollonge dérobe 285 francs à la fabrique de sa paroisse. « Il tombait de crime en crime », écrit un de ses biographes, « la luxure l'avait poussé au désordre, le désordre l'entraînait au vol, il ne devait plus s'arrêter. »

Pour nombre de ceux qui s'intéressent à l'affaire, la mort de Fanny est déjà écrite. Le loyer de l'appartement de Dijon est désormais insupportable. Le 7 août, Fanny revient à Sainte-Marie dans la plus grande discrétion. Le secret ne tient que peu de jours. Craignant pour la réputation de son maître – jalouse, diront certains – Suzanne Bourgeois, la servante du presbytère, révèle la coupable présence à François Poupon, maire de Sainte-Marie le 24 août. Au sein des collectivités villageoises, le maire a pour mission d'être un régulateur et un protecteur de la communauté. Plutôt que de prévenir l'évêché, François Poupon intime l'ordre de faire partir Fanny. Début d'une nouvelle errance ? Tous les fils sont tirés. Le drame peut se dénouer. Au soir du 24 août, le couple se retrouve au presbytère et s'isole rapidement dans la chambre de Fanny. La présence de Suzanne Bourgeois, évidente dénonciatrice, dérange. Nul n'a donc pu assister aux derniers échanges, nul ne peut témoigner des humeurs ou des attitudes. La reconstitution de tout ce qui se passe durant la nuit repose sur le seul témoignage de Delacollonge tel qu'il le livre au juge d'instruction :

> « Lorsqu'à dix heures, la fille étant allée se coucher et ne doutant nullement de notre départ, nous fîmes des

réflexions amères sur nos chagrins et les peines de cette vie. Dans le trouble où j'étais, je lui dis "Nous serions bien heureux si nous étions morts." Je crois qu'elle me répondit "Oui, si nous mourions ensemble." À ces mots je lui dis "Veux-tu que j'essaye si je te faisais bien mal en te serrant ?" Et en même temps je lui portais les mains au cou et comme je la pressais plus fort que je ne le croyais par un mouvement dont je ne puis expliquer encore aujourd'hui, elle me fit un signe et comprenant à ce signe que je lui faisais mal, je lâchais aussitôt, mais elle tomba à la renverse et par suite de cette pression, soit parce qu'elle était déjà indisposée puisqu'elle m'avait dit un moment auparavant qu'elle ne se sentait pas la tête, soit parce qu'elle était excessivement frêle et délicate, elle ne parut plus donner que quelques signes de vie. Je profitais même de ce reste de vie pour lui donner l'absolution seulement en prononçant encore que les paroles essentielles, hors de moi et la croyant morte. Je sortis les effets que je trouvais dans une grande malle placée dans la chambre voisine et je la déposais dans cette malle. J'allais alors vers la domestique et lui dis "Venez fermer la porte, nous partons !" »

Il explique alors au juge avoir passé le reste de la nuit sous le porche de l'église afin de laisser croire à Suzanne Bourgeois qu'il était allé jusqu'à la ville voisine d'où partent les voitures assurant la liaison avec Lyon. Le lendemain, il éloigne la domestique en lui faisant porter une lettre à Beaune. Il entreprend désormais de faire disparaître le cadavre :

> « Lorsque je fus seul, ne sachant que faire du corps de la demoiselle Besson et n'osant en parler à personne [...] je connus l'idée de la diviser pour en rendre le transport quelque autre part plus facile [...]. Je me servis pour cela d'une cognée. Je fus d'abord embarrassé par le sang qui inonda la chambre ; dans l'état d'égarement où je me trouvais je n'avais pas prévu cette circonstance. Je fus donc obligé d'essayer de laver le sang, ma chemise en fut tachée et là je la brûlais avec les torchons qui m'avaient servi à essuyer. J'entreposai les lambeaux dans la malle et les plaçais ensuite dans un sac que je déposais dans la cave pendant le reste de la journée. Le soir même, à la tombée de la nuit, je les sortis de la cave et les plaçais dans le jardin près de la porte du cimetière [...] Entre neuf et dix heures, j'emportais le sac contenant le cadavre. Je cheminais pendant dix minutes. La nuit était très sombre, je ne savais pas où aller, je tombais même dans un fossé et le sac s'étant déchiré un des lambeaux en sortit. Cette circonstance me fit une impression affreuse. Je cherchais à recouvrer assez de force pour continuer ma route. Ayant rencontré une mare d'eau j'y entrais jusqu'aux genoux et j'y jetais le sac. »

Le lendemain, il doit aller dire la messe dans une commune voisine. Il passe près de la mare et ne remarque rien à la surface de l'eau. Il préfère ne pas s'attarder, car des femmes sont en train de laver leur linge. C'est, selon lui, avec regrets qu'il s'éloigne : « Je supportais avec peine l'idée de laisser le corps d'une femme que j'avais beaucoup aimée dans un lieu si peu convenable et je pensais nuit et jour aux moyens de lui donner une sépulture, lorsque le lundi suivant 31 août on découvrit dans la mare les lambeaux du cadavre de Mlle Besson. »

Un coupable peu arrangeant

Delacollonge diffère des accusés que les juges d'instruction rencontrent habituellement. Loin de s'enfermer dans la dénégation systématique ou dans un silence obstiné, il parle. Il parle longuement et avec précision. Il reconnaît les faits qui lui sont reprochés. Oui, il était l'amant de Fanny Besson. Oui, il est à l'origine de sa mort. Oui, il a découpé le corps et l'a jeté dans la mare. Il admet l'horreur, toute l'horreur. Mais cette soumission n'est qu'apparente. Durant toute l'instruction puis tout le procès, Delacollonge lutte pied à pied contre ses accusateurs, ce qui explique que six séances d'instruction – au lieu d'une seule habituellement – se succèdent. C'est qu'il existe de nombreux points de désaccord entre la version fournie par le prêtre déchu et celle construite par les autorités judiciaires. Le premier point porte évidemment sur la mort elle-même et sur ce point l'ancien desservant clame son innocence.

Comment est-ce possible alors qu'il admet que Fanny a succombé alors qu'il lui serrait le cou ? La mort serait en fait accidentelle... Jamais il n'aurait eu l'intention de tuer sa compagne et l'issue tragique ne s'expliquerait que par sa nature fragile et maladive.

Il sait sans doute que depuis 1832, le législateur, soucieux de rendre le Code pénal plus humain et voulant proportionner exactement la punition et la faute, a défini un nouveau crime : « les coups et blessures suivis de la mort sans intention de la donner ». Pour être considéré comme meurtrier ou assassin, il faut avoir voulu donner la mort et cela Delacollonge s'en défend ardemment.

Le deuxième point d'interrogation porte sur la dissection du corps. Le docteur Molin a en effet souligné dans son rapport la très grande précision dans la division des membres : « la peau est coupée avec minutie, sans lambeaux, il en est de même des muscles », « la jambe gauche est séparée très proprement de l'articulation ». Pour le légiste, il est évident que le coupable possède de solides notions d'anatomie. Comment expliquer qu'un prêtre dispose d'une telle capacité ? Faut-il supposer la présence d'un complice ? C'est un pas que plusieurs journaux n'hésitent pas à franchir, évoquant la disparition d'un chirurgien dans la région. Mais pour l'accusation, ce qui importe avant tout, c'est que ce démembrement rigoureux démontre que l'accusé était parfaitement maître de ses actes et en aucun cas en proie à la panique ou à l'effarement. Enfin, le juge d'instruction s'interroge aussi sur la disparition de certaines pièces anatomiques. Examinant les pièces dont il dispose après la fouille de la mare, le 4 septembre, le docteur Molin note qu'il manque la quasi-totalité des viscères. Interrogé, le prévenu avoue immédiatement qu'il les a jetés dans une fosse servant de latrines pour les habitants du presbytère. Le 19 décembre, les enquêteurs fouillent donc cette « mauvaise baraque en planche » et mettent au jour le cœur, les poumons, quelques « pouces » d'intestins et la chevelure. Il manque donc une grande partie des entrailles ainsi que l'utérus. Comment expliquer leur disparition ? Fanny était-elle à nouveau enceinte ? A-t-elle été empoisonnée ?

Les interrogations sont nombreuses et le juge d'instruction s'efforce d'obtenir la concordance entre les aveux de l'accusé et les attentes de l'accusation. Il ne cesse de jouer l'étonné, affirme le caractère irrationnel des déclarations qui lui sont faites. Une telle stratégie est souvent efficace. Issus des couches inférieures de la population, se sentant en position de faiblesse face à un magistrat maniant à la perfection la langue et la logique, la plupart des prévenus adoptent la position attendue par la justice. Ce n'est pas le cas de Delacollonge. Il a accompli un cycle d'études complet, il est formé à l'art du langage et lutte pied à pied avec son adversaire. Au juge qui s'étonne de le voir proposer à Fanny de lui serrer le cou *en plaisantant* il réplique : « Je n'ai pas eu l'intention en me servant du mot de plaisanter de donner à ce mot toute sa signification, mais seulement de l'opposer à une idée sérieuse et coupable. » Il paraît également être au fait du processus judiciaire et disposer d'une certaine maîtrise du vocabulaire… Ainsi, interrogé sur une éventuelle grossesse de Fanny en août 1835, il affirme avoir alors disposé « des preuves matérielles du contraire ». Il signifie donc en permanence à son interlocuteur que la justice n'a pas le monopole de la vérité et que celle-ci peut reposer dans le camp de l'accusé, même si les apparences, les experts, voire la raison lui sont contraires… D'autres explications sont toujours possibles. Le juge affirme-t-il que la disparition des entrailles ne peut qu'être le résultat de leur destruction ou de leur dissimulation ? Delacollonge propose immédiatement d'autres pistes : elles ont été mieux broyées, elles ont été emportées par des animaux. Si la démonstration est impossible ou insuffisante pour convaincre, il campe fermement sur ses positions : « Les faits se sont passés tels que je les ai rapportés. »

Un retentissement international

Le 1er mars 1836 – six mois après les faits – s'ouvre un procès des plus attendu. Depuis la découverte du corps de Fanny, nombre de journaux, comme *Le Spectateur de la Côte-d'Or* ou *La Gazette des Tribunaux* ont entretenu leurs lecteurs des avancées de l'enquête. Dès le mois de janvier, ils ont publié la totalité de l'acte d'accusation. L'attente est forte et *Le Droit* et *La Gazette des Tribunaux*, deux grands journaux parisiens spécialisés dans la chronique judiciaire, ont même dépêché sur place deux sténographes chargés de transcrire l'intégralité des débats. Le crime de Delacollonge bénéficie d'une audience nationale et même au-delà. Le 11 mars 1836, le *Times* de Londres consacre un long article au procès, texte repris quelques mois plus tard en Australie par *The Sidney Gazette and New South Wales Advertisers.* Cette focalisation est justifiée tant par le caractère atroce du crime que par la personnalité de l'accusé. Le contexte y est également propice tant sur le plan local que national. Le diocèse de la Côte d'Or est en crise, une grande partie du clergé s'oppose à un évêque, Mgr Rey, accusé d'autoritarisme et surtout d'une série de nominations de prêtres aux mœurs contestables. Le cas Delacollonge est donc abondamment exploité par les opposants au prélat.

Sur le plan national, la France a connu depuis la fin des années 1820 une nette résurgence de l'anticléricalisme. Perçue comme un soutien indéfectible du régime de Charles X, surnommé le « roi-évêque », et soupçonnée de soutenir de toute sa puissance le parti légitimiste favorable à une remise en cause des principes de 1789, l'Église catholique est la cible d'attaques constantes de la part des opposants au régime de la Restauration. Les tensions se prolongent au-delà de la révolution de juillet 1830 comme en témoigne le sac de l'archevêché de Paris en février 1831.

Il n'est donc pas étonnant qu'une foule avide de sensations se presse sur les marches du Palais de justice de Dijon en ce mardi du mois de mars. Partout, la foule tente désespérément de franchir les portes de la salle d'audience. *Le Spectateur de la Côte-d'Or* constate que ce n'est qu'à grand-peine que les magistrats, les jurés et les témoins parviennent à pénétrer dans la salle tandis que les gendarmes luttent pour filtrer les entrées. On veut bien évidemment assister au triomphe de la justice, au rétablissement de l'ordre troublé par le meurtre terrible. On désire également ardemment « contempler l'auteur de tant de monstruosités ». Ceux qui parviennent à trouver une place peuvent rapidement satisfaire leur désir d'émotion lorsque l'accusé est introduit. On découvre « un homme de haute taille, à la chevelure noire [...], à la large encolure, aux traits fortement prononcés et avec d'épais favoris qui lui couvrent en partie le visage ». Tous les portraits livrés par les journaux insistent sur la puissance qui émane du prêtre déchu ainsi que sur la noirceur de ses yeux, cheveux, voire de ses traits. Mais le spectacle ne se limite pas à l'accusé. Devant le tribunal, une table a été dressée. On y expose les pièces à conviction. On peut ainsi voir la porte qui, posée sur quatre chaises, servait de lit à Fanny et qui s'est brisée au moment fatal… Il y a aussi la malle où Delacollonge a placé son cadavre, le sac où il a enfoui les morceaux du corps, des linges ensanglantés, le parapluie de la victime et la soutane tachée. Pour les historiens, cette exposition, digne du théâtre du Grand-Guignol, dramatise la procédure judiciaire. Elle tient le public en haleine, effraye le jury. On joue sur le pouvoir d'évocation afin de susciter une émotion dans l'assistance.

Un procès qui peine à satisfaire les attentes

Le décor est planté, les acteurs sont entrés sur scène, la pièce peut commencer. *A priori*, le verdict est écrit d'avance. Delacollonge est coupable et l'audience ne devrait être qu'une formalité. Et pourtant, la position de l'accusation n'est peut-être pas aussi assurée… Tout d'abord, il n'existe aucun témoin du « meurtre », seule la parole de l'accusé en a permis la reconstitution. Une unique personne, Suzanne Bourgeois, a vécu dans la proximité du couple et serait à même d'apporter quelques éléments à charge. Mais la servante, qui a autrefois dénoncé Fanny au maire de Sainte-Marie, défend maintenant son maître. Durant toute l'enquête, elle a affirmé ne rien avoir vu d'extraordinaire, persiste à prétendre que Fanny est partie pour Paris au point qu'elle est inculpée de faux témoignage le 21 octobre et qu'elle est même accusée d'avoir, elle aussi, été l'amante de Delacollonge. Durant le procès, sa ligne de conduite ne varie pas d'un pouce. Interrogée par le président Simerey, elle présente l'accusé comme un homme « fort honnête, plein d'amour-propre et de probité » et elle rejette toute idée de préméditation du crime. La preuve ? C'est elle et non son maître qui a fait aiguiser la serpe ayant servi au démembrement ! Elle nie même que son maître et Fanny aient un moment vécu en concubinage, ce qu'elle avait pourtant déclaré au juge d'instruction. Les questions se font-elles plus pressantes, les contradictions plus évidentes, elle se contente de répondre « je n'ai rien pensé du tout », provoquant l'exaspération du président de la cour...

L'autre point d'appui majeur de l'accusation devrait être les analyses des médecins légistes. Si la parole des témoins, dite preuve testimoniale, se révèle fragile, soumise à l'interprétation, l'expert doit quant à lui pouvoir apporter des éléments incontestables, capables d'emporter l'adhésion du jury. Or, durant le procès Delacollonge, les experts échouent à convaincre. Pour satisfaire les jurés, il faut une analyse simple, claire, indubitable, un raisonnement construit avec une rigueur parfaite ne laissant aucune place au doute. Or, dès le début, le docteur Molin a affirmé qu'il lui était impossible de conclure du fait des pièces du corps manquantes. Il le répète au procès : « Je n'ai pas été amené à tirer de conclusions ». L'avocat général insiste, allant jusqu'à contester les affirmations du docteur Molin qui se retranche derrière des « avis autorisés ». La cour croit bon de convoquer d'autres experts et sollicite donc les analyses des docteurs Salles et Rathelot qui ont suivi Fanny lors de son séjour à Dijon. Ce rassemblement de médecins génère une querelle infructueuse. Salles soutient, contrairement à Molin, que les fameuses pièces manquantes ont pu être décomposées et conteste publiquement l'expertise de son confrère qu'il juge lacunaire. Il aurait fallu ouvrir le cerveau, analyser les déchirures du cœur… Molin persiste et souligne la difficulté d'une analyse rendue complexe par l'état de putréfaction du cadavre. Pour *La Gazette des Tribunaux*, « le débat dégénère peu à peu en thèse médico-légale […], les trois docteurs sont mis en présence, chacun soutient son opinion, la défend et y persiste. » Il est donc impossible de faire des expertises la clé de voûte de l'accusation.

L'objectif est donc de convaincre les jurés, et en même temps l'assistance, de la nature profondément mauvaise et perverse de Delacollonge. Tout d'abord, le procureur rappelle longuement le tempérament licencieux du curé de Sainte-Marie : relations avec Fanny, avec Adélaïde Ripet, sans doute l'« Alsacienne » et peut-être la lingère de Thoissey. Delacollonge est aussi un voleur puisqu'il a dérobé de l'argent dans la caisse de la fabrique. À ces éléments bien connus, l'accusation tente d'ajouter le goût pour la violence, dont l'explosion du 24 août constituerait le prolongement évident. D'anciens élèves de Thoissey sont appelés à la barre. Un certain Decourt évoque le caractère emporté de son professeur, plusieurs de ses camarades assurent avoir reçu des coups et l'un d'eux suggère même des penchants sadiques, assurant avoir été corrigé à plusieurs reprises dans la chambre de son professeur. Mais, même s'ils peuvent susciter la réprobation, ces traits de caractère ne suffisent pas à faire de Delacollonge « ce criminel à part dont le génie, échappé à l'Enfer, invente le raffinement du crime » pour reprendre les mots du procureur Valembrey. Il faut donc aller plus loin et imposer la monstruosité de l'accusé.

Un monstre ou un prêtre amoureux ?

La dilacération ne peut avoir été réalisée par un être civilisé. Il faut être une bête féroce, un sauvage pour pouvoir commettre de telles atrocités et certains n'hésitent pas à invoquer la figure sinistre du cannibale. Il est vrai qu'en cette première moitié du XIXe siècle, la tolérance à la violence, à la souffrance qu'elle inflige, au spectacle du sang versé, est en net recul. L'abattage a été exilé hors de la ville, les combats d'animaux sont interdits en 1831. L'année suivante, la guillotine quitte la place de Grève, lieu habituel des exécutions, pour être transférée vers les portes de Paris. Le crime de

Sainte-Marie ne peut que choquer terriblement. Le prêtre déchu a commis un double sacrilège puisqu'il a tué et a commis son crime dans le presbytère, espace qui pour la plupart de ses contemporains, reste sacré. Face au sentiment d'horreur qui frappe l'assistance à chaque fois que sont évoquées les terribles scènes, le procureur a beau jeu de dépeindre un Delacollonge insensible, qui lui décrit avec le plus grand calme comment il a broyé les entrailles et tranché sur un billot la tête de Fanny à laquelle il assure avoir voué un amour profond. L'émoi gagne l'auditoire. *Le Spectateur* se scandalise de voir l'accusé entendre le récit des actes sanglants « avec une sorte de froide impassibilité ». Les observateurs notent que jamais les marques du regret ou de la compassion n'apparaissent sur son visage. Le prêtre déchu est trop insensible à la souffrance d'autrui, ce sentiment que l'on estime présent au cœur de tout être humain. Sa totale insensibilité est la démonstration de sa monstruosité.

Le procureur consolide sa thèse en faisant convoquer devant le tribunal Adélaïde Ripet. Elle peut ainsi raconter comment, quelques semaines après le meurtre, Delacollonge est venu la voir pour lui demander de vendre les bijoux de Fanny qu'il avait emportés dans sa fuite et comment il a ensuite dîné avec elle et plusieurs autres jeunes femmes, repas pendant lequel « il se livra à toute la jovialité de son esprit ». Celui qui veut apparaître comme un amant éploré peut donc plaisanter et rire peu de temps après avoir commis des actes d'une insupportable violence. Enfin, qui peut oublier qu'il a été capable de jeter le cœur de sa bien-aimée dans les latrines ! Le criminel échappé des enfers se dessine peu à peu. Et ce n'est pas tout. Delacollonge a tué, il a découpé, il est insensible, mais en outre, il ne cesse de faire cohabiter les gestes du prêtre avec ceux de l'assassin. Que fait-il cette nuit du 24 août alors que Fanny vient de s'effondrer sur le carreau de sa chambre ? Appelle-t-il à l'aide, tente-t-il de la ranimer ? Non, il lui donne l'absolution. « Sacrilège odieux » pour *Le Spectateur de la Côte-d'Or.* L'assassin reste prêtre, souillant cette fonction sainte. Et il recommence lors du fameux dîner chez Adélaïde Ripet. Que fait-il d'une partie de l'argent récolté par la vente des bijoux ? Il commande des messes pour le salut de l'âme de sa victime, celle-là même qu'il a entraînée dans le péché et dans une liaison interdite. Chez lui, en permanence le religieux se mêle au crime.

Est-il possible de contester un tel réquisitoire ? Delacollonge s'y efforce. Il exhorte ses contradicteurs à adopter un autre point de vue. « La singulière position où je me suis trouvé doit être considérée par mes juges et atténuer l'impression que le dépècement du cadavre a laissée sur les imaginations ». Il faut corriger l'image, atténuer l'effroi, le sentiment de scandale. L'accusé veut effacer l'image du monstre et la remplacer par celle d'un homme amoureux qui s'est trouvé soudainement devant des circonstances qui ont provoqué une sorte de folie temporaire. Et sur certains points, il y parvient. De nombreux témoins soulignent la réalité de l'amour qu'il portait à Fanny, rendu évident par son comportement lors de la grossesse. Nul ne peut d'ailleurs lui prêter une autre liaison à partir de 1830, comme si, revenu de ses errances sexuelles, il s'était finalement engagé dans une véritable vie de couple tout à fait honorable, n'eût été sa condition... Les soupçons sur sa relation avec Suzanne Bourgeois apparaissent d'ailleurs rapidement vides de tout fondement. Son prétendu goût pour la violence est également contesté par ceux qui l'ont connu et côtoyé à Thoissey. C'était un professeur exigeant, rigoureux, mais qui, finalement, a procédé comme on avait l'habitude de le faire. Le martinet faisait alors partie des outils pédagogiques. Et même le maire de Sainte-Marie, qui avait toute raison de maudire ce curé absentéiste ayant jeté l'opprobre sur sa commune, apporte sa pierre à l'édifice. Face à la cour, il affirme que l'on n'avait qu'à se louer du travail du desservant avec les enfants de la commune.

Mais comment justifier les terribles actes de la nuit du 24 août ? Comment convaincre que la mort de Fanny est un accident et que le démembrement n'est pas l'acte d'un assassin songeant à dissimuler son crime ? Sur le premier point, son avocat Me Koch, sollicite le témoignage d'un M. Bourré, qui raconte qu'il a pu voir un capitaine s'effondrer sans connaissance quelques secondes après qu'un camarade lui a serré brièvement le cou en plaisantant. Il témoigne de sa stupéfaction quand le chirurgien major lui confie que le capitaine est passé très près de la mort. Or, rappelle Me Koch, Fanny était fragile et pourrait donc avoir été victime d'une mort subite. La terrible destruction du corps peut paraître plus difficile à excuser, mais Delacollonge défend passionnément l'idée de l'état de choc. Il était prêtre, la femme qu'il adorait venait de mourir dans ses bras, il ne pouvait se confier à personne sans ternir l'honneur de l'Église. Il fallait faire disparaître le corps. Et il affirme avoir alors agi dans une sorte d'hébétude constante, sans être conscient de l'horreur des actes qu'il commettait. Un seul impératif le guidait : protéger l'honneur de son institution et même celui de Fanny, qui ne devait pas être connue comme la fille facile ayant couché avec le curé. Quant au fait d'avoir donné l'absolution, d'avoir commandé des messes, Delacollonge y voit la conséquence d'une formation et d'une fonction puissamment intériorisées. Il fallait songer au salut de l'âme de Fanny alors qu'il la voyait sur le point de passer de vie à trépas. Pourquoi un homme amoureux ne ferait-il pas dire des messes pour le salut de celle qu'il a perdue ?

Le 4 mars, la salle d'audience résonne des derniers échanges entre l'avocat et le procureur général. Le président Simerey déclare les débats terminés.

À 6 heures, le jury revient et répond aux questions posées sur la culpabilité du desservant de Sainte-Marie. L'accusé est coupable d'homicide volontaire, mais sans préméditation. Delacollonge échappe à la peine de mort, c'est le bagne qui l'attend pour le restant de ses jours.

Une repentance sincère après la lutte judiciaire ?

Le rideau ne tombe pas sur le drame judiciaire avec l'énoncé du verdict. Il reste encore un acte à jouer. En 1836, la pédagogie de l'effroi jette ses derniers feux. Sous la monarchie absolue, on estimait nécessaire en châtiant le criminel de diffuser la peur dans les esprits de ceux qui seraient tentés de l'imiter, de porter atteinte à l'ordre garanti par le monarque. La peine devait porter sur le corps qu'il fallait alors marquer par le fouet ou le fer rouge, amputé, exposé aux yeux de tous. La Révolution française a mis un terme à cette pratique lui préférant la peine de l'enfermement, dont on attendait qu'elle fût à même d'écarter les coupables de la société tout en favorisant leur amendement moral en vue de rendre à la société des citoyens responsables. La monarchie de Juillet a poursuivi cette œuvre en abolissant notamment la peine du poing coupé pour les parricides. Mais il en demeure quelques échos, comme celui du mode de conduite des forçats vers le bagne. Tout condamné aux fers doit ainsi être exposé au pilori en place publique, soumis aux quolibets de l'assistance. Il est ensuite mené au bagne par la chaîne. Ce mode de transfert consiste à former des groupes de vingt-huit bagnards, nommés cordons, qui sont ferrés au cou et unis entre eux par une lourde chaîne centrale. Le groupe n'est dissous qu'à l'arrivée à bon port. Le transport se fait sur des haquets, longues charrettes ouvertes servant d'ordinaire à convoyer des tonneaux, progressant lentement sur les routes de France. Les forçats sont assis de manière à faire face à la multitude qui vient assister au passage des chariots. Un calendrier et un itinéraire très précis, connus de tous, permettent d'assurer la présence de nombreux spectateurs. Ce sont ces deux épreuves qui attendent désormais Delacollonge.

Durant de longues semaines, il va être exposé, montré à la foule, manifestant le triomphe de l'État sur le crime. Sa renommée monstrueuse est telle que l'assistance promet d'être abondante. Ainsi, lors de son exposition sur la place du Morimont à Dijon, première étape dans la mise en place du châtiment, ce sont, selon la presse, 20 000 Dijonnais qui se pressent devant le pilori, à une époque où la ville compte environ 25 000 habitants ! Et quand circule la chaîne, c'est Delacollonge que l'on veut voir. Les regards le cherchent, il est l'une des vedettes du convoi et le commissaire à la suite des chaînes, le baron de Villabeau, doit même demander des renforts de troupes pour assurer la progression des bagnards. Face à cette épreuve, l'attitude du prêtre déchu change du tout au tout. Durant le procès, les observateurs l'ont vu actif dans sa défense, contestant point par point les arguments de l'accusation. On a regretté son insensibilité, la distance froide qu'il a gardée par rapport aux atrocités dont il s'est rendu coupable. Jusqu'à l'énoncé du verdict, Delacollonge a refusé de plier devant la justice. À partir du verdict surgit la figure du criminel repentant. Visité dans sa cellule par Mgr Rey, prélat de Dijon, « il a été saisi d'un sentiment profond de tristesse et de douleur [...] il a exprimé par des larmes abondantes et quelques paroles déchirantes combien il sentait vivement le mal qu'il avait fait [...] par sa conduite criminelle. » En juillet, de la prison de Bicêtre où l'a conduit une première chaîne, avant le voyage final vers Brest, il écrit au baron de Villabeau : « J'aurai le courage de porter la croix bien pesante dont je suis chargé. J'ai fait des fautes. Dieu m'accorde de les expier en ce monde. Je l'en remercie. » En évoquant sa croix, en versant des larmes, en évoquant l'expiation, Delacollonge réactive un ancien processus judiciaire dont il a dû entendre parler à maintes reprises durant sa formation au séminaire : *l'amende honorable.*

Au Moyen Âge, cette pénitence publique avait pour objectif à la fois de présenter au public un criminel humilié et puni, mais également d'imposer celui-ci comme un pénitent se repentant publiquement de ses fautes et pouvant ainsi obtenir miséricorde. L'amende honorable est un rituel imposant au coupable l'accomplissement d'une série de gestes et de rites visant à réparer l'honneur de ceux que ses actes ont lésés et notamment des manifestations d'autohumiliation et de mortifications volontaires, marques de la contrition et du repentir. Or, que fait Delacollonge après sa condamnation ? Tout d'abord, il affirme sa volonté de voyager sur la chaîne. Plusieurs fois auparavant, les autorités ecclésiastiques et l'État, soucieux de limiter le scandale, ont épargné la chaîne à des prêtres criminels. En 1828, Contrafatto et Molitor, condamnés pour viol sur enfant, sont conduits au bagne dans une voiture fermée. Le 29 mai 1836, choqué par les violences de la foule, le baron de Villabeau propose à Delacollonge un système identique. Ce dernier refuse : « Je dois expier ma faute, dans l'intérêt de la religion, je suis désespéré d'avoir commis une faute pareille. » Pour le baron, Delacollonge entend « boire le calice jusqu'à la lie ». Et il prend donc place sur les charrettes de la chaîne.

Durant le voyage, il est insulté, on lui lance de la boue, des pierres. Les femmes explosent dans « des manifestations de haine incroyable » au point que certains journaux voient désormais en lui « un martyr au milieu d'une foule féroce ». L'image du monstre s'efface clairement. Comment expliquer un tel revirement, quelques mois après le procès ? C'est que Delacollonge fait preuve d'un stoïcisme à toute épreuve. À Rennes, alors qu'il est la cible de « commentaires peu généreux et peu flatteurs », il traverse la ville sans émettre un mot, les yeux baissés. Jamais il ne réplique. Jamais il ne conteste, et même, désormais, il pleure. Aucune protestation contre la justice qui le condamne, il va même jusqu'à écrire à ceux qui ont pris en charge son châtiment pour… les remercier. Il vante la bonté du procureur de Lyon, offre sa profonde gratitude au juge d'instruction, vante hautement et publiquement les mérites de Villabeau. En lui, l'État tient le modèle qu'il désire, celui du condamné qui, par son attitude, démontre l'efficacité de la peine. Le bénéfice est immédiat pour le prêtre assassin. Il n'est plus désormais ce sauvage, ce fauve, ce monstre inadapté à la société moderne, ce criminel incarnant le génie de l'enfer. Flaubert, qui a eu l'occasion de le rencontrer lors d'une visite au bagne de Brest, le décrit « comme un homme des mieux posé » tenant la fonction d'intermédiaire entre les autorités et les galériens. Il dispose d'une chambre personnelle et même d'un domestique, confie l'écrivain. Sa bonne renommée est telle qu'il pense possible de demander le pardon. Le 4 mars 1846, il écrit à son avocat pour lui demander d'entamer une procédure : « J'ose espérer que le parquet prendra en compte les dix ans d'expiation, de courage, de résignation et de bonne conduite qui ne sont jamais démentis […] [au cours desquels] je me suis abstenu de toute plainte, de toute récrimination […], le temps de la clémence est venu. » L'amende honorable n'était-elle qu'une stratégie ? Quoi qu'il en soit, l'ancien curé de Sainte-Marie ne parvient pas à ses fins. Il meurt du choléra le 11 novembre 1849.

Épilogue

Tomber du rideau ? Pas tout à fait ! Durant toute la seconde moitié du XIXe siècle, l'affaire Delacollonge revient souvent dans les mémoires. Le courant anticlérical, d'une grande vivacité sous la IIIe République, ne manque pas d'utiliser un si bel exemple de prêtre criminel. La figure de Jean-Baptiste Delacollonge s'impose encore dans nombre de thèses en criminologie, surtout lorsque survient, à partir de 1880, une épidémie de dépeçage criminel au point que certains auteurs estiment que le procédé est désormais devenu banal… Les experts, qui, comme Lacassagne, analysent le phénomène, ne manquent pas de ressusciter le souvenir du prêtre de Sainte-Marie. Enfin, ce sont aussi les évolutions de la médecine légale qui contribuent à maintenir sa figure sur le devant de la scène. En 1893, l'expert Paul Brouardel publie un ouvrage sur la mort subite ; en 1897, il s'intéresse à la pendaison, strangulation, suffocation. Il expose ainsi que des coups, même peu violents, portés sur certaines parties du corps peuvent provoquer une mort instantanée. Il est, affirme-t-il, désormais reconnu qu'un coup sur le larynx peut conduire à l'arrêt du cœur et de la respiration. L'un des exemples qu'il utilise à l'appui de sa thèse, qu'il qualifie de « bien typique » et même premier fait qui attira l'attention des médecins légistes sur le phénomène, est le cas de la mort de Fanny Besson. Delacollonge aurait donc eu raison en plaidant l'accident, en affirmant être à l'origine, mais non la cause de la mort de sa compagne, et n'aurait été que la victime d'une opinion publique scandalisée par un crime aussi infâme ? Il est ainsi significatif qu'en 1931, Pierre Bouchardon, un ancien conseiller à la Cour de cassation, publie une nouvelle version de l'histoire dans une collection intitulée « Les amours tragiques » et estime, dans le cours de son récit que « l'homme n'était probablement pas un assassin ».

Des analyses récentes invalident les affirmations de Brouardel, qui n'a peut-être travaillé que sur des relations du procès et non sur le compte-rendu du docteur Molin. S'il est exact qu'une pression sur le larynx peut, comme l'expose Brouardel, entraîner une mort subite et si la rapide perte de conscience de Fanny paraît bien correspondre au processus attendu, l'abondante présence de sang, évoquée d'ailleurs par Delacollonge lui-même, serait en totale contradiction avec un tel diagnostic, qualifié de « mort blanche », c'est-à-dire sans expulsion de sang, par les experts. L'interrogation demeure. Et peut-être faut-il se référer à d'autres cas semblables pour parvenir à comprendre les caractéristiques du crime de Sainte-Marie.

Le 3 décembre 1956, Guy Desnoyers, un prêtre de 35 ans, assassine sa maîtresse, Régine Fays. Il tue ensuite l'enfant qu'elle porte après lui avoir ouvert le ventre. La mort de l'amante n'est évidemment pas le seul point commun rapprochant Guy Desnoyers et Delacollonge. On retrouve également la violence portée sur le corps de l'être aimé se mêlant aux actes de la religion. Car, comme Delacollonge, Desnoyers a donné l'absolution à sa Régine. Il a également baptisé l'enfant avant de lui donner la mort. Cette dimension sacrificielle témoigne peut-être de la force des tensions qui agitent des hommes déchirés entre une vocation mal choisie et leurs passions interdites.

Pour trois mètres de tuyau

À la fin du mois d'avril 1882, un certain M. Hiss cherche à louer une petite maison à Chatou, non loin de la Seine. Il parle bien, se montre avenant et fait bonne impression. Il a conservé un accent, sans doute aveyronnais, ce qui n'est pas pour déplaire. Il se présente comme un commerçant aujourd'hui parisien, qui a besoin de se détendre à la fin de la semaine. M. Larcher a justement une maisonnette à louer. Le précédent locataire n'a pas souhaité renouveler son bail et la petite maison est libre. Comme pour arranger les choses, une des voisines, Mme Smitt, serait tout à fait disposée à lui louer des meubles. M. Hiss verse une avance de 300 francs. Avec ses volets jaunes et un petit jardin qui l'entoure, le « petit cottage » ressemble à ces petites villas construites un peu sur le même modèle et qui sont des lieux de villégiature. À cette époque, la mode du canotage bat son plein, mais c'est surtout l'île de Chatou qui est connue du public. Des artistes fréquentent la maison Fournaise. Renoir peint en 1881 *Le Déjeuner des canotiers* où l'on voit le balcon de l'hôtel-restaurant, que Maupassant décrit également en 1881, dans *La Femme de Paul.*

Les étranges promenades de M. Hiss

À plusieurs reprises, quelques promeneurs aperçoivent M. Hiss, tantôt avec de petits sacs, tantôt avec un énorme paquet, tantôt avec un petit chariot pour transporter des objets divers, car la rue est étroite. La veille de l'Ascension, les badauds ne sont encore guère nombreux, mais ils auraient pu voir entrer dans la petite maison de l'avenue d'Esprémesnil M. Hiss en compagnie d'une femme et d'un homme. Le soir, le couple prend le train pour Paris. À la gare Saint-Lazare, M. Hiss achète quatre billets, deux allers-retours et un aller simple. Le jour de l'Ascension, en fin de soirée, le patron du café de la gare de Chatou voit entrer trois clients juste avant le dernier train pour Paris. Les deux hommes boivent de la bière et la femme une chartreuse. Trois jours plus tard, le dimanche, le soleil persistant donne à Chatou un air de vacances. La température presque caniculaire ne faiblit pas et fait baisser le niveau du fleuve. M. Hiss est vu en compagnie de la même femme et du même homme en train de pique-niquer au bord de l'eau, un peu à la manière des personnages peints par Georges Seurat, se reposant, marchant ou rêvant au bord de la Seine. Au détail près que le peintre a choisi l'île de la Grande Jatte et non l'île de Chatou.

Dix jours plus tard, toujours dans la Seine, mais au niveau de l'île de Corbière, sous le pont du Pecq, un cadavre flottant est repêché. Il ne s'agit pas d'une noyade accidentelle. Il ne s'agit pas non plus d'un suicide. Le cadavre est entièrement nu. Un tuyau de plomb, comme celui utilisé pour les conduites de gaz, enserre le corps. Pour rendre plus aisé le « garrottage », il a été aplati. Une jambe est retenue sur le ventre. La silhouette recroquevillée donne l'impression à ceux qui la regardent d'avoir été roulée en boule. Le lien métallique fait trois tours autour du cou. Plus tard, il sera pesé. Huit kilogrammes ! annoncera la balance. Le corps a séjourné une dizaine de jours dans l'eau et la putréfaction a eu pour effet de produire un volume de gaz important qui l'a fait remonter à la surface. Le poids du plomb n'a pas suffi à le maintenir au fond du lit du fleuve. Quelques kilos de plus et le cadavre n'aurait jamais regagné la surface… Il aurait disparu dans les eaux sombres de la Seine. La découverte macabre suscite l'incrédulité puis une vive émotion collective. Ce n'est pourtant pas la première fois que l'on repêche un corps dans les eaux du fleuve. Le 23 mai par exemple, des mariniers retirent de la Seine le cadavre d'un homme percé de nombreux coups de couteau. Il a eu le droit à quelques lignes tout au plus en page 2 ou en page 3 des principaux périodiques. Mais cette fois à la violence du crime s'ajoute le mystère. La mise en scène morbide stupéfie. D'aucuns soupçonnent une affaire extraordinaire. On dirait un cadavre d'une autre époque, torturé longuement et méthodiquement par des inquisiteurs, puis abandonné ! Dans les annales de la criminalité, personne n'avait encore consigné un fait semblable. Un cadavre en chien de fusil maintenu dans cette position par un corset métallique. Une telle découverte ressemble à une histoire chuchotée pour faire dresser les cheveux sur la tête des enfants. Cette « littérature de morgue », dénoncée dès les années 1830, revient en force avec de nouveaux décors et de nouvelles épouvantes. Le corps retrouvé flottant dans des eaux tranquilles et dans le silence bourdonnant des insectes ne relève pas de la fiction. Les liens métalliques mesurent dix mètres, la tête porte de multiples dommages comme si on s'était acharné sur elle, la boîte crânienne est enfoncée à trois reprises ; sur le torse des blessures sont apparentes, mais ce qui impressionne le plus, c'est un énorme bâillon enfoncé dans la bouche, maintenu par une épingle anglaise piquée à même la lèvre inférieure. Les dieux du feuilleton qui prend place au rez-de-chaussée des journaux ont tremblé. Ils sont en passe d'être supplantés par des personnages d'un fait-divers qui par bien des aspects peut sembler occulte et surnaturel.

La disparition de Louis Aubert

Alertée, la police n'est pas très étonnée, car on lui a signalé avec insistance une disparition. Un jeune élève pharmacien s'est rendu, le 19 mai 1882, auprès du commissaire de police Cazaneuve pour dire que son patron n'était pas réapparu. Il s'était absenté le jeudi et devait rentrer le vendredi. Il s'appelle Louis Aubert. Âgé d'une trentaine d'années, il a acquis vers 1880 une pharmacie boulevard Malesherbes dont la renommée n'a cessé de croître et la clientèle d'augmenter. Le commissaire a déjà entendu parler de Louis Aubert. Un autre pharmacien, Marin Feynarou, s'en est plaint. Il a demandé à discuter avec le commissaire. Ce dernier a accepté, mais la conversation n'a pas été très longue. Marin Feynarou l'a presque adjuré de faire pression sur son ancien commis, Louis Aubert, afin qu'il restitue des lettres qu'il avait gardées : elles ont été écrites par sa propre femme, Gabrielle Feynarou. Pour le commissaire, il s'agissait d'une affaire privée et si, en fonction de la législation, on lui demandait de faire un constat d'adultère il le ferait, mais dans l'immédiat, a-t-il affirmé, cela n'était pas de son ressort et il a éconduit son visiteur. Il a gardé cependant en mémoire cette rencontre peu banale. Que pouvait bien contenir cette correspondance ? Des missives enflammées ? Ou bien renfermait-elle autre chose, un secret inavouable ? Cette conversation lui revient à l'esprit. Il soupçonne un drame. Le cadavre ne serait-il pas celui du pharmacien disparu ? Le 29 mai 1882, quelques journaux titrent en pages intérieures : « Le mystère du Pecq ».

Le jour même, le commissaire décide donc de faire surveiller Marin Feynarou. Il apprend que ce dernier n'est plus pharmacien, mais chef de bureau. La pharmacie qu'il possédait rue de la Ferme-des-Mathurins était à sa belle-mère. Lui, fils d'un petit pharmacien de Milhau, après avoir passé un brevet de pharmacien de seconde classe, monte à Paris en 1867 presque vingt ans plus tôt. Puis il est accepté comme commis en 1869 par le pharmacien Gibon qui meurt quelque temps plus tard. Sa veuve a deux filles, en pension, et songe que le mieux, pour l'aînée et la pharmacie, serait de la marier au jeune Marin Feynarou.

Certes, il est un peu rude, il ne ressemble pas aux portraits de jeunes Parisiens que la presse présente régulièrement, mais manifestement il est d'une probité irréprochable, discret et travailleur. Il n'a pas de maîtresse, il ne fréquente pas les cafés, on ne lui connaît aucun vice. Pour Mme Gibon, c'est un gendre rêvé et surtout le gérant idéal pour assurer la prospérité de la pharmacie. Sa future épouse est âgée de 17 ans, elle a reçu une éducation certaine et n'a jamais imaginé s'unir avec un homme tel que Feynarou : mal dégrossi, à la conversation terre à terre, sans beaucoup d'attraits physiques, très éloigné du prince charmant que les demoiselles du pensionnat s'ingéniaient à décrire. Mais une fille bien élevée ne désobéit pas à ses parents. Elle s'efforce de taire ses sentiments pour ne pas contrarier sa mère. Un contrat de mariage est rapidement signé. Marin Feynarou rachète la pharmacie à un prix avantageux, et reçoit également la maison familiale dont il peut rembourser les traites à sa convenance, sans aucune échéance contraignante. Il se marie en janvier. Deux enfants naissent de cette union. Toutefois marié, établi, pharmacien à Paris, à la tête d'une officine prospère, propriétaire d'une maison, le caractère de Marin Feynarou se transforme. Il se montre moins prompt au travail. Il se laisse aller à la passion du jeu et à la paresse, rapporte-t-on. On le voit sur les champs de courses et dans des cafés. À de nombreuses reprises, il ramène chez lui quelques-uns de ses nouveaux amis.

La naissance d'une idylle

En 1872, par l'intermédiaire d'un bureau de placement, il demande un garçon pharmacien pour le seconder. Louis Aubert se présente. Il est monté à Paris, venant de Normandie. C'est un homme dépeint comme enjoué et sérieux. Marin Fenayrou a quant à lui bien changé. Il ne passe plus beaucoup de temps dans sa pharmacie. Il joue aux cartes et se lance dans toutes sortes de paris. Il lui faut quelqu'un de fiable pour tenir son officine. Louis Aubert, assidu, reste jusqu'en 1874 où il est appelé sous les drapeaux. En 1875, affecté comme élève infirmier au Val-de-Grâce, il dîne souvent en compagnie des Feynarou. En 1878, il est démobilisé et retrouve son emploi dans la pharmacie de la rue de la Ferme-des-Mathurins. Gabrielle Feynarou, selon quelques témoignages – mais s'agit-il de ragots ou de faits attestés ? – est présentée comme pieuse à l'extérieur avec des passions qui bouillonnent à l'intérieur. Un beau jour d'avril 1879, elle aurait « succombé ». Toutefois, d'après un rapport de police plus tardif, elle ne se comporte pas comme une « Parisienne » : ce n'est pas une femme volage et insouciante, car elle n'oublie pas sa famille, a du remords, voire éprouve une certaine peur. Mais le mari, tout à ses loisirs, ne s'aperçoit de rien. Progressivement pourtant, Louis Aubert prend dans la pharmacie « des libertés trop grandes et des manières arrogantes ». Marin Feynarou le chasse une première fois, puis le reprend, puis le chasse à nouveau en août 1879. Son établissement périclitant, il le vend en 1880 pour une somme de 50 000 francs et, note un rapport de police daté de 1882, « nous le retrouvons employé dans une société financière, rue Laffitte, n° 3 ».

Il vit dans un nouvel appartement, rue Gouvion-Saint-Cyr avec sa femme, ses deux enfants et une bonne, Clarisse Tourneur. Quant à Louis Aubert, il est établi comme pharmacien « boulevard Malesherbes, 36 ». Y a-t-il concurrence professionnelle, rivalité amoureuse ou autre chose ? L'annonce de la disparition de ce dernier a semblé étrange au commissaire qui décide de se renseigner sur Marin Feynarou puis de faire surveiller de très près ses faits et gestes dès l'annonce de la découverte du cadavre. Prévenue, sa sœur ne peut se rendre à la morgue, car le corps, après un examen médico-légal, a été enterré à Saint-Germain. Épaulée par sa famille, elle obtient qu'il soit exhumé et reconnaît formellement son frère, Louis Aubert, malgré les blessures provoquées à la tête. L'affaire est trop importante pour un commissaire de quartier. Elle est confiée à Macé, le chef de la Sûreté, le numéro 1 de la police judiciaire qui dans l'intervalle a reçu une lettre anonyme…

Le 8 juin, les époux Feynarou sont arrêtés à leur domicile. Gustave Macé leur demande de s'habiller et de le suivre. Il fait également interpeller Lucien, le frère de Marin Feynarou. Chacun est confié à un agent. Ils font route vers la gare Saint-Lazare pour prendre le train de Versailles. Le chef de la Sûreté se charge de Gabrielle. Ils prennent place dans un compartiment de 1re classe et, rapporte plus tard le policier, elle se confesse à lui. Elle avoue le crime qu'elle commence à lui raconter à voix basse à partir de la station de Courbevoie. Dans le compartiment, d'autres voyageurs ont pris place, ils ne perçoivent qu'un doux murmure alors que le récit de la jeune femme est terrifiant. Arrivé à destination, Macé ne dit pas un mot, il veut confondre le mari. À l'agent qui lui tient compagnie, Marin Feynarou a fait une excellente impression au point qu'il ne fait pas de doute qu'il est innocent. Il s'est montré débonnaire et confiant. Il lui raconte avec un accent de sincérité incontestable que sa femme et lui ont déjeuné le jour de la disparition du pharmacien chez le père Lathuile, et que cela est facile à vérifier. À Versailles, le juge d'instruction Lambinet interroge les trois suspects. Dans le cabinet du magistrat, un journaliste présent prend des notes. En fin d'après-midi, tous trois sont conduits à Chatou. Macé les attend devant la maisonnette louée par M. Hiss. Pour Marin Feynarou, il s'agit d'un véritable coup de théâtre. Questionné par le chef de la Sûreté, il change brusquement de version et reconnaît être l'auteur du crime.

Le guet-apens tendu à Louis Aubert

Son récit ne diffère pas de celui de sa femme. Puisqu'ils sont sur place, juges et policiers décident de procéder immédiatement à une reconstitution. Marin, Lucien et Gabrielle Feynarou jouent leur propre rôle, un gendarme endosse celui de la victime. Mais la scène ne bénéficie pas d'une discrétion absolue. Quelques passants devinent les raisons d'un tel attroupement, le jardinier de la petite villa confirme les soupçons et les habitants s'acheminent vers les lieux du drame. Gabrielle a été l'amante de Louis Aubert. À la suite d'une vive querelle avec son mari, elle lui avoue le 22 mars 1882 son infidélité passée. Entre eux, il n'y a plus rien depuis plusieurs mois. Marin Feynarou décide de se venger, non de son épouse, mais de son ancien commis dont la pharmacie prospère alors que lui a été obligé de vendre la sienne. Dans un premier temps, il imagine un procédé terrible. Il veut confectionner des jumelles mortelles ! Louis Aubert en voulant y porter son regard déclencherait un mécanisme. Deux aiguilles effilées, actionnées par un ressort, lui crèveraient les yeux. Il abandonne l'idée. Il loue la maisonnette de Chatou, et pour l'y attirer, dicte une lettre à sa femme. Mais Louis Aubert répond qu'il a d'autres soucis en tête. Une deuxième lettre est rédigée, puis une troisième. À la perspective d'une tendre rencontre vient s'ajouter une promesse. Gabrielle prétend avoir reçu un petit pactole qu'elle veut bien lui donner. Cette fois, le pharmacien accepte…

Ils se donnent rendez-vous à la gare Saint-Lazare et tous les deux, après être descendus à la gare de Chatou, se rendent à pied dans la petite maison. Au moment de franchir la porte, Louis Aubert, intrigué malgré tout, aurait dit : « Ça sent bon ici, mais c'est bien mystérieux. Tu sais, Gabrielle, que je ne suis pas un héros d'aventure. » Le vestibule n'est pas allumé. La faible lueur venant du dehors permet de repérer un portemanteau. Au bout du couloir se trouve une pièce, un salon totalement plongé dans un noir fuligineux. Louis Aubert craque une allumette et aperçoit une silhouette brandissant quelque chose, il reconnaît presque immédiatement Feynarou et s'exclame : « Ah je suis perdu ! ». Un marteau s'abat sur lui, Aubert s'effondre sur le sol. Le marteau s'abat une seconde fois, mais à cause de l'obscurité il ne rencontre que le vide. S'engage alors une lutte terrible, presque à l'aveugle. La respiration, le frottement sur le sol et divers bruits et sons guident les protagonistes. Le déroulement de la lutte reste imprécis. Feynarou réclame de la lumière. Sur la cheminée un bougeoir attend. Louis Aubert a-t-il été entravé par son ancienne maîtresse, ceinturé par Lucien Feynarou ? Toujours est-il qu'il reçoit sur le crâne trois coups pouvant être mortels, enfonçant la boîte crânienne. À terre, sur le dos, faiblement éclairé cette fois par la lueur de bougies, il peut apercevoir Marin Feynarou qui se penche sur lui, le dévisage et lui crie sa haine : « Misérable ! Alphonse de bas étage ! Tu m'as pris tout ce que j'avais de plus cher. Maintenant ta dernière heure a sonné. Tu m'as torturé par le cœur. C'est par le cœur que tu vas mourir. Et je l'ai percé. » En effet, après lui avoir mis un genou sur la poitrine, munie d'une canne-épée apportée tout exprès, il l'insulte pendant de longues minutes. Il lui enfonce à plusieurs reprises son arme dans le buste.

Il est impossible d'enterrer le corps dans la maison, Marin Feynarou a songé à la cuisine, a apporté une pelle, mais il s'est avéré, après plusieurs essais infructueux, irréalisable de faire bouger les dalles. C'est pour cela qu'il a fait l'acquisition d'un landau pour pouvoir transporter le cadavre. Les vêtements du malheureux Louis Aubert sont retirés, déchirés ou coupés en morceaux. Marin a passé près d'une heure à aplatir le tuyau de plomb. Même si le cadavre est roulé en boule, maintenu grâce à ses liens métalliques, il ne peut pourtant le soulever. Le crime l'a épuisé. Il lui faut l'aide de son frère pour hisser le corps dans la carriole. Dehors, la nuit n'est pas complète, quelques badauds circulent. Il faut attendre.

Toutes les traces doivent être effacées. *Pour amortir* les bruits, les roues sont enveloppées ; *pour éviter* que du sang ne trahisse l'existence d'un crime, une sorte de tapis est posé au fond de la petite carriole ; *pour dissimuler* son contenu, une couverture recouvre le lugubre chargement ; *pour ne pas se faire remarquer*, l'heure la plus tardive est attendue. Le sinistre cortège se dirige vers le fleuve. Sur le pont, Feynarou ne parvient pas à faire basculer le cadavre, son frère lui prête main-forte, il le hisse par-dessus bord et le laisse glisser au bout d'une corde afin d'éviter de faire du bruit. Lucien obtempère, Marin Feynarou se prépare à tenir la corde, mais, à son extrémité, le poids est trop lourd. Il ne peut la retenir. Le frottement lui lime pratiquement la paume et le pouce, ce que remarquera Gustave Macé venu l'arrêter le 8 juin. Pendant la reconstitution, ce ne sont plus quelques passants qui se sont assemblés, c'est désormais une petite foule qui manifeste son hostilité contre les assassins supposés. Elle semble gronder. Marin Feynarou complète son récit. Le soir du crime, ils reviennent dans la maisonnette, ils font un paquet des vêtements de la victime. Marin Feynarou se change également et fait un deuxième paquet avec ses habits ensanglantés.

Quelques jours plus tard, les époux nettoient la « petite villa ». Le plancher et les dalles sont lessivés. À l'aide d'un siccatif rouge ou « huile grasse », largement en usage au XIXe siècle, le parquet est badigeonné et le chariot blanc recouvert, changeant ainsi de couleur.

Une enquête rondement menée

L'enquête est promptement menée. Le nouveau juge d'instruction peut mettre un point final au dossier. Son prédécesseur s'est vu retirer l'affaire à cause de ses libéralités avec la presse. Des journaux ne se privent pas de publier des notes de police conservées aujourd'hui aux archives de la Préfecture ; d'autres reproduisent des documents originaux. *Le Gaulois* va plus loin encore. Il s'est procuré une copie de l'acte d'accusation aussitôt placé dans ses colonnes, mais le procès n'a pas encore commencé et le journal est condamné à une forte amende.

Il reste à déterminer dans cette « tragédie monstrueuse » la part prise par chaque protagoniste. Qui de la « femme sans entrailles » ou bien du « sauvage de l'Aveyron » a joué le premier rôle ? Un fait-divers doit préserver une part de mystère pour passionner l'opinion publique. Le crime de Chatou suscite la sidération puis l'indignation, mais tous les protagonistes ont avoué. Le 14 juin 1882, Guy de Maupassant donne son opinion dans *Le Gaulois*. Pour lui, le drame du Pecq n'a rien de vibrant ou de grand, il s'agit presque d'un drame médiocre : « La petite affaire se prépare en famille, s'exécute en famille, tout tranquillement, comme on met le pot-au-feu le dimanche. » En effet, écrit-il, plus à lui-même qu'à ses lecteurs : « Pas de grands, pas de sentiments exaltés. Toutes les affreuses mutilations ne sont que de petites précautions pratiques, des précautions de ménagères. » Il ne faut pas que l'eau pénètre dans le corps, d'où le bâillon et l'épingle. Il faut que le cadavre coule, ici le tuyau de plomb a remplacé la pierre qui doit maintenir un cadavre au fond de l'eau. Finalement, s'il ne reste que quelques détails scabreux et une curiosité malsaine, comment expliquer que l'affaire suscite un tel emballement ? Rien d'étrange, de subtil ou de raffiné. Au contraire, la brutalité du crime et les aveux n'ont rien laissé d'irrésolu et pourtant c'est bien le rôle joué par chacun qui reste incertain. Car dans cette affaire épouvantable qui est responsable ? Ou plus précisément, qui a inspiré le crime ? Qui possède l'âme la plus noire et la plus boueuse ?

Au fil du temps, deux thèses s'affrontent. La première, très largement majoritaire, considère que l'instigatrice du crime est Gabrielle Feynarou. C'est elle qui dans le ménage avait l'ascendant. C'est presque une kyrielle d'injures qui est déversée à son endroit. On la qualifie de « petite bourgeoise dévoyée », elle est l'âme du crime abominable. Un chroniqueur occasionnel écrit même « qu'au fond de tous les cœurs gronde une même colère contre cette misérable femme » et que l'opinion publique ne verrait aucun inconvénient à ce qu'elle soit immédiatement exécutée. En comparaison, son mari fait pâle figure, il ressemble à un palefrenier à côté d'une duchesse. On dirait, disent les observateurs, un ouvrier. Il n'est pas conforme à l'image que l'on se fait d'un pharmacien. Il a plutôt l'allure d'un homme de peine, au mieux d'un garçon de laboratoire, énoncent avec condescendance plusieurs journalistes. Il n'a été que l'exécutant, écrivent-ils, d'un article à l'autre. Mais les choses ne sont pas si simples, disent quelques voix discordantes.

Émile Laurent se fait entendre plus tardivement. Il a été interne à l'infirmerie centrale des Prisons de Paris, auteur d'un livre sur *L'Année criminelle*, son point de vue compte. Il jouit d'une certaine notoriété et publiera une étude remarquée sur les suggestions criminelles. Il reprend les travaux d'un de ses confrères, le docteur Berneim qui avait suivi l'affaire du crime de Chatou et avait consacré un développement à Gabrielle Feynarou. Elle est « suggestible », autrement dit elle est perméable à toutes les suggestions. Dans son enfance, puis à l'adolescence, elle se montre disciplinée, presque soumise et se place en tête de classe. Elle obéit à ses préceptrices, à sa mère, plus tard à son mari. Comme elle semble dénuée de sens moral pouvant contrebalancer cette obéissance presque servile, elle pouvait connaître toutes sortes de destinées. On pouvait la façonner à sa guise, c'était « une patte molle » dit un témoin. La cause est entendue. Pour Émile Laurent, c'est Marin Feynarou qui a captivé l'esprit de sa femme. Elle lui est totalement dévouée.

Une criminelle à la une

Mais l'avis des experts n'est pas celui de tous. Dans l'opinion publique, nul doute que dans l'affaire du crime du Pecq il existe un coupable principal : Gabrielle Feynarou. À la veille du procès, deux grands quotidiens, *Le Figaro* et *Le Gaulois*, et deux grands journalistes, Albert Wolff et Henry de Pène, prennent position. L'un livre un portrait-charge, l'autre une sorte d'image de sauvegarde. Dans la livraison du 10 août 1882 du périodique fondé par Hippolyte de Villemessant, Albert Wolff interpelle ses lecteurs, mais aussi, par rebonds, ceux des autres périodiques. Le titre de son article, « Gabrielle Feynarou », figure à la une. Il éclipse toutes les autres nouvelles, alors que l'actualité est plutôt mouvementée, et s'étale sur trois colonnes. Selon lui, les aveux ne sont qu'un tissu de mensonges, un fatras de menus faits, avec peut-être « quelques lambeaux de sincérité ». Les deux principaux accusés forment un couple effrayant. Le mari tient à la fois d'Othello et de Rocambole, c'est un dévoyé, un déclassé et un paresseux. Il hait Louis Aubert, car il vit dans un logement modeste. Il connaît presque la misère alors que son ancien commis possède une pharmacie flambant neuve. Il le hait encore davantage lorsque Gabrielle Feynarou lui avoue l'adultère : « Le mari outragé et le pharmacien déclassé se réunissent et font un criminel. » Quant à l'épouse, « elle est donc partout dans ce crime ; son influence se dessine nettement dans d'horribles silhouettes. C'est le démon du mal implacable qui tient tous les fils du crime. » L'article aux allures de réquisitoire ne s'arrête pas là. Il poursuit la charge contre cette « créature » qui, froidement, a trahi tout le monde : son mari, son amant, son beau-frère. C'est elle qui a eu l'idée du crime, celle de son exécution et celle de faire des aveux au chef de la Sûreté. Rarement, dans une affaire criminelle, un journaliste se montre aussi ardent et agressif, tout en se défendant de s'être montré féroce.

Son confrère du *Gaulois*, Henry de Pène, auteur d'une dizaine d'ouvrages qui relèvent de la chronique, lui répond dès le lendemain, à la une de son journal dont il est le rédacteur en chef. Sous le titre « Gabrielle Feynarou », il commence ainsi : « Certes ! Je n'entends pas me poser en chevalier de Gabrielle Fenayrou » et d'ajouter qu'il n'entend pas polémiquer avec son ami Albert Wolff. « Il n'en reste pas moins, écrit-il de manière doucereuse, mais implacable, que ce dernier est devenu, dans un journal qui est "une grande puissance", un auxiliaire de l'accusateur public ». De la sorte, c'est, au-delà de l'affaire précise, la question de l'influence de la plume du journaliste qui se trouve en jeu. Dans son article aux allures d'éditorial, plutôt que de se lancer dans de longues considérations sur le pouvoir de la presse, Henry de Pène s'empare d'une anecdote pour mieux se faire comprendre. Une actrice, écrit-il, a coutume de faire la tournée des critiques afin d'obtenir « une bonne presse ». Mais évidemment Gabrielle Feynarou n'a pas la possibilité d'organiser des visites auprès des chroniqueurs judiciaires. La condamner à l'avance, sans l'avoir entendue, revient finalement à s'ériger en juge ou en arbitre suprême de la justice en France. Jusqu'à présent les usages faisaient que les observations trop acérées restaient dans l'écritoire et n'en sortaient qu'une fois le verdict connu. Il importe que « la presse n'excède pas les limites de ses compétences. » Le drame de Chatou prend son envol et atteint des sphères insoupçonnées agitées de grands débats, celles de la liberté d'expression, de la responsabilité et de la déontologie des journalistes. Telles sont les positions des journalistes. Qu'en est-il du reste de la cour ?

De son côté, Bérard des Glajeux désigné pour présider la cour d'assises, donne une coloration aux débats en qualifiant la nature du geste criminel : « Ce n'est pas la vengeance d'un homme, c'est une vengeance féminine. » Il fait porter le fardeau du crime sur Gabrielle Feynarou. Le procès devient, par glissement progressif, un procès contre les femmes. L'époque, il est vrai, connaît une crispation entre les sexes. Le discours antiféministe se fait plus cinglant tandis que la parole misogyne, comme libérée, se déploie. Pour s'en convaincre, il suffit de parcourir, presque par hasard, les colonnes des comptes-rendus du procès et de s'arrêter un instant sur telle ou telle phrase donnant un éclairage : « Qu'est-ce donc que cette femme ? Comme beaucoup d'autres, une femme qui n'avait ni sens ni raison, qui n'avait que ce qu'elle appelait elle-même des saccades du cœur, un besoin vague d'affection, d'épanchement qui pouvait aussi bien être satisfait par l'un que par l'autre. » Mais ce n'est pas tout, son humeur était instable, allant de la joie à la tristesse. Pour les uns, elle est l'incarnation de l'inconséquence ; pour d'autres, elle est la preuve vivante que la femme n'est pas un être idéal, placé sur un nuage. Avec un sens de la formule, un reporter revient sur les aveux spontanés faits dans le train : « Elle a menti sans besoin. Elle ne peut se taire pour se sauver ! » À partir de là, il n'y a qu'un pas que l'on peut vite franchir. Les lecteurs et lectrices ont raison – semblent dire nombre de journalistes – de mépriser Gabrielle Feynarou. Ils ont également raison d'éprouver une sorte de dédain, même s'il n'est que passager et s'ils s'en défendent, pour toutes les femmes. N'a-t-elle pas donné le récit du crime de la même manière qu'elle l'aurait fait pour une recette de confiture à l'abricot ? Le crime de Chatou « sent bien la femme », jette comme un cri une plume hargneuse.

Un procès attendu par le Tout-Paris

Le 9 août, s'ouvre le procès, à Versailles. Tout autour du Palais de justice, la foule est énorme. Pour la contenir, les autorités ont décidé de déployer l'armée. Les soldats appartiennent à un régiment d'artillerie, ils reçoivent le concours de forces de police venues leur prêter main-forte. Pour contenir les curieux, des barrières ont été installées, canalisant la foule, filtrant les « individus » qui ne peuvent passer qu'un par un pour avoir accès à l'édifice. À l'intérieur, aux dires des observateurs et des journalistes, la salle est particulièrement exiguë. La police de l'audience est assurée par le deuxième bataillon de chasseurs. Seuls peuvent entrer les membres du public invité, ce sont les « rares privilégiés » selon l'expression d'un reporter, que le président des assises a convié. Chacun a reçu à domicile un billet de faveur. Tous les chroniqueurs ne trouvent pas une place assise, plusieurs reporters qui ont raté le train du matin sont obligés de rester debout pour assister à l'audience. Et pourtant, quarante places ont été réservées aux représentants de la presse parisienne, derrière le banc des accusés. Il s'agit de quarante stalles qui avaient été utilisées lors des grands procès politiques de la Seconde République conservatrice contre les fauteurs de troubles en 1849. Près de quarante ans plus tard, on se croirait à une soirée mondaine.

Des personnalités sont reconnues et l'on entend des murmures, des gloussements, de petits cris. Nombreux sont ceux qui appartiennent à la « gent écrivassière » comme Jules Vallès, l'ancien communard, à la fois romancier et journaliste, Albert Wolff, le rédacteur en chef du *Gaulois,* connu comme journaliste politique et auteur d'ouvrages divers, qui confie que l'atmosphère est électrique et que « cette audience des assises de Versailles est certainement une des plus émouvantes qu'on ait vues », le peintre Alfred Stevens, alors célèbre pour ses toiles représentant des élégantes, comme *La Parisienne japonaise* (1872), Coquelin aîné qui a triomphé dans *Ruy Blas* à la Comédie-Française. Au-delà du cercle des artistes et des hommes de plume, on reconnaît quelques militaires et des ambassadeurs, celui de Turquie, celui de l'Autriche-Hongrie. La salle ne paye pas de mine selon Georges Meusy, l'envoyé de *L'Intransigeant* qui en donne une description digne d'Eugène Sue. En effet, écrit-il, les murs sont salis et suintent d'humidité. Au fond de la salle se dresse une tribune tellement vermoulue qu'on a dû la consolider à l'aide de forts madriers. Là sont les places réservées aux dames. Cette charpente improvisée fait un peu peur. Ne risque-t-elle pas de s'effondrer brusquement? À 10 heures, les portes de la salle sont ouvertes ; à 11 heures, la première audience commence.

Tous les regards sont rivés sur l'héroïne et ses acolytes. Marin Feynarou a revêtu pour la circonstance une redingote, mais élimée par endroit. Il tient à la main un petit chapeau et marche d'un pas assuré, la tête haute. Gabrielle est habillée de noir comme pour un deuil, elle porte un petit chapeau avec une voilette qui masque ses yeux. Elle a la tête penchée en avant, semble se déplacer de manière hésitante. Des gants noirs recouvrent ses mains. Elle serre fortement un mouchoir clair. Lorsque chacun a gagné le banc, l'agitation est grande du côté de la presse. Des feuilles et des calepins se couvrent de notes. Il s'agit de saisir pour les futurs lecteurs les premières impressions et de fixer les traits du visage des accusés. Marin Feynarou passe sa main dans sa barbe. Pour le représentant du *Petit Parisien*, il a la mine farouche, les traits durs et l'œil sombre. Pour le journaliste du *Figaro*, il « marque mal » même s'il adopte la posture du héros de mélodrame : sa barbe rousse est peu soignée, ses moustaches ont déteint par l'absorption de « milliers de bocks » engloutis, sans compter que vingt ans de séjour dans la capitale n'ont pas réussi à lui enlever « sa tournure épaisse et rurale ». Gabrielle a, selon le chroniqueur du *Petit Journal*, le teint terreux, le visage maigri, les pommettes saillantes et les traits tirés. Un envoyé de la presse à grand tirage ne voit pas la même chose. Elle est mince, élancée, plus gracieuse que belle, les joues creuses et pâles, et sous de longs cils, ses prunelles sont d'une couleur indécise. De son côté, Albert Bataille ne décèle aucune émotion qui aurait pu éclairer « cette physionomie de petite bourgeoise insignifiante ». Quant à Lucien, une jaquette et un pantalon noir lui donnent une certaine prestance s'il n'avait pas « l'œil ahuri ». Assis, il croise les bras dans la posture de l'écolier attentif. Un chroniqueur considère qu'il est assez joli garçon, mais totalement insignifiant. Il passe son temps à pleurer en triturant un mouchoir qu'il porte avec la régularité d'un métronome à ses lèvres. Après la lecture de l'acte d'accusation, Bérard des Glajeux procède à l'interrogatoire des accusés. Il bénéficie d'une bonne réputation et sort grandi des débats. L'affaire Feynarou est la grande affaire de l'époque et de sa carrière. De temps en temps, il se montre peut-être un peu trop habile, disent ses rares détracteurs, mais il s'adresse toujours aux uns et aux autres avec courtoisie, posant les questions les plus pertinentes qui lui viennent de sa parfaite connaissance du dossier, comme s'il avait conservé en mémoire chaque pièce. Il commence par interroger Marin Feynarou et fait sortir sa femme et son frère. Questionné, il ne semble guère troublé et il répond avec calme et un « grand sang-froid ».

Les débats rapportés dans la presse donnent nombre de détails et de précisions qui n'étaient pas forcément bien connus ou même divulgués. Les objets du crime sont tous là, étalés sur la table des pièces à conviction. On aperçoit notamment un piège à loups, car Marin Feynarou avait songé à un moment donné, à inviter à déjeuner ou à dîner Louis Aubert. Le piège aurait été placé sous la table et, à peine assis, les deux mâchoires de fer lui auraient broyé et emprisonné une ou deux jambes. Ensuite la date du crime. Pourquoi avoir retenu ce jour-là et non un autre ? L'accusé précise qu'il avait choisi la date de la communion de ses enfants, mais que cela n'avait pas été possible, car il n'avait pas eu le temps de tout préparer. De toutes les façons, il fallait également, déclare-t-il, que ce soit un jour chômé pour faire garder les enfants par sa belle-mère, Mme Gibon.

Une grande question anime les débats : le rôle de Gabrielle Feynarou

Pourquoi Gabrielle Feynarou a-t-elle participé au crime ? Le 22 mars 1882, lorsqu'elle apprend à son époux sa liaison avec son ancien commis, le mari trompé aurait retiré la couronne nuptiale de dessous la cloche en verre, il aurait enlevé son portrait réalisé au fusain du cadre accroché au mur du salon, il lui aurait également pris son alliance et ses bijoux. Il aurait enfin passé un pacte, lui disant qu'il ne la tuerait pas, mais qu'en revanche il se vengerait de Louis Aubert. Elle aurait donc agi par peur, elle l'affirme en tout cas : « Si tu refuses, je te tuerai, je le tuerai et je me tuerai. Je tuerai aussi tes enfants ! Si tu me l'amènes, tu seras réhabilitée ! » Et le soir du crime, revenu de Chatou, il lui aurait restitué la couronne d'oranger, son anneau nuptial et ses joyaux. Cependant beaucoup de chroniqueurs – vieux routiers et débutants – écrivent qu'ils rejettent son système de défense consistant à dire qu'elle était terrorisée, au point de s'exclamer : « Je suis ton esclave ! J'agirai en aveugle. » Ils n'y croient pas. Il est vrai que l'atmosphère n'est guère sereine et peut exacerber les passions. Feynarou avait appris son infortune peu de temps après avoir été condamné en correctionnelle pour contrefaçon : trois mois de prison et 1 000 francs d'amende pour avoir vendu un ersatz illicite d'eau purgative Hunyadi-Janos, « le purgatif des familles à la réputation universelle », selon une réclame. Cet aspect marginal de l'affaire met en évidence la question non résolue du véritable mobile du crime.

La haine du mari contre son ancien commis et la haine de l'épouse contre son ancien amant suffisent-elles à l'expliquer ? Que s'est-il vraiment passé dans le salon de la petite maison de Chatou pendant que Lucien était dehors en train de faire le guet ? Gabrielle aurait crié « Misérable ! Tu veux maintenant me tuer mon mari ! » à Louis Aubert lorsque celui-ci s'est relevé. Faut-il croire Marin Feynarou qui prend toute la responsabilité de l'assassinat ? Il aimait manifestement sa femme et il l'aime encore au moment du procès. Avait-il soupçonné son infidélité avant les confidences de son épouse ? Y aurait-il des mobiles cachés ? La rumeur et des articles suggèrent que les lettres que détenaient Louis Aubert, détruites le jour du crime par Marin Feynarou, contenaient de lourds secrets : soit elles apportaient la preuve que l'ancien pharmacien avait contrefait l'eau purgative célèbre, soit, plus grave encore, elles signalaient que Gabrielle Feynarou aurait secrètement avorté.

Pour démêler certains points, trois experts du corps sont appelés à la barre. Le médecin légiste de la faculté de Paris est le premier à prendre la parole. Il présente sobrement les blessures : trois principales à la tête et cinq dans la région du cœur. Les coups d'épée ont été portés selon lui dans un corps mourant ; peut-être même de façon post mortem. Le président des assises reprend la parole, il ne pose pas immédiatement une question, mais demande à l'huissier de se diriger vers la table des pièces à conviction. Il revient avec le crâne de Louis Aubert qu'il tend au médecin. Le prenant entre ses mains, il s'approche des douze jurés pour leur montrer les blessures. Mais Bérard des Glajeux voudrait en savoir plus. Le point est crucial pour le procès. L'homme de l'art estime-t-il qu'un homme seul, dans l'action de la lutte, ait pu asséner de tels coups ? Le médecin légiste ne l'exclut pas, mais ne peut donner aucune certitude. Le deuxième expert, médecin à Saint-Germain, a été commis, dit-il, pour examiner le cadavre d'un inconnu. Selon lui, il y a deux assassins, car « il faut une très grande force pour briser un crâne. Un de mes confrères et moi avons fait l'expérience sur un cadavre. » Ils se sont munis d'un marteau identique à celui retrouvé et, poursuit l'expert, après avoir frappé sept coups vigoureux : « Nous avons réussi à briser le crâne sur les côtés. Mais je le répète nous frappions de toute notre force et à tour de bras. » Toujours selon lui, un homme seul ne peut pas provoquer les blessures constatées sur le cadavre repêché, il faut qu'un complice ait tenu la victime par les épaules.

Éclairages sur le caractère des accusés

La ronde des témoins n'apporte rien de nouveau, mais donne des éclairages. M. Thuisseu, pharmacien qui connaissait la victime et l'accusé, indique que Feynarou avait un caractère doux et inoffensif, et que Louis Aubert qui « faisait 120 francs d'affaires par jour » n'avait nul besoin d'argent. Un ancien élève en pharmacie déclare qu'il a assisté à de nombreuses scènes de jalousie chez les Feynarou et que l'épouse donnait de l'argent à Aubert. L'ingénieur Valette qui employait Marin Feynarou devenu chef de bureau dînait souvent chez lui. « Madame, déclare-t-il, était une bonne mère et son mari devait terminer sa formation de comptable et se rendre en Espagne. » Pour le reste il n'en sait pas plus. La concierge Mme Talotte est intarissable. « Il fallait être sourd et aveugle pour ne s'apercevoir de rien », énonce-t-elle.

Un jeune homme, Georges Grousteau, est appelé à la barre des témoins. À 27 ans, il est le secrétaire de la rédaction du journal *Le Jockey*. Mais au lieu de l'interroger, Bérard des Glajeux lit sa déposition et lui demande s'il la maintient en l'état. Il acquiesce et se retire. Le public apprend qu'il a été l'amant de Gabrielle Feynarou. Plusieurs chroniqueurs indiquent que le procédé a été utilisé afin d'éviter à un galant homme d'accuser de vive voix une femme d'adultère. Il avait d'abord rencontré Marin Feynarou aux courses du Vésinet en 1879 puis était devenu l'amant de sa femme. Prétextant le fait d'aller à l'église, elle se rendait chez lui. Leurs relations intimes ont cessé le 1er janvier 1882. Georges Grousteau avait constaté que « son niveau moral baissait de jour en jour ». Tous les témoins toutefois ne sont pas au service de l'accusation. La défense peut aussi compter sur des témoignages divers. Les plus nombreux concernent Lucien, présenté comme le plus doux des hommes, un grand enfant pour qui son frère était un dieu.

Avant que le représentant du ministère public ne prenne la parole, c'est l'avocat de la partie civile, Me Bouchot, qui s'exprime. Il se contente de faire le récit du crime, de critiquer l'inertie du commissaire de la rue d'Astorg, qui n'a rien fait quand on lui a signalé la disparition de Louis Aubert. Tout le mérite en revient à Mme Barbet, la sœur de la victime. Le 23 mai, elle s'était rendue chez les Feynarou se demandant s'il n'avait pas été assassiné. Sa démonstration ressemble à celle d'un logicien implacable. Le 11 août, tandis qu'une « foule houleuse et menaçante » stationne devant le Palais de justice, c'est au tour du procureur Delagorgue de prendre la parole. Selon les observateurs, il s'est montré habile, maîtrisant parfaitement le dossier, insistant sur quelques points seulement et termine en demandant pour Gabrielle Feynarou le châtiment suprême. « Depuis le début du siècle, tonne-t-il, il n'existe pas de crime plus odieux que celui-ci ». Nombre de femmes sont des « Madeleines repentantes », mais pas elle, « ce n'est pas une femme, c'est un monstre ». « Et, termine-t-il, puisque les époux Feynarou se sont associés dans le crime, il faut qu'ils le soient dans la peine ».

Les trois avocats de la défense ne partagent pas la même visée, chacun défend un accusé au détriment des deux autres. Ils se livrent à un « tournoi oratoire » brillant qui fait presque oublier le reste du procès. Me Clément de Royer, l'avocat de Gabrielle Feynarou, ancien substitut, charge à mi-voix le mari. « Le crime, énonce-t-il, est le crime sauvage d'un montagnard de l'Aveyron ». Sa cliente n'a pas participé à sa réalisation, le premier coup de marteau a été mortel, et c'est un homme titubant, comme ivre, qui a reçu les deux autres. On n'a pas le droit, dit-il, de juger sur des hypothèses. Ce qui est certain, c'est que Gabrielle Feynarou a peu à peu « marché vers l'anéantissement de sa force morale » ; elle a même songé à se suicider quand le projet d'assassiner Louis Aubert a pris forme, mais elle y a renoncé en pensant à ses enfants. Si elle est tombée dans les bras d'Aubert, n'est-ce pas en grande partie la faute de sa sœur qui était une « cocotte » et que Marin Feynarou détestait ? Le médecin de Gabrielle lui avait dit que son mari n'était certes pas un fou, mais que c'était un « furieux ». La peur et les menaces ont fait le reste. Elle vivait dans un état permanent de terreur. À la manière d'une esclave privée de volonté, elle a accepté le rôle que son mari voulait lui faire jouer.

Edgar Demange est l'avocat le plus connu du trio. Sa célébrité lui vient de ses succès dans les procès Gras ou Moyaux. Véritable orateur, il a la voix souple et stridente et, écrit-on, le geste puissant. Marin Feynarou n'était ni paresseux ni joueur assidu, il a été un mari fidèle, il aimait et il aime encore sa femme. Puis, l'avocat change de registre et semble faire le procès de l'opinion publique qui a pris parti sans en savoir plus. « Mais, ajoute-t-il en regardant les jurés, eux ne jugeront qu'à partir des faits avérés ». S'appuyant sur le rapport de Gustave Macé, le chef de la Sûreté, il dessine un portrait peu avantageux de Louis Aubert, qui était, lui, paresseux et violent. Au final, certes Feynarou a été cruel, mais il ne mérite pas l'échafaud, au mieux « le bonnet vert du galérien », c'est-à-dire les travaux forcés pour une durée déterminée. La dernière plaidoirie est celle d'Albert Danet dont la rigueur et le charme de la parole ébranlent les convictions les mieux assises. Son client a un passé sans tache, affirme-t-il. S'il a été à Chatou le 18 mai, c'est parce qu'il vénérait son frère, mais sur place, contrairement à l'affirmation de l'accusation, il n'a pas fait le guet, il n'a pas participé à la lutte, il s'est éloigné, a entendu le son de la fanfare des pompiers, et en larmes est revenu vers la villa où Gabrielle Feynarou l'attendait pour lui demander d'aider son frère. C'est une « victime de l'amour fraternel », le seul fait que l'on puisse véritablement retenir contre lui, c'est l'enlèvement de cadavre.

Un verdict attendu

Tandis que les jurés se retirent, il semble à l'auditoire que le véritable mobile de ce crime abominable n'a pas été énoncé, à savoir la jalousie dévorante, le dépit et la haine. Tout cela à la fois, ou bien une combinaison des deux premiers ? À 3 heures, l'arrêt est rendu public : Marin Feynarou est condamné à la peine de mort, Gabrielle Feynarou aux travaux forcés et Lucien à sept ans de travaux forcés. Il s'écroule sur le banc, le corps agité par des sanglots, tandis que les époux Feynarou blêmissent, mais restent impassibles.

Le verdict connu, le public manifeste sa désapprobation. Il aurait plutôt condamné à mort l'épouse et le mari aux travaux forcés. Mais une majorité de journalistes écrivent, à mots couverts, qu'au début du procès ils étaient persuadés que Gabrielle Feynarou était la cause du malheur, l'inspiratrice du drame, l'épouse à la sécheresse d'âme voulant se venger à tout prix. Progressivement pourtant, ils ont été convaincus que Marin Feynarou a bien préparé pendant deux mois un guet-apens effroyable. Albert Wollf, lui, campe sur ses positions. Au moment du verdict, Gabrielle Feynarou exhibe, écrit-il, comme si cela constituait une preuve irréfutable, « une raie provocante tracée sur le côté gauche de sa chevelure ». Nul doute, c'est le signe visible que : « Tout est l'œuvre de cette petite femme haineuse, tout est vil et bas en cette nature de monstre ; tout est calculé. » Lorsqu'elle sort pour la dernière fois du Palais de justice, elle est reconduite à la prison des femmes de Versailles sur l'avenue de Paris. Sur place, elle est attendue : « Hommes, femmes, enfants, cultivateurs des environs attirés par l'affaire, soldats de toutes armes, massés et murmurants, poussaient des clameurs. On voulait lyncher la prisonnière. »

Toutefois, une sorte de miracle se produit. À cause d'un vice de forme, le jugement est cassé. En cause, la lecture de la déposition de Georges Grousseau. Les témoignages doivent être « spontanés », ils ne peuvent être écrits à l'avance. Les accusés sont renvoyés devant la cour d'assises de la Seine. De Thévenard préside les débats, l'avocat général Boucher prononce le réquisitoire, les avocats sont les mêmes que lors du premier procès. Le second verdict n'est pas un calque du premier. Lucien est acquitté, Gabrielle est condamnée aux travaux forcés et est enfermée dans une maison centrale, celle de Clermont dans l'Oise ; quant à Marin Feynarou, il échappe à la guillotine. Dans l'imaginaire collectif, il incarne l'assassin ombrageux aux mœurs brutales et sa femme le monstre insensible. Envoyé en Nouvelle-Calédonie, il parvient à obtenir la concession d'une pharmacie à Nouméa qui lui est retirée à cause de certains produits vendus… Aux dires des derniers curieux qui s'intéressent à son sort, atteint d'un cancer du foie, il finit passeur de rivière.

Vol au Palais de justice

Claude Élisabeth Vandresse, veuve de Jacques Basin, est marchande de menus articles de luxe dans la cour du Palais de justice à Paris, sur l'île de la Cité. Le samedi 26 mars 1689, sur les 7 heures du soir, elle signale le vol d'une chemise de toile et d'un petit miroir d'écailles de tortue garni d'argent sur le pourtour. Pour ce faire, elle se déplace chez le commissaire de police Nicolas Delamare, rue Neuve-Notre-Dame, non loin de sa boutique et du parvis de la cathédrale. Elle désigne comme coupable sa nouvelle domestique à son service depuis deux semaines environ. C'est une certaine Louise Vaquerie – qu'elle ne nomme que Louise. Elle explique :

« Qu'il y a eu dimanche dernier huit jours qu'elle prit à son service la nommée Louise, fille d'une fruitière qui demeure aux environs du Palais ; que mercredi dernier elle reconnut que l'on lui avait pris deux chemises de toile d'Alençon, que les ayant demandées à ladite Louise, elle lui répondit avec beaucoup d'arrogance qu'elle ne lui avait pas donné les chemises en garde ; que néanmoins le lendemain jeudi la plaignante a reconnu une de ses chemises sur ladite Louise, ce qu'ayant fait observer à ladite Louise, elle en demeura d'accord et à l'instant

> la plaignante lui fit dévêtir sa chemise et la mit dehors, n'ayant pas remarqué dans le temps qu'on lui avait volé des marchandises, mais que présentement ladite Louise a été arrêtée chez un marchand orfèvre du Petit-Pont exposant en vente un petit miroir d'écailles de tortue garni d'argent, qu'elle affirme lui appartenir. »

Le crime peut nous sembler bien modeste. Mais l'enjeu est en réalité fort lourd ! Le vol domestique, commis dans la demeure du maître, constitue à cette époque un véritable attentat contre la hiérarchie sociale, contre la confiance et la fidélité. C'est une véritable faute morale. La gravité est telle qu'il est passible de la peine capitale, tout comme un vol aggravé par des violences. Pour Delamare, l'affaire est tout autre. Avec le vol d'aliments, vol de survie des pauvres, le chapardage de vêtements et de menus objets dans les habitations et les magasins est au programme quotidien des policiers parisiens. Le textile sous toutes ses formes (habits, draps, serviettes, rideaux, etc.) constitue le principal aspect de la richesse des individus. Aussi, il est l'objet de toutes les convoitises. Par tout temps, les plus démunis portent sur eux tout leur bien, c'est-à-dire plusieurs couches de vêtements rapiécés. Delamare prend toutefois soin d'interroger séance tenante la jeune Louise. C'est ainsi que la police du grand roi, alors une des plus développées et modernes d'Europe, en vient à s'intéresser aux aspects ordinaires de la vie d'une simple femme du peuple.

La police de Paris au temps de Louis XIV

Déposer plainte auprès de la police pour un vol peut paraître évident à notre siècle. Mais l'habitude est tout autre pour les commissaires de police du règne de Louis XIV. La procédure elle-même est assez différente de ce que nous connaissons aujourd'hui. C'est le plaignant qui désigne le coupable, dépose auprès du commissaire puis porte une requête auprès du chef du tribunal dont il relève pour obtenir l'ouverture d'une enquête par ce même commissaire. L'instruction judiciaire proprement dite ne démarre que si les magistrats le jugent bon. Il arrive aussi que l'accusateur fournisse même un ensemble de questions – *un mémoire de faits* – pour que le commissaire les pose au prévenu. Le commissaire participe donc de procédures tantôt accusatoires, tantôt inquisitoires (donc à charge et à décharge), même si ces dernières tendent à prendre le pas sur les premières depuis la grande ordonnance criminelle de 1670.

C'est ainsi que la veuve Basin se présente le lundi 28 mars (on ne travaille alors guère le dimanche, au moins dans les tribunaux), munie de sa permission de faire « informer » signée du lieutenant criminel du Châtelet, le juge qui dirige la « section criminelle » de ce tribunal. Les modes de détention surprennent aussi. La prison n'est en effet pas une peine, mais uniquement une mesure préventive : dès le samedi soir, l'accusée qui a en partie reconnu les faits est confiée par Delamare à la garde d'un officier de la compagnie de soldats du lieutenant criminel, et gardée dans sa maison particulière de la rue du Petit-Pont, tout près de chez le commissaire, pour éviter sa fuite.

Il existe alors à Paris 48 commissaires de police, plus ou moins fermement affectés à un des 20 quartiers de police de la ville. Ils sont rattachés à la cour dite du Châtelet qui fonctionne comme le tribunal ordinaire des Parisiens (l'équivalent des tribunaux d'instance et de grande instance actuels), mais rassemble en fait de multiples juridictions, générales ou spécialisées, telle que la Chambre des bâtiments par exemple, chargée d'expertiser et d'évaluer le travail des maçons et autres métiers de la construction. Elle passe pour le plus important tribunal d'Europe. Son nom lui vient de son siège, la forteresse médiévale du Châtelet, qui contrôle l'accès à la Cité par le pont au Change depuis la rive droite. Remontant au XIVe siècle, les « commissaires enquêteurs examinateurs », tel est leur titre complet, sont des personnages très anciens dans le paysage institutionnel de la capitale et des figures familières aux Parisiens. Ils ont un statut d'officier, c'est-à-dire qu'ils possèdent leur charge pour l'avoir achetée de leurs deniers, comme la plupart des magistrats. La vénalité des offices, introduite au XVIe siècle, fut en effet la grande affaire liant les élites à la monarchie jusqu'à la fin de l'Ancien Régime.

Nicolas Delamare a payé le sien 25 000 livres tournois en 1673, soit l'équivalent d'une bonne maison dans Paris ou d'environ soixante-cinq années de travail d'un simple manouvrier. Les commissaires forment une « compagnie » autonome, partageant, au-delà d'une profession, des intérêts communs, à commencer par la valeur de leur charge et son rapport financier. L'esprit de corps de la compagnie est même largement sous-tendu par l'existence très concrète d'une bourse commune : une partie des recettes produites par les actes qu'ils délivrent aux particuliers est reversée par chacun d'entre eux à une caisse commune et régulièrement partagée ensuite de manière égalitaire entre tous. Les uns, plus appliqués à faire rentrer de l'argent en instrumentant des procédures civiles, financent ainsi les activités de sûreté moins rémunératrices des autres.

Car, plus que de simples policiers, les commissaires sont de véritables professionnels de l'ordre urbain en général, et pas seulement de la criminalité et de la délinquance. Certes, ils mènent des enquêtes, interrogent des témoins, arrêtent des malfaiteurs, pistent des cambrioleurs, examinent les cadavres trouvés dans les rues ou repêchés dans la Seine. Mais ce n'est pas forcément leur activité principale. Ils réalisent aussi des actes qui relèvent purement du droit civil : ils posent des scellés sur les biens des défunts à la requête des créanciers, procèdent aux partages de successions conflictuelles, rédigent les listes de créanciers de certains faillis, et distribuent entre ceux-là les sommes reçues des débiteurs de ceux-ci, etc. C'est sans doute ces tâches qui leur rapportent le plus d'argent, puisque ces services juridiques sont facturés aux particuliers, suivant un tarif fixé par le tribunal. Enfin, les commissaires sont également chargés de tout ce qui relève de la propreté, de la salubrité, de l'hygiène publique, des conflits du travail, de la gestion « sociale » du quartier en somme. Ils vérifient par exemple, avec l'aide des habitants du voisinage, que les éboueurs et les allumeurs de lanternes publiques effectuent correctement leur travail, que les résidents balaient la rue devant leur porte, qu'aucun immeuble ne menace ruine de manière imminente, que les activités de tel artisan ne nuisent pas au repos sonore ou olfactif de ses voisins, etc.

Le commissaire Delamare, une célébrité policière du Roi-Soleil

Nicolas Delamare (1639-1723) est lui-même un excellent exemple de cette polyvalence. Il s'est occupé et s'occupe toujours d'affaires de tout style. Au début de sa carrière policière, en octobre 1674, les magistrats du Parlement – la plus haute juridiction du royaume qui siège au Palais de justice – le chargent par exemple d'une affaire de saucisses avariées et puantes qu'un traiteur de l'île a osé leur livrer pour leur casse-croûte. Le commissaire rédige alors un beau procès-verbal pour consigner l'odeur effroyable de la marchandise ! Plusieurs fois par an, il réunit les responsables de la levée de l'imposition des boues et lanternes (la taxe d'ordures ménagères en quelque sorte) pour examiner les comptes et, le cas échéant, aller solliciter les mauvais payeurs… Au fil des années toutefois, ses talents ayant été remarqués en haut lieu, il tend à se consacrer d'abord au service particulier de Louis XIV, qui l'emploie à des tâches délicates. En 1683-1684, il suit notamment « l'affaire de la Grande Écurie » du château de Versailles, dont le constructeur a détourné près de 20 000 livres en négligeant de payer ses fournisseurs et employés !

Mais surtout, Delamare se consacre à ses propres recherches érudites. Dans les années 1670, le premier président du parlement de Paris, Guillaume de Lamoignon (1615-1677) – l'un des personnages les plus puissants de la capitale – l'a chargé d'écrire l'histoire de la police de Paris. Delamare accumule alors une documentation considérable sur tous ces domaines, représentant aujourd'hui plus de deux cent cinquante énormes recueils de pièces imprimées et manuscrites conservés à la Bibliothèque nationale qui les a récupérés. Ce travail, encore fréquemment mis à contribution par les historiens d'aujourd'hui, n'est pas véritablement désintéressé. Il s'agit notamment pour lui de documenter, défendre et légitimer les activités de la compagnie des commissaires face à d'autres instances de pouvoir.

C'est que le Châtelet a connu entre-temps une profonde réorganisation. En 1666, le principal magistrat de ce tribunal, le lieutenant civil Dreux d'Aubray, est mort, assassiné par sa propre fille, la marquise de Brinvilliers (1630-1676), véritable « tueuse en série » et principale protagoniste de la célèbre affaire des poisons qui mit le Tout-Paris en émoi. Louis XIV profite de sa disparition prématurée pour démembrer cette charge devenue centrale dans la gestion de la capitale et confier globalement la « sûreté » de Paris à un nouvel acteur, le lieutenant de police, devenu lieutenant général de police en 1674. La tâche est cruciale du point de vue du monarque, qui reste marqué par les cuisants souvenirs de la Fronde (1648-1652) qui a forcé la famille royale à quitter secrètement la ville pour se mettre à couvert. L'enjeu est donc, à l'intérieur même du Châtelet, de fixer les prérogatives respectives des trois chefs du tribunal dont relèvent les commissaires, le lieutenant civil, le lieutenant criminel et le lieutenant général de police.

La synthèse de ce travail donne lieu au *Traité de la police* qui ne paraît qu'entre 1707 et 1719. Tout y est passé en revue : la réglementation des métiers, les chaussées et trottoirs, les pavés, le ravitaillement, les ordures, l'éclairage, la police du livre (Delamare supervise du reste souvent la destruction des livres prohibés). Il ne néglige évidemment pas les marchés ; et pour cause, son quartier de la Cité abrite le Marché neuf, le principal marché alimentaire de Paris. Construit dans les années 1560 sur la rive sud de l'île, il est le seul marché sous juridiction municipale (les autres dépendent généralement des grandes abbayes qui les ont construits), et abrite de nombreuses boucheries, boulangeries ou des vendeurs d'herbes, de graines, dont l'approvisionnement est facilité par la proximité immédiate du fleuve. Sa zone de chalandise est très importante. Malgré la création progressive de marchés de quartier et les difficultés de circulation dans la ville, il attire des habitants de tous les coins de Paris. Il sert aussi de place publique : lors des grandes fêtes, les paroissiens de Saint-Germain-le-Vieil, la paroisse qui le jouxte, s'y serrent, faute de place dans l'église ; pendant les guerres de Religion, dans la seconde moitié du XVIe siècle, ce fut le lieu de réunion de la milice bourgeoise, la dangereuse garde armée des notables parisiens. L'intérêt théorique, mais aussi pratique du *Traité de la police* semble si considérable aux yeux de la monarchie qu'elle accordera à Delamare, en guise de subvention facilitant la publication, une part de la taxe perçue par l'Hôtel-Dieu sur les prix d'entrée des spectacles. La tranquillité et le bon ordre de la plus grande ville du royaume sont bien une œuvre charitable.

En 1689, Nicolas Delamare incarne finalement le premier personnage de policier vedette. À telle enseigne qu'une caricature qui circule dans toute l'Europe le représente en 1691 déguisé en moine et raillé pour son rôle peu glorieux dans la persécution des protestants avant et après la révocation de l'édit de Nantes en novembre 1685 ! C'est ce statut très singulier qui explique sans doute qu'il se dispense ordinairement de ces banales enquêtes pour vol, au profit de son « second », le deuxième commissaire affecté au quartier de la Cité depuis 1677, Charles Bourdon, qui ne traite lui, à longueur d'année, que des plaintes et informations pour chapardages, insultes, beuveries, coups et blessures, et autres agressions... Malgré ce statut si particulier, malgré la confiance du roi et des puissants, Nicolas Delamare dépend cependant encore pour cette enquête du lieutenant criminel qui seul peut lui permettre – ou lui ordonner – d'*informer* ; ce que ce dernier fait dès le lundi, en prescrivant au passage la libération de la servante, en forme de pierre dans le jardin du commissaire. En conséquence, dès le mardi 29 mars, Nicolas Delamare, qui décide apparemment de faire du zèle, sollicite des témoins, qu'il faut faire assigner à comparaître par un « sergent à verge », c'est-à-dire muni d'un bâton signifiant son pouvoir de commandement, du personnel de boutique et des marchands. La plupart perçoivent un dédommagement forfaitaire de quelques livres pour leur déposition (ce qu'on appelle la « taxe des témoins »), sous forme d'indemnité. Ces témoins ont été suggérés par l'accusation ou se sont peut-être signalés d'eux-mêmes auprès du commissaire.

L'île de la Cité, le grand magasin de Paris

Le commissaire de police constitue une autorité proche des habitants, qui ont facilement recours à lui pour leurs grands et menus soucis. Par exemple, les jeunes filles enceintes, qui ont l'obligation d'avouer leur grossesse, lui demandent de convoquer le futur père, pour les convaincre de les épouser ou de leur concéder une aide financière. La résolution des conflits est donc tout autant sa vocation que la répression. De sorte que si Delamare ne limite pas ses activités à son quartier, celui-ci reste au centre de ses préoccupations. Et il a de quoi faire. Le quartier de la Cité, qui inclut administrativement l'île Saint-Louis, dite alors « île Notre-Dame », est situé au cœur de la capitale, dont il constitue un des pôles démographiques et économiques. Très dense et grouillant d'activité, il compte environ 1 200 maisons et au moins 20 000 habitants, soit entre 4 et 5 % de la ville. Il concentre en outre des lieux de pouvoir de premier ordre comme la cathédrale, siège de l'archevêché et du chapitre, et le Palais de justice où travaillent des centaines de magistrats, de secrétaires, d'avocats, de procureurs, d'écrivains publics et de marchands.

La Cité est ainsi le décor d'élection des nombreuses processions et autres cérémonies publiques. Il arrive par exemple que des condamnés à mort fassent amende honorable sur le parvis de Notre-Dame, entre leur cachot (le Châtelet ou la Conciergerie du Palais) et leur lieu d'exécution, la place de Grève devant l'Hôtel de Ville. Ce fut le parcours de la marquise de Brinvilliers le 16 juillet 1676, comme le rapporte Mme de Sévigné :

> « À six heures on l'a menée nue en chemise et la corde au cou, à Notre-Dame, faire l'amende honorable ; et puis on l'a remise dans le même tombereau, où je l'ai vue, jetée à reculons sur de la paille, avec une cornette basse et sa chemise, un docteur auprès d'elle, le bourreau de l'autre côté : en vérité cela m'a fait frémir. Ceux qui ont vu l'exécution disent qu'elle a monté sur l'échafaud avec bien du courage. Pour moi, j'étais sur le pont Notre-Dame, avec la bonne [Mme] d'Escars ; jamais il ne s'est vu tant de monde ni Paris si ému ni si attentif. »

Delamare doit aussi s'en souvenir, lui qui a dû à cette occasion veiller à organiser le maintien de l'ordre… La tâche est difficile tant la Cité est de manière générale un lieu de passage très fréquenté entre la ville et l'université, la rive droite et la rive gauche. Le rythme impressionnant du balayage de ses artères, pratiquement quotidien pour les plus importantes (le dimanche reste jour de repos aussi pour les « boueux » jusque dans la seconde moitié du XVIIIe siècle), atteste cette fréquentation qui s'explique également par l'utilisation commerciale intense du quartier.

L'île regorge en effet de boutiques en tous genres. Sur le pont Notre-Dame – pont à maisons qui sert de passage entre l'Hôtel de Ville et la cathédrale – s'effectue tout un commerce d'objets d'art et d'antiquités. Occupé vingt ans plus tôt par des bonnetiers, des marchands de plumes et de chapeaux, il est à présent un vaste étal pour les miroitiers. Jusque-là prépondérants, ils tendent cependant à laisser peu à peu la place aux marchands de tableaux. Sur le pont au Change, entre le Châtelet et la Cité, règnent orfèvres, joailliers et armuriers. Plus au sud, le Petit-Pont, qui joint la Cité à la rive gauche, abrite lui de nombreux marchands de soieries. Le cœur de l'activité marchande de la Cité reste néanmoins le Palais de justice lui-même. Ancienne résidence des rois capétiens qui vers 1300 en ont laissé l'usage à leur justice, le Palais est à la fois le centre judiciaire du royaume, un pôle administratif, et un énorme centre commercial comprenant des centaines de boutiques. Celles-ci prennent place contre les murs d'enceinte, dans les cours, le long de la Sainte-Chapelle elle-même et bien entendu dans les galeries de circulation à l'intérieur des bâtiments. Elles dévorent même régulièrement les jardins du Palais, dont les derniers viennent de disparaître dans les années 1670, sous les pierres des maçons engagés par le premier président Lamoignon en personne.

Les clients sont à la fois les justiciables, parfois venus de fort loin pour voir plaider leur cause (le ressort du parlement de Paris couvre les deux tiers du royaume), les Parisiens ordinaires et les touristes de passage. Les étrangers ne tarissent généralement pas d'éloges sur l'attrait de ces lieux. Mais la clientèle principale, ce sont les nobles, lesquels n'hésitent pas à fréquenter le tribunal pour rencontrer leurs juges, mais peuvent aussi venir au Palais simplement pour dépenser de l'argent. Même les membres de la famille royale effectuent à l'occasion quelques emplettes sur place. En 1638, au moment où la France est en guerre ouverte contre les Habsbourg d'Autriche, les marchands se plaignent que l'absence de la noblesse, partie combattre et mourir insolvable aux armées, les ruine, car leurs dettes font alors « la plus grandissime partie de leur bien ».

Bien que très huppée, l'ambiance du Palais rappelle cependant la foire bien plus que le tribunal ou le salon aristocratique. On joue aux cartes et aux dés sur les marches des escaliers, au volant dans les galeries, et on attrape vigoureusement le client par l'épaule, quitte à l'insulter s'il préfère la concurrence. On s'y bat également. La comtesse de Rochefort, venue elle-même défendre sa cause en justice en mai 1688, est prise à partie violemment, insultée et frappée par quelques habitants de Fayl-Billot près de Langres qui l'accusent de retenir l'argent de la quête en faveur des incendiés de leur bourg (l'accident est arrivé vingt ans auparavant). Les nombreuses buvettes dispersées dans le Palais contribuent à entretenir la bonne humeur des passants. La solennité de la justice royale côtoie ainsi sans cesse le profane. Parmi les témoins de l'altercation entre Louise Vaquerie et la veuve Basin, on trouve la servante du « buvetier des consultations », lequel tient taverne au cœur de la grande salle du Palais, contre la chapelle Saint-Michel qui abrite les cérémonies religieuses du Parlement. C'est même ce buvetier qui héberge les réunions informelles d'avocats que peuvent venir consulter (d'où le nom) les particuliers désargentés.

Même si cet espace commercial connaît une éclipse qui s'amorce précisément à partir des années 1680, du fait du déplacement des aristocrates vers Versailles et le nord-ouest de la capitale, la rue Saint-Honoré notamment, il conserve encore de beaux restes. Ce que traduit le très haut niveau des prix des boutiques. Dans la cour, il est probable que la veuve Basin paie au moins 200 à 300 livres de loyer par an pour une construction des plus étroites et rudimentaires (quelques mètres carrés au sol, surmontés d'un vague grenier). Les tarifs sont bien plus élevés à l'intérieur des différentes galeries, jusqu'à 800 ou 1 000 livres pour des superficies de moins de dix mètres carrés, autant que pour une maison confortable sur le pont au Change par exemple. Les marchands habitent parfois au Palais, dans des conditions souvent spartiates, ou plus fréquemment sur l'île de la Cité. La majorité d'entre eux sont des personnages d'une modeste envergure, mais ils forment parfois des réseaux de parenté étendus. On trouve ainsi un certain François Basin, sans doute un cousin de la veuve Basin, dont la fille et le gendre tiennent boutique au Palais. Quelques familles ou enseignes renommées y sont cependant attachées : Jacques Périgon, joaillier ordinaire du roi, qui a fourni des objets pour meubler les appartements royaux au Louvre, ou encore les Perdrigeon, célèbres vendeurs de bas et autres colifichets de luxe (les « petites oies »), mentionnés par Molière dans *Les Précieuses ridicules* : « — Le ruban est bien choisi, affirme Mascarille. — Furieusement bien. C'est Perdrigeon tout pur, surenchérit Madelon. »

Au Palais, on juge tout et on vend de tout. Des livres bien sûr – et pas seulement des traités de droit – mais aussi et surtout des jouets, des parfums, des bijoux, des montres et des horloges, des dentelles, des soieries, des porcelaines de Chine ou du Japon, des portefeuilles, des pantoufles de cuir (les fameuses mules du Palais), des plumes colorées et des plumes à écrire, des tablettes et des plateaux de laque, des coquillages précieux. L'inventaire serait sans fin et comprend tout ce qui peut exister en fait de luxe. L'objet du litige entre la veuve Basin et sa servante, un miroir d'écailles de tortue à rebords d'argent, est typique de ces marchandises. Notons de plus que lui est attachée au moyen d'un petit ruban rouge une étiquette manuscrite. Elle mentionne probablement un prix, qui n'est évidemment qu'indicatif, les pratiques de vente portant clients et vendeurs à la négociation. Encore que cette étiquette témoigne peut-être, justement, d'un certain recul de ces habitudes de marchandage. Quelques mois plus tard, le 10 septembre 1689, Delamare enregistre ainsi les plaintes réciproques entre deux marchands de la salle neuve. Tout a commencé parce que la fille de boutique de l'un a traité deux dames venues « marchander une écharpe » de « sottes et d'archisottes » pour avoir finalement préféré la concurrence. L'affaire a dégénéré en coups et injures entre les commerçants.

Les objets de luxe à Paris

Tous ces objets ne sont pas forcément de première main. Il existe un vaste marché secondaire de l'occasion pour la plupart des biens matériels, impliquant leur circulation intense, même pour les vêtements fréquemment restaurés pour être revendus. Une fraction des couches moyennes, voire populaires, de la capitale accède ainsi à une forme de société de consommation de semi-luxe. Les possibilités sont nombreuses. On peut par exemple se procurer toutes sortes de choses auprès des huissiers-priseurs, lors des ventes de meubles après décès, mais également chez la majorité des marchands. Pour la police, cette pratique est toujours suspectée de masquer le recel d'objets volés. Au siècle suivant, certains commissaires subventionnent même des revendeuses de vêtements pour leur servir de délatrices de ces menus larcins.

Dans notre affaire, Louise Vaquerie, qui s'est emparée du miroir le samedi matin, cherche à le revendre tout de suite auprès d'un orfèvre. Marie-Madeleine Mention, femme du cordier Philippe Lepretre, présente à ce moment-là dans la boutique de Jacques Valencier, sur une maison du Petit-Pont, témoigne en attestant la méfiance du marchand :

> « Ce samedi 27 mars, elle vit venir une jeune fille qui exposa en vente un petit miroir d'écailles de tortue garni d'un petit bord d'argent attaché à un ruban, auquel ruban il y avait une petite étiquette de papier ; duquel miroir ledit Valencier offrit quarante-cinq sols et ladite jeune fille ne l'ayant point voulu donner et s'étant retirée, ledit Valencier dit qu'il soupçonnait que ledit miroir était volé et que si ladite revenait, il retiendrait ledit miroir ; qu'un moment après ladite fille étant revenue, ledit Valencier lui avait demandé d'où elle était, à quoi elle répondit qu'elle était du faubourg Saint-Antoine ; et ledit Valencier lui ayant dit que ledit miroir était volé, et qu'il le retiendrait jusqu'à ce qu'elle lui eût donné un répondant, elle répondit qu'il n'était pas volé, qu'elle l'avait trouvé dans les salles du Palais et qu'elle lui donnerait pour répondant sa mère qui demeurait rue aux Febvres ; et sortit pour aller

> quérir sa dite mère avec laquelle elle revint un moment après ; à laquelle mère ledit Valencier ayant dit la même chose, que ledit miroir avait été volé, elle répondit que sa fille lui avait dit qu'elle l'avait trouvé et s'emporta contre ledit Valencier pour retirer ledit miroir qu'il ne voulut point rendre. »

Malgré les précautions, il paraît assez clair que si Louise avait d'emblée affiché un air plus assuré et accepté sur-le-champ l'offre de l'orfèvre, l'affaire aurait été conclue sans plus de cérémonie. Ces bévues plus ou moins innocentes sont légion. L'année précédente, au printemps 1688, Ballus, un autre orfèvre de la Cité installé sur le pont Saint-Michel, accepte sans discuter d'acheter une vingtaine de rares médailles en or et autres pièces antiques de grande valeur que lui apporte un candide jeune homme, jouant au fils de magistrat et prétendant avoir besoin d'argent pour régler ses impôts. Il s'avère que ces objets, que l'orfèvre écoule très rapidement, proviennent de la collection personnelle du grand juriste Jean Doujat (1609-1688). Le vieux professeur de droit rappelle à l'occasion de sa plainte qu'il « est expressément défendu aux marchands, orfèvres et joailliers, de n'acheter aucune orfèvrerie, bijou et médaille de jeunes gens, écoliers et autres sans savoir auparavant si ceux qui leur exposent ainsi en vente sont propriétaires ou ont pouvoir de vendre. »

De multiples ordonnances de police édictées depuis le Moyen Âge répètent en effet ce même avertissement à l'adresse de tous les marchands, sous peine de répondre de complicité de vol ou de recel. Ils ne doivent acheter qu'à des gens qu'ils connaissent ou qui présentent un garant certain. Peu après, en 1700, les orfèvres sont même contraints de tenir registre de leurs achats de vieille vaisselle d'or et d'argent, lesquels font foi en justice. Tous ces efforts pour responsabiliser les marchands n'empêchent cependant pas le recyclage permanent des objets d'occasion, quelle que soit leur provenance.

Loin des 30 louis d'or – 330 livres environ, soit le prix d'un beau tableau d'un artiste reconnu – auxquels Jean Doujat estime sa collection dérobée, l'enjeu est évidemment moindre pour le petit miroir de la veuve. Sa valeur paraît assez faible. L'orfèvre Valencier en propose 45 sols (2,25 livres), soit tout de même l'équivalent d'environ deux semaines de dépenses alimentaires pour une famille de paysans, ou du montant de ce que le père de Louise devait payer chaque année d'impôts à Beauvais. Ce n'est donc pas très cher, sans être bon marché, ce qui témoigne bien de la diffusion de l'objet dans les intérieurs parisiens, même des gens modestes. Les Parisiens, dès la fin du Grand Siècle, ont pris communément l'habitude de se regarder eux-mêmes. Les plus riches dans de grandes glaces, les moins riches dans de petits miroirs. De son côté, Louise en espérait

9 francs (27 livres), ce qui témoigne peut-être de son ignorance des prix comme le prétend Valencier. Reste qu'à cette date, le joaillier Jean-Baptiste Delafrenaye, installé dans une galerie du Palais, vend bien de petits miroirs (mais en cristal de roche il est vrai) à 30 livres pièce. La servante ne proposait donc pas son butin à un tarif complètement irréaliste.

Servantes, filles de boutique et prostituées dans la grande ville

Sa connaissance du Palais et des marchandises permet de supposer que plus qu'une simple domestique, Louise fait plutôt fonction de vendeuse, de « fille de boutique ». Chez les marchands, le statut des domestiques reste en effet assez ambigu : certains travaillent comme de véritables employés de commerce, sans appartenir pour autant aux différentes corporations et communautés de métier. Ils côtoient ainsi les éventuels apprentis et compagnons, mais sans en partager les espoirs de promotion. Car ceux qui relèvent des corporations peuvent légitimement aspirer à s'établir un jour comme maître ou marchand. Qu'ils y parviennent est une autre affaire. Louise Vaquerie, elle, est toujours qualifiée de domestique, ce qui signifie qu'elle n'est ni apprentie ni maîtresse d'une communauté, car il existe des corporations féminines (les lingères et les couturières en particulier). La place de servante est donc son présent comme son avenir, ce qui n'empêche pas qu'on lui donne des responsabilités. D'autres jeunes filles, placées dans la même situation, sont parfois chargées de tenir la boutique de leur maître et de la fermer à la nuit tombante. Ce qu'elles ne font pas toujours. De manière générale, le groupe social des domestiques témoigne de la fragilité des vies populaires dans les villes. Ils représentent une part non négligeable des populations urbaines de l'Europe d'Ancien Régime, entre 5 et 10 % du total selon les lieux. Si les riches ont évidemment à leur disposition de nombreux valets portant livrée à leurs armes, femmes de chambre, cochers, jardiniers… l'immense majorité des foyers bourgeois n'emploie guère qu'une cuisinière, parfois en même temps bonne à tout faire.

Comme une part importante du peuple urbain, les servantes et filles de boutiques proviennent de l'immigration. Non seulement des campagnes, mais plus fréquemment encore des villes de second rang. La tendance est en effet à remonter peu à peu la hiérarchie urbaine. Certains fuient les guerres et/ou les difficultés économiques, de plus en plus nombreuses à partir des années 1680, quand d'autres mobilisent des réseaux migratoires familiaux ou locaux pour améliorer leurs perspectives. La culture de la mobilité, fréquente chez les pauvres, présente ainsi le double visage de la fuite et de l'espoir. Louise Vaquerie est venue de Beauvais, une ville industrieuse et déjà importante pour l'époque avec ses 12 000 habitants. Elle est venue avec sa mère,

Jeanne Dupont, peut-être à la suite du décès de son père, un cordonnier, un modeste artisan, qui a fragilisé l'équilibre économique du ménage. La mère, disposant néanmoins d'un tout petit capital, s'est alors établie comme marchande fruitière, attirée par la proximité du Marché neuf, et s'est remariée avec un artisan, l'armurier Louis Lenain. Mais ce dernier est absent lors de la procédure, ce qui peut trahir soit une réelle séparation du couple, soit une prudence de la part du chef de famille. Mieux vaut en effet laisser comparaître des femmes, sur lesquelles pèse un soupçon d'irresponsabilité juridique qui incline souvent les autorités à l'indulgence. Toutefois, les nouveaux arrivants désargentés se placent plus ordinairement dans les emplois domestiques grâce à des intermédiaires qui servent de garants informels. Ici, c'est la mère de Louise qui est parvenue à faire entrer sa fille au service de la veuve Basin, parce que sa profession la met en contact avec nombre de clients. Ce qui ne donne pas lieu à un contrat de travail en bonne et due forme, mais simplement à un engagement verbal. Du reste, Louise Vaquerie a beau avoir atteint ses 18 ans, elle est illettrée et ne sait pas même signer, ce qui n'est certes pas rare, mais surprend quand même un peu.

L'oralité et ses exigences imprègnent donc les relations sociales et les formes de négociation du travail. Et bien que la justice du roi prise au plus haut point la preuve et la trace écrite, toute une part de l'activité du commissaire lui-même nous échappe, lui qui agit surtout par des paroles quand les historiens n'ont plus que ses archives écrites pour en juger. D'où la publicité de la scène de la rupture d'engagement initiée par la veuve Basin au prétexte de la disparition de sa chemise : il faut des témoins visuels et auditifs de la dispute. L'affaire se déroule le vendredi 26 mars au matin. Marie Martel, servante du sieur Hébert, buvetier des consultations, rapporte ainsi que :

> « Vendredi dernier, à l'heure de midi, étant dans la boutique de ladite veuve Basin, elle ouït que ladite veuve Basin se plaignait à la nommée Louise sa servante qu'elle avait perdu deux chemises et les demandait à ladite Louise, laquelle répondit qu'elle n'avait point lesdites chemises en compte. Sur quoi ladite veuve Basin lui répliqua qu'elle était bien malséante de lui répondre de la sorte puisqu'elle avait l'une desdites chemises sur son dos ; sur quoi ladite Louise demeura d'accord et demanda congé et le paiement de ses gages. Et ladite veuve Basin lui répondit qu'elle lui payerait ses gages quand elle lui aurait rendu la chemise qu'elle avait sur le dos et qu'elle aurait retrouvé l'autre. Et ladite Louise dit qu'elle rendrait ladite chemise qu'elle avait sur le dos et que pour l'autre, elle ne lui avait pas donné en compte et qu'elle ne savait pas où elle était. »

De fait, Louise « se dépouille » de la chemise qu'elle porte sur elle. Après quoi, Marie Martel rentre chez elle. Croisant en début d'après-midi Louise dans la grande salle du Palais, le lieu de travail de Marie, celle-ci lui apprend qu'elle a reçu 30 sols pour ses gages. Cette rémunération paraît plutôt modeste. Louise Vaquerie empoche 1,5 livre pour une semaine et demie ou deux de travail, ce qui correspondrait à 3 ou 4 livres par mois, soit 36 ou 48 livres par an. Cette somme ne permet évidemment pas de survivre à Paris. Mais Louise est sans doute nourrie, et peut-être logée puisque sa mère ne s'étonne pas de ne pas la voir rentrer dormir à leur domicile de la rue aux Febvres, à quelques pas du Palais. En outre, la veuve Basin retient une robe de chambre de toile peinte – une cotonnade imprimée, connue sous le nom d'indienne – deux mouchoirs et une coiffe noirs, le tout appartenant à Louise, signe que celle-ci devait bien les utiliser ou les entreposer dans la demeure de sa patronne. Plus que d'apporter un salaire d'appoint à sa famille, le travail de Louise Vaquerie permet surtout à ses parents de ne plus l'avoir à leur charge. Pas encore majeure, la majorité légale n'arrivant qu'à 25 ans, Louise est néanmoins autonome.

Le lendemain matin samedi, après réflexion, elle revient à la boutique réclamer ses hardes et un supplément pour ses gages. Ce n'est qu'après un nouveau refus de la veuve Basin que Louise s'empare alors du miroir. On ne sait s'il s'agit d'une prise de gage ou si elle compte déjà le revendre par forme de compensation. Mais en aucun cas il ne s'agit d'un vol à proprement parler puisqu'elle ne dissimule pas son geste. Si elle profite certes de l'inattention de la veuve Basin qui parle alors avec d'autres marchands, elle prend à témoin un ami de celle-ci, présent dans la boutique, en évoquant avec lui la valeur potentielle de l'objet. Le personnage en question, elle ne l'a pas choisi au hasard. Bien au contraire puisqu'il s'agit d'un client tout à fait particulier.

Tenir la maison et vendre la marchandise ne sont pas les seuls domaines d'activité de Louise. En effet, la veuve Basin semble jouer l'entremetteuse, en proposant très vite sa nouvelle servante à une connaissance masculine à elle, l'ami que Louise prend à témoin le samedi matin. Les accusations de Louise Vaquerie envers sa patronne ne sont certes pas très explicites, mais sur le fond assez claires. Elles recoupent d'ailleurs les plaintes de respectables marchands du Palais qui, au printemps 1711, accuseront de prétendues coiffeuses de s'installer sans permission dans les salles et les cours pour accueillir des « particuliers vagabonds », fréquemment avinés, venus chercher la débauche. Dès le samedi soir, Louise explique au commissaire que :

> « Elle a eu le malheur d'entrer au service de ladite veuve Basin il y a quinze jours ou environ, mais qu'elle n'a fait

aucun vol ; qu'à l'égard des chemises dont parle ladite Basin, la déposante ne les a point prises. Mais que dès le jour qu'elle entra au service de ladite Basin, le soir dudit jour le nommé Dufresne, jeune homme qui est en pension chez elle, chez laquelle il prend ses repas et qui couche dans une chambre qu'elle lui loue rue de la Vieille Draperie, *Aux deux boules* ; étant prête de se retirer pour aller coucher, ladite Basin dit à la répondante d'aller avec lui, qu'elle coucherait dans sa chambre parce qu'il avait peur depuis qu'un homme de ses amis était mort en ladite chambre ; à quoi la répondante eut beaucoup de peine à se résoudre. Mais ladite Basin l'en pressa tellement, lui disant que c'était un homme d'honneur qui ne lui ferait point de mal et que d'autres servantes y avaient couché qui ne s'en étaient pas plaintes ; et la répondante eut le malheur de se laisser persuader et fut avec ledit Dufresne en sa chambre, croyant y trouver deux lits. Mais elle fut bien surprise de n'y en trouver qu'un et que ledit Dufresne l'obligea de coucher avec lui. »

Et elle ajoute que ce manège dura jusqu'au jeudi de la semaine suivante, et que c'est parce qu'elle s'est finalement plainte de la saleté de sa chemise que la veuve lui en donna une des siennes pour ne pas déplaire à Dufresne. Les intentions respectives de l'une et de l'autre ne sont cependant pas nettement établies. La patronne récuse évidemment toute responsabilité, accusant sa servante d'inconduite. Mais elle ne conteste pas que

Louise Vaquerie ait couché à plusieurs reprises avec le sieur Dufresne, reconnaissant implicitement qu'à tout le moins, ce comportement ne la choquait pas vraiment. Son attitude laisse en outre songeuse. Car si elle prétend congédier sa servante pour vol de chemise, elle lui paie néanmoins ses gages, se contentant de retenir quelques affaires pour les échanger contre la chemise. On est là dans l'arrangement.

La prostitution se présente évidemment comme une solution de survie ou d'appoint, même si c'est là un aspect mal connu de la vie parisienne avant le XVIIIe siècle. Au Moyen Âge et à la Renaissance, la prostitution était un fait officiel, bien souvent organisé par les autorités municipales, qui cherchaient ainsi à la contrôler pour des questions d'ordre et de santé publique. Mais la Réforme catholique qui marque le XVIIe siècle signifie un tournant rigoriste qui délégitime cette habitude et la condamne sans appel. Une ordonnance royale de 1565, renouvelée en 1614, chasse en théorie les prostituées de Paris. Ce sont bien elles qui sont visées, non leurs clients. Signalons au passage que Dufresne n'est pas sollicité pour témoigner à cette étape de la procédure. Le contraste avec des temps de plus grande permissivité sexuelle met cependant du temps à s'établir. Dans les années 1670 encore, on peut trouver trace de résolutions à l'amiable – devant notaires et moyennant finances – de cas de séparations de « ménages » en union libre, typiquement entre un jeune étudiant s'apprêtant à s'établir ou se marier, et une jeune fille de modeste condition. Mais dans un contexte de raidissement orthodoxe et moral qui n'épargne personne (ni les protestants ni les jansénistes de Port-Royal), et sous l'influence dévote de Mme de Maintenon, Louis XIV promulgue en 1684 une grande ordonnance bien plus sévère. Il demande au lieutenant général de police de renforcer la lutte contre ce qui est désormais identifié comme la débauche et le péché, en enfermant les prostituées dans les hôpitaux de la capitale – des espaces d'accueil ou de relégation pour les pauvres et les vieillards plutôt que des lieux médicalisés – pour tenter de les ramener à une vie chrétienne.

On ignore la fin de l'affaire. Et pour cause ! Les archives de la chambre criminelle du Châtelet sont manquantes avant le XVIIIe siècle… Comme toute une masse extraordinaire d'histoires accumulées depuis plusieurs siècles, celle de Louise Vaquerie s'arrête donc ici, au terme d'une courte enquête, quelques feuillets signés du plus illustre policier du Grand Siècle. C'est d'ailleurs souvent le sort des milieux populaires de n'apparaître à l'historien qu'à la lumière des sources de la répression dont ils font l'objet. Pessimiste, on peut imaginer Louise envoyée à l'hôpital, pour y subir quelques mois de rééducation morale rigoureuse et de travail forcé. Avec moins de noirceur, on peut penser que, la veuve Basin ayant recouvré son bien, elle aura été sermonnée afin de mieux se conduire, puis remise à sa mère pour poursuivre son existence laborieuse. Reste le témoignage, édifiant et savoureux, d'une de ces vies faussement banales du siècle de Louis XIV.

Massacre à Pantin

Comme chaque matin, Jean Langlois, cultivateur, se rend sur la parcelle qu'il exploite dans la plaine des Vertus, entre le fort d'Aubervilliers et la gare de Pantin. L'endroit est un peu sinistre, mais c'est une bonne banlieue maraîchère, située à moins de deux kilomètres des fortifications qui marquent alors l'entrée dans Paris. Il fait frais en cette aube impériale du 20 septembre 1869. L'homme est habitué à ces travaux matinaux. La saison est propice pour les carottes, les poireaux et les courges, qu'il revend à bon prix sur les marchés de Pantin, des Lilas ou de Belleville.

Six cadavres enterrés cruellement dans un champ

Ce matin, il va pourtant de surprise en surprise. Au lieu-dit « Le Chemin vert », près d'un champ de luzerne, il repère des traces insolites, une sorte de grande tache sombre qui l'intrigue. En s'approchant, il découvre une véritable mare de sang. Tout près, dans une jachère, la terre a été fraîchement retournée. D'un coup de bêche, Langlois disperse les mottes bizarrement assemblées. Une main de femme apparaît rapidement. Il n'en croit pas ses yeux : un cadavre dans son champ ! Un crime sûrement. Affolé, il se précipite vers le commissariat le plus proche, celui de Pantin. Le voici de retour quelques instants plus tard, en compagnie du commissaire Roubel, de son adjoint Alphonsi, de deux sergents de ville et du docteur Lagague. Des badauds intrigués se joignent vite à cette troupe improvisée. C'est bientôt une cinquantaine de personnes qui se retrouvent sur place. Aidé par les policiers, Langlois démontre ses talents de fossoyeur. Oui, c'est bien un corps de femme, lardé de coups de couteau, la tête presque détachée du tronc : un spectacle macabre. Apparemment, on ne l'a pas tuée pour la voler puisqu'on trouve sur elle des bijoux, une montre, une chaîne, ainsi que de l'argent. Un des agents interpelle alors le commissaire. Non loin de là, il vient de repérer d'autres traces suspectes. On creuse, et apparaît bientôt un autre cadavre, celui d'un enfant, un jeune garçon d'une dizaine d'années, terriblement mutilé lui aussi, quatorze fois poignardé. Son visage est comme écrasé. Ce n'est que le début d'une incroyable matinée d'horreur. « Regardez, il y en a encore un ! », s'écrie un paysan. Avant d'ajouter : « C'est un garçon, on voit sa casquette ! »

Affairés autour de la fosse, qui s'étend maintenant sur près de trois mètres de long, les policiers dégagent les cadavres de trois autres garçons, un peu plus âgés peut-être, en costume de collégien, pantalon gris et veste noire. Puis encore celui d'une fillette. « La petite fille doit avoir 4 ans au plus », écrit un journaliste du

Temps. « Elle est vêtue d'une robe bleue, d'un jupon blanc ; une bavette parfaitement blanche recouvre sa poitrine ; un bas blanc bien tiré est ensanglanté par place. Un *waterproof* cache l'ensemble du vêtement. » Ce sont donc six cadavres, la mère et ses cinq enfants, « des gens de qualité » au vu de leurs vêtements, que l'on vient d'exhumer. Un véritable carnage ! La foule s'est agglutinée autour de la fosse sinistre. Les voisins, les curieux ont afflué en si grand nombre qu'ils en troublent les constatations judiciaires. Il faut faire appel à des soldats du fort d'Aubervilliers pour canaliser l'attroupement qui grossit. Les policiers réussissent tout de même à récupérer l'arme du crime, un lourd couteau de table à manche noir, abandonné non loin de là.

Les corps sont transférés dans les nouveaux locaux de la morgue que le baron Haussmann, préfet de la Seine, vient de faire aménager à la pointe de l'île de la Cité. « Reçu six cadavres envoyés par monsieur le commissaire de police de Pantin. Ce 20 septembre 1869 », note scrupuleusement le greffier. Mais, contrairement à l'habitude, le préfet de police décide de ne pas exposer les cadavres sur les tables de marbre noir. Il serait bien sûr nécessaire de les identifier, mais une foule considérable s'est réunie autour de la morgue et l'on juge inconvenant de dévoiler devant tant de monde le corps nu d'une femme de 40 ans. On se contente donc de les photographier. Arrosés par un filet d'eau, les six cadavres demeurent dans la salle de purification en attendant les experts que l'on a convoqués. L'autopsie est pratiquée par des sommités de la médecine légale du temps, les docteurs Penard, Trélat et Bergeron. Leurs conclusions confirment l'horreur du sextuple meurtre. La femme, âgée d'une quarantaine d'années, était enceinte de six mois et a été frappée de vingt-trois coups de couteau. La violence du choc fut telle que le fœtus était à moitié sorti de ses entrailles. Mais elle n'était pas encore morte lorsqu'on l'a jetée dans la fosse et a donc été enterrée vivante... Ce fut également le sort de la fillette et d'un des garçons. Les trois autres ont été assommés, puis étranglés. « Jamais hécatombe ne fut faite par une main plus terrible et plus assurée », écrit un reporter de la célèbre *Gazette des Tribunaux.*

La famille Kinck, une famille roubaisienne sans histoire

L'instruction, dirigée par le juge Drouet d'Arcq, est confiée au service de la Sûreté parisienne. Son chef, le très médiatique M. Claude, s'en occupe personnellement, assisté de son adjoint l'inspecteur Lerouge et de son secrétaire, le brigadier Souvras. On songe d'emblée aux forfaits de l'une de ces sinistres bandes d'escarpes qui assaillent et dépouillent les passants dans les coins isolés. Dès le lendemain, on commence cependant à y voir un peu plus clair. Les récits publiés dans les journaux du soir, notamment dans *Le Petit Journal,* suscitent les premiers témoignages. Celui de M. Rigny, le tenancier de l'Hôtel du chemin de fer situé 12, boulevard de Denain (l'actuel Terminus Nord), se révèle décisif. Était en effet arrivée la veille dans son établissement, en provenance de Roubaix, une certaine Mme Kinck, accompagnée de ses cinq enfants. Elle venait y rejoindre M. Jean Kinck, un mécanicien roubaisien lui aussi, qui y était descendu la semaine précédente : « Un individu bien suspect d'ailleurs, poursuit le tenancier, qui voyageait sans bagage, et que je n'ai aperçu qu'à deux ou trois reprises. » La femme Kinck, elle, loua deux chambres, y déposa ses bagages et repartit le soir même pour un mystérieux rendez-vous. Les témoignages spontanés affluent au service de la Sûreté. Un restaurateur du Raincy parle d'une dame qui aurait voyagé du Raincy à Pantin. Le cocher de fiacre Bardot affirme, lui, avoir déposé vers minuit une petite troupe de sept personnes à Pantin, au carrefour des Quatre-Chemins. La dame est descendue d'abord avec un jeune homme et les plus jeunes de ses enfants, puis le jeune homme est revenu un peu plus tard chercher les trois autres qui s'étaient endormis. Il a alors payé et renvoyé le cocher. Le veilleur de nuit d'une usine située à proximité aurait, lui, vers minuit quinze, entendu des enfants crier : « Maman ! »

De Roubaix parviennent alors d'autres informations, qui permettent d'en savoir davantage sur ces Kinck. C'est une famille honnête, dit-on là-bas, qui demeure au

22, rue de l'Alouette. Le père, Jean, est un mécanicien alsacien qui a amassé grâce à son travail une fortune de petit bourgeois, près de 150 000 francs, qu'il projetait de faire fructifier en Alsace, dans la propriété familiale qu'il détient à Buhl, près de Guebwiller. Son épouse, originaire de Tourcoing, est la mère de six enfants, et en attendait un septième. « Un couple uni, dit-on sur place, et des gens sans histoire ». Il faut cependant se rendre à l'évidence. De tous les Kinck, seuls le père Jean et le fils aîné Gustave n'ont pas été assassinés : c'est donc qu'ils sont les coupables ! Leur absence dans la fosse les accuse directement. L'affaire, portée par les quotidiens populaires, commence à enflammer les imaginations. À Pantin, le « carrefour sanglant » ne désemplit pas. Des badauds se pressent aussi devant la morgue de Paris pour en savoir plus, ainsi qu'à Roubaix, où une foule compacte se masse rue de l'Alouette. Alors que les journaux rapportent les bruits les plus extravagants, l'enquête de M. Claude se fait plus précise. Dans la chambre de Kinck, à l'Hôtel du chemin de fer, on a retrouvé une chemise maculée de sang. Un taillandier de la rue de Flandre affirme avoir vendu une pelle et une pioche à un homme répondant précisément au signalement de Jean Kinck. Pour Claude, la cause est entendue. C'est bien ce Jean Kinck qui a tué sa femme et cinq de ses enfants, peut-être avec la complicité du fils aîné, Gustave.

Un premier suspect est arrêté

L'histoire se complique trois jours plus tard, au Havre. Le 23 septembre, *La Gazette des Tribunaux* relate en effet une arrestation rocambolesque. Le gendarme de marine Ferrand effectue comme chaque jour sa tournée d'inspection dans les cabarets du port, où l'on surveille les dockers et ouvriers inconnus. Rue Royale, à La Femme sans tête, il repère deux individus suspects, dont un grand jeune homme brun, rasé de près, aux joues maigres et creuses, au regard fiévreux. C'est un dénommé Wolf, en partance pour l'Amérique, mais ses explications embrouillées et l'absence de passeport en règle éveillent les soupçons du gendarme. Il décide donc de le conduire au poste de l'arsenal pour tirer tout cela au clair. En chemin, le jeune homme s'échappe brusquement. Il se met à courir à toute vitesse et se jette dans le bassin du Commerce, où il manque de se noyer. Un brave calfat du nom de Hauguel, qui a vu toute la scène, se précipite dans l'eau, empoigne le jeune homme au col et le ramène à quai. Tous les journaux rendent hommage à l'ouvrier pour ce beau trait d'humanité, la Société des sauveteurs de Rouen lui offre un banquet et *Le Figaro* un chronomètre en or. Wolf, lui, est conduit au poste de police où le commissaire du Havre arrive bientôt. On trouve sur lui, outre un billet pour le prochain paquebot à destination de New York, des papiers et des titres de propriété au nom de Gustave Kinck, de Roubaix. Aucun doute à avoir, c'est lui l'assassin de Pantin. Le policier télégraphie aussitôt à Paris où les journaux du soir annoncent l'arrestation du terrible Kinck.

Arrivés le lendemain au Havre, M. Claude et deux de ses inspecteurs interrogent le suspect. En réalité, il s'appelle Jean-Baptiste Troppmann. C'est un ami de la famille Kinck, un mécanicien alsacien de 19 ans, natif de Cernay dans le Haut-Rhin. Il n'a été qu'un comparse, dit-il, c'est Jean et Gustave qui ont tout manigancé pour se venger des infidélités de Mme Kinck. Mais le massacre de toute la famille rend cette thèse du crime passionnel bien difficile à accepter. On décide de transférer aussitôt le dénommé Troppmann à Paris. À chaque arrêt, on le hue. Une foule si compacte l'attend à la gare Saint-Lazare que Claude songe un instant à le faire descendre à la station qui précède, aux Batignolles. Mais non ! Impressionner ce jeune homme n'est sans doute pas une mauvaise chose. On va donc jusqu'à Saint-Lazare. Là, on fait descendre le suspect qui semble très accablé, presque en état de choc. Rue de Rome, on le hisse sur le fiacre 1737, en direction de la morgue. Il faut aller vite pour arracher les aveux du jeune homme. À la morgue où l'attendent le juge Drouet et le procureur impérial Dupré-Lasalle, Troppmann est aussitôt confronté aux six corps des victimes. « Troppmann, demande le juge, reconnaissez-vous les personnes dont les cadavres sont exposés ? » Le jeune homme identifie les cadavres, mais nie les avoir tués : « C'est Jean et Gustave qui ont porté les coups de couteau. Moi, je n'ai fait que pousser les victimes dans la fosse. » On n'en tirera pas davantage. Il faut se frayer un chemin parmi la foule très dense qui stationne devant la morgue pour faire sortir Troppmann et le conduire à la prison de Mazas où il est incarcéré.

Pantin, depuis la découverte des crimes, est devenu un des lieux les plus fréquentés de la capitale. On se bouscule au champ Langlois. Curieux et apprentis détectives y accourent, des badauds sillonnent le périmètre et piétinent la luzerne à la recherche de quelque macabre découverte. Une palissade a été élevée autour de la fosse où des frères de l'école chrétienne de Pantin ont planté des croix. Très vite, des camelots et des marchands de vin ont également investi les lieux. Touristes, colporteurs et charlatans y affluent. La police y a même signalé des pickpockets. La journée, on y vend – dans une ambiance de kermesse – de la limonade, du coco de Calabre, des images et des « reliques », morceaux d'étoffe et boutons, ayant prétendument appartenu aux victimes. Le matin du 26 septembre, un garçon boucher des environs qui y promène son chien le voit s'agiter bien curieusement. L'animal remue, renifle, gratte, s'affaire dans un recoin, pas très loin du champ de la mort. Un attroupement se fait très vite autour de lui. On sort des pioches. Une main apparaît bientôt, puis un corps. C'est un septième cadavre, sans doute celui du vrai Gustave ! Horriblement putréfié, il était enfoui à une quarantaine de mètres des autres. La partie arrière du crâne a été enfoncée d'un coup de pioche, la gorge est tranchée d'une oreille à l'autre. « Sa poitrine était ouverte et son poignet entouré d'un mouchoir rouge contourné et tordu », complète le chroniqueur du *Petit Journal*. Les autorités – le commissaire de Pantin, le Dr Lugagne, M. Claude et les magistrats – sont bientôt sur place.

Les reporters arrivent en nuées. On envoie chercher des renforts de gendarmes pour refouler la foule des curieux qui ne cesse d'enfler. Car tout le monde s'est mis en tête de chercher le huitième cadavre, celui du père, Jean Kinck, qui doit bien être quelque part ! Alors que la chaleur devient étouffante en cette belle journée de septembre, des centaines de personnes s'affairent dans une ambiance de kermesse. Des marchands de pain d'épice, d'oranges, de pêches, de pommes de terre frites, installent des échoppes de fortune le long de ce nouveau boulevard du crime. Toute la nuit, on creuse encore, à la lueur des lanternes. Le lendemain, 27 septembre, le procureur impérial décide d'employer les grands moyens. Trois compagnies du 90e de ligne sont réquisitionnées au fort d'Aubervilliers pour faire évacuer la foule. Le juge d'instruction fait ensuite venir des charrues, pour inspecter les lieux, centimètre par centimètre. À plusieurs reprises, la foule déborde, et il fait charger les gendarmes à cheval pour dégager les lieux. Des journalistes suggèrent d'aller chercher les hyènes du Jardin des Plantes pour participer à ces fouilles macabres. Au soir du 27, il faut se rendre à l'évidence. Aucun autre cadavre n'a été enterré à proximité. Les autorités judiciaires décident alors de rendre le champ à la foule.

La presse s'empare de l'affaire

Dans la journée, on a placé Troppmann face au cadavre de Gustave. Il reste assez indifférent et nie l'avoir tué. La découverte de ce septième cadavre ruine pourtant la thèse du crime passionnel à laquelle il s'accrochait depuis deux jours. Le jeune homme semble s'enfermer dans une sorte de torpeur, presque d'hébétude. Il décide aussi de ne plus manger.

Pour le pays en revanche, l'affaire est devenue intensément publique. Les journaux populaires comme *Le Petit Journal*, qui mise sans état d'âme sur les faits-divers, mais aussi les journaux sérieux, politiques ou littéraires comme *Le Figaro* et *Le Gaulois*, font du crime de Pantin (on dit parfois d'Aubervilliers) le premier sujet de conversation en ce début d'automne 1869. La recherche des indices et du cadavre de Jean Kinck semble être devenue une cause nationale, qui suscite des centaines de rumeurs, de fausses nouvelles, prématurées ou fantaisistes. « L'Empereur qui, heure par heure, se fait rendre compte de l'instruction, s'inquiète de Troppmann en son impériale résidence comme l'ouvrier s'en occupe au cabaret et le bourgeois placide en sa maison », lit-on dans *La Chronique illustrée.* On s'occupe aussi des funérailles des Kinck. Diverses localités, Lille, Roubaix, Tourcoing, Cernay, bataillent pour avoir le privilège d'enterrer les victimes. La cérémonie a finalement lieu à Tourcoing le 1er octobre. On y a transporté de nuit les cadavres de Mme Kinck et de ses six enfants pour éviter les attroupements ou les incidents. Les victimes ont droit à des obsèques nationales, aux frais du gouvernement. Devant une foule de plusieurs milliers de personnes, le maire de la ville fait observer une minute de silence, tandis que la municipalité ouvre une souscription publique pour élever un monument à la famille martyre.

À Paris, le chef de la Sûreté continue d'interroger un Troppmann qui s'enferme de plus en plus dans une sorte de laconisme distant. Il évoque un moment des complices, mais demeure évasif dès que l'on veut en savoir plus. Il parle de mines d'or dans les montagnes, de complot international. Les journaux, eux, multiplient les hypothèses et font marcher les rumeurs les plus folles. L'idée que le jeune homme serait le dépositaire d'un secret commence à se répandre. Certaines feuilles parlent d'espionnage, de fausse monnaie, de mystérieux projet industriel entre l'assassin et le père Kinck, dont le corps reste toujours introuvable.

Le 13 novembre, Troppmann avoue enfin avoir également assassiné le père, Jean Kinck, et avoir enterré son cadavre en Alsace, dans la forêt de Cernay. Il l'a attiré en prétextant une invention géniale qui leur assurerait à tous deux une fortune colossale, puis l'a empoisonné en lui faisant boire de l'acide prussique, l'a délesté de sa montre, de son argent et des valeurs qu'il détenait avant de l'enterrer sous un arbre. « Je peux vous conduire jusqu'au lieu du crime », propose-t-il même au procureur Grandperret qui est venu l'interroger dans sa cellule. Dans la foulée, il avoue avoir tué seul les huit victimes et signe le procès-verbal que fait rédiger le procureur : « Je suis seul l'auteur de l'assassinat de Jean Kinck, de Gustave, de la femme Kinck et de ses cinq autres enfants ». Le brigadier Souvras, qui seconde Claude dans cette affaire, se rend à l'emplacement indiqué par Troppmann, près de Guebwiller, et y déterre effectivement le cadavre du père Kinck. L'analyse des viscères confirme le décès par empoisonnement.

Le scénario macabre de Jean-Baptiste Troppmann

Progressivement, un scénario se fait jour. Mécanicien à Roubaix et originaire comme Jean Kinck du Haut-Rhin, Jean-Baptiste Troppmann aurait monté avec lui une affaire industrielle. Mais le jeune mécanicien est hanté par l'idée de faire fortune et il rêve d'Amérique. Il projette donc de se débarrasser de son associé et de s'enfuir avec les titres. Fin août, au cours d'un voyage en Alsace, il assassine Jean Kinck auquel il subtilise de l'argent et plusieurs chèques à encaisser. Mais il lui manque des procurations et des signatures. Il donne alors rendez-vous à Gustave à Paris et le tue, sans récupérer pour autant les papiers nécessaires. Imitant la signature du père, il convoque tout le reste de la famille et, sous prétexte d'une visite de l'usine, les liquide froidement dans la plaine de Pantin. Enfin possesseur des papiers signés, qui lui permettent d'encaisser un chèque de 5 500 francs, il se rend au Havre dans l'espoir d'un départ rapide pour New York.

Troppmann, s'il avoue les crimes, ne confirme pas ce scénario. Revenant vite sur ses premiers aveux, il continue d'évoquer de mystérieux complices et un brevet controversé. « Jean Kinck voulait faire de la fausse monnaie », déclare-t-il lors d'un interrogatoire. Il parle un autre jour d'un complot prussien. Surtout, il s'accroche à l'idée des complices. Évoquant les six victimes du carrefour de Pantin, il ajoute : « Seraient-ils restés là, l'un après l'autre, si j'avais été seul pour les assassiner ? »

Tout comme l'abominable crime, la personnalité de Troppmann enflamme l'imagination publique. On décrit ses mains puissantes, monstrueuses, ses mains d'assassin, et on le peint en animal sanguinaire. Mais on rappelle aussi sa jeunesse romantique, ses rêves d'adolescent – « Je ferai des choses qui étonneront l'univers » –, son désir d'Amérique. Sa personnalité, secrète et obscure, suscite la curiosité. Les demandes d'autorisation affluent à la Préfecture : on veut voir « le meurtrier de Pantin », le visiter dans sa cellule de Mazas. « L'ambassadeur d'Angleterre et les représentants des autres puissances, les notabilités du monde élégant, des membres de l'Institut et des corps savants, des littérateurs, des médecins figurent parmi les visiteurs qui affluent à Mazas depuis que l'on parle de l'affaire Troppmann », écrit un journaliste. Au vrai, on refuse la plupart des demandes : « La Justice, à laquelle il appartient, a interdit au directeur de montrer le prisonnier », précise un communiqué de la Préfecture. Mais à l'extérieur, les camelots vendent des portraits, des gravures et une photographie de l'insaisissable Troppmann.

Dans ce contexte fiévreux, l'instruction est très rapide. La question des complices est vite écartée. « Il reste démontré que Troppmann a commis seul les huit assassinats », conclut le magistrat instructeur Merveilleux du Vignaux, qui remet quelques semaines plus tard son rapport à la chambre des mises en accusation. Le 10 décembre, celle-ci décide de renvoyer Troppmann devant la cour d'assises de la Seine. On le transfère alors, selon l'usage, à la Conciergerie où il occupe la cellule 117. Las, les demandes de visite se font encore plus pressantes. Courant décembre, le Dr Amédée Bertrand publie une *Étude médico-légale au sujet de Troppmann,* dans laquelle il présente l'accusé comme un monomane terrassé par une compression cérébrale. Dans l'attente du procès, qui doit avoir lieu fin décembre, on quémande les places. Le président de la cour, M. Thévenin, reçoit près de 15 000 sollicitations.

Un procès rondement mené

Le procès s'ouvre le 28 décembre 1869 – au lendemain de la démission du gouvernement – devant une salle comble et surchauffée. « Nous remarquons en ce moment dans l'auditoire Alexandre Dumas, Arsène Houssaye, et d'autres célébrités du livre, du théâtre et de la politique », lit-on dans *Les Annales des tribunaux illustrées.* Les journalistes et les chroniqueurs judiciaires, parmi lesquels trois reporters américains, se sont serrés sur le banc de la presse. Il n'y a que 150 places dans la salle et des élégantes doivent rester debout. Dehors, où il neige, c'est la cohue des grands jours. On a mobilisé un bataillon de la garde de Paris et 200 sergents de ville pour contenir la foule. Le président Thévenin ouvre bientôt la séance. Le procureur général Grandperret occupe le siège du ministère public et c'est maître Charles Lachaud, un ténor du barreau qui s'est déjà illustré en défendant Marie Lafarge, qui assure la défense de Troppmann.

L'audience est rondement menée. Troppmann y est d'emblée présenté comme un parfait scélérat, à la

« physionomie brutale et bestiale », l'assassin pervers d'une famille honnête et vertueuse. Le ministère public et le juge Thévenin balaient d'un revers de main tous les témoignages accréditant la présence éventuelle de complices. Louis Fremion, un jeune apprenti épicier de 14 ans, affirme pourtant avoir vu, la nuit du crime, « trois hommes vêtus de blouses blanches ». C'est une forfanterie d'adolescent. Et l'on ne convoque pas la tenancière de la Taverne de Londres, rue de la Grange-Batelière, qui a déclaré avoir vu Troppmann attablé en compagnie de deux autres hommes. La déposition du cocher de fiacre, Claude Étienne Bardot, fait en revanche sensation. Il explique comment Troppmann est d'abord parti avec Mme Kinck et les deux plus petits, puis est revenu chercher les plus grands une demi-heure plus tard. « Vous avez affaire à un nouveau Caïn », assène l'avocat général. On accumule les pièces à conviction, dont une éprouvette contenant un morceau des intestins de Jean Kinck et des traces d'acide prussique. Le docteur Tardieu, une sommité de la Faculté, conforte la thèse de l'accusation en expliquant que la constitution physique de Troppmann, ses mains puissantes notamment, a pu tuer sans difficulté. « Une main forte, décharnée, large et dont le pouce montait jusqu'à la phalange supérieure des doigts », se souvient aussi M. Claude. Excellent orateur, Me Lachaud met toute sa fougue pour défendre la thèse des complices, sans entamer le moins du monde la conviction des jurés. Le verdict tombe le

30 décembre : Jean-Baptiste Troppmann, coupable de l'assassinat de huit personnes, est condamné à mort. On le transfère alors de la Conciergerie à la prison de la Roquette, au quartier des condamnés à mort où on lui passe la camisole par peur du suicide. Le 13 janvier, on apprend que son pourvoi est rejeté.

Un criminel exécuté un mois après son procès

L'exécution a lieu le 19 janvier 1870, place de la Roquette, devant une foule immense. Depuis la veille, des curieux occupaient les lieux afin de ne pas rater le spectacle. Dans la nuit du 18 au 19, les cabarets des environs sont pris d'assaut, et la foule installe des lampions quand on monte la guillotine. Certains habitants du quartier ont loué leurs fenêtres jusqu'à 20 francs – une somme astronomique –, d'autres se contentent de proposer des chaises et des bancs. Le commandant de la prison de la Roquette n'est pas en reste. Il a ses propres invités, triés sur le volet, auxquels il offre un souper. Outre le chef de la Sûreté, M. Claude, il a convié des auteurs à la mode, Victorien Sardou, Albert Wolff et Maxime Du Camp, qui est venu accompagné du romancier russe Ivan Tourgueniev. Tous assistent ensuite à la toilette du condamné. Très impressionné, Tourgueniev racontera cette nuit tragique dans un ouvrage publié en 1887, quatre ans après sa mort, *L'Exécution de Troppmann.* Au petit matin, le condamné, très pâle, est conduit devant la guillotine. Le couperet tombe sous les clameurs de la foule. L'exécution est « triomphale », écrit un reporter de *L'Illustration*. On ne se soucie guère de ce gamin monté sur un arbre et qui se brise la colonne vertébrale en cherchant à redescendre. Escortée par deux gendarmes à cheval, la dépouille de Troppmann est conduite jusqu'au cimetière d'Ivry où elle est rapidement inhumée. La foule, elle, met des heures à se disperser. « Mort de Troppmann, le spéculateur de vingt ans, qui tua huit personnes », note l'historien Jules Michelet dans son journal à la date du mercredi 19 janvier 1870. Flaubert, lui, écrit à George Sand : « Dieu merci, on en a fini avec Troppmann et nous avons un ministère ! Quel bonheur ! »

Rarement en effet la justice a été rendue si vite. M. Claude s'en émeut d'ailleurs dans ses *Mémoires*. N'a-t-on pas refermé l'enquête un peu trop vite ? « La politique n'a pas été étrangère, c'est ma conviction, à ces assassinats », écrit-il dans ce texte il est vrai apocryphe, et qui fut sans doute rédigé par un « teinturier », le feuilletoniste Théodore Labourieu. Mais l'idée est reprise par d'autres observateurs : le Second Empire finissant aurait-il souhaité faire à la fois exemple et diversion ? Les rumeurs les plus folles sont lancées par des journalistes pour prolonger l'effervescence : certains parlent d'espionnage, de l'invention d'un nouveau canon dont Troppmann aurait été l'inventeur et dont le secret aurait pu être une des clés de l'affaire.

Le fantasme de « la banlieue criminelle » se fait jour

L'affaire Troppmann a été le crime le plus retentissant de tout le XIXe siècle, qui n'en fut pourtant pas avare. Elle ne manque évidemment pas d'atouts. Des cadavres à la pelle, exhumés à un rythme qui évoque les meilleurs *thrillers* ; un jeune assassin mystérieux, séduisant, frêle, un peu efféminé peut-être – certains se demandent s'il n'est pas « inverti » –, mais à la main forte et vigoureuse ; des mobiles incertains où s'enchevêtrent toutes les angoisses du temps comme l'argent, l'industrie, l'espionnage, la perversion, la monstruosité, la folie ou la monomanie criminelle. Troppmann est un « criminel-né » avant l'heure (le médecin italien Cesare Lombroso ne forge l'expression qu'en 1876), comme l'explique un reporter du *Petit Journal* : « Il y a de l'homme et de la bête dans cette créature : l'intelligence du front explique ses plans et ses calculs raffinés ; la base de la physionomie révèle leur férocité cupide » (1er décembre 1869). On ne peut donc s'étonner que l'affaire ait ainsi défrayé la chronique. Elle a tenu le haut du pavé durant toute la fin de l'année 1869, fait de la plaine de Pantin un haut lieu d'excursion vers lequel ont convergé des milliers de curieux, inspiré les romanciers et les dramaturges. Jules de Goncourt s'en enquiert dans son *Journal*, Michelet également, Sand et Flaubert en parlent, Rimbaud et Lautréamont l'évoquent dans leurs poésies. Le procès attire les foules – « on va jusqu'à dire qu'une bonne place à la queue aurait été payée 1 000 francs », écrivent les chroniqueurs anonymes du *Petit Journal* le 1er janvier 1870 – et l'exécution draine encore plus de monde. Tout cela nous dit l'extraordinaire écho de cet octuple assassinat.

Mais les crimes monstrueux, les « émotions » du public, les pleines pages des journaux, l'intérêt des écrivains, la cohue des procès, la foule obscure sortie de la nuit des temps pour s'agglutiner dès l'aube autour de la guillotine, rien de tout cela n'est alors vraiment nouveau. Sans doute le geste exorbitant de Troppmann – huit cadavres, toute une famille ! – poussent-ils à bout cette machinerie criminelle, mais il y a cependant plus que cela dans l'affaire Troppmann.

Il y a d'abord les lieux, ces lieux du crime dont chacun sait l'importance dans l'appréhension et surtout la mémoire de l'événement. Or, le crime « de Pantin » est la première grande affaire qui affecte cette nouvelle « banlieue » que le Paris agrandi du baron Haussmann vient de faire surgir par-delà le mur des fortifications. Les marges, les faubourgs, les entours de la ville ont bien sûr toujours été perçus comme des paysages mauvais, des espaces mornes et dangereux. Mais c'est vraiment à compter de ce moment-là qu'émerge la notion, toujours si cruciale aujourd'hui, de *banlieue criminelle.* Ce sont bien sûr des raisons sociales et urbaines qui l'expliquent. Même si le phénomène n'a pas été immédiat, l'haussmannisation a transformé la population de Paris en repoussant peu à peu dans les banlieues et les zones périphériques ses misérables, ses indésirables et ses *classes dangereuses.* Au-delà de la barrière de la Villette, c'est un paysage navré, une plaine rase tondue, ponctuée çà et là de cheminées d'usines et de bâtisses louches. « On l'a baptisé l'abattoir », explique un journaliste. Le champ Langlois, qui s'étend dans la plaine agricole entre Pantin et Aubervilliers, est un de ces espaces hybrides qui bordent les limites de la ville : les cultivateurs et les maraîchers y sont encore nombreux, mais on y voit pousser aussi des entrepôts et les premières usines, qui emploient la main-d'œuvre ouvrière que les travaux du centre de Paris ont déplacée jusque-là. Il y a notamment l'usine Marchal, qui sous-traite de la métallurgie, la Société française des cotons à coudre, dite Cartier-Bresson, et puis la brasserie Dreher. On y trouve aussi ces masures de chiffonniers, ces cabanes, ces cagnas, et cette sorte de saleté physique et morale qui caractérise les « terrains vagues ». Le soir, l'effervescence retombe assez brutalement. On en revient vite à la banlieue sinistre et désolée, territoire des rôdeurs et des ombres indécises, traversée la nuit de cris d'ivrognes et d'aboiements de chiens. Les rues n'y sont pas éclairées et il est facile d'y faire des mauvaises rencontres. En pleine affaire Troppmann, deux jeunes femmes connues dans le monde de la galanterie ont eu la fantaisie de se rendre vers minuit sur les lieux du crime. À peine ont-elles dépassé les fortifications que leur victoria a été arrêtée par deux malfaiteurs, deux « dangereux récidivistes » qui n'ont heureusement pas insisté devant les cris poussés par les demoiselles. « Que ceci soit dit pour les amateurs d'émotions fortes. Il y a véritablement du danger à aller dans certaines rues de ces parages à une heure avancée », conclut Henri Colonna dans les pages du *Figaro.* L'insécurité de ces banlieues nord et est progresse d'autant plus vite que la couverture policière, fortement renforcée dans la capitale par le Second Empire, y demeure beaucoup plus intermittente, ce qui y attire les marginaux, les interdits de séjour ou les détenus en cavale. « La plus grande terreur règne dans les villages suburbains à l'est de Paris. Les communes de Bagnolet et d'Aubervilliers se plaignent du défaut de surveillance », lit-on dans la presse. Certaines localités comme Clichy, Les Lilas, Bagnolet, acquièrent une réputation similaire, et la situation n'est guère meilleure au sud de Paris, où Bercy, Ivry, Le Kremlin-Bicêtre ou Malakoff sont dépeints comme des repaires de bandits. Avec le forfait moins connu de Jean Charles, qui vole et dépèce en 1867 le fourrageur Duguet dans une maison isolée de Levallois-Perret, le crime de Pantin vient lester ces faubourgs d'une forte identité criminelle. Outre-fortifs, « c'est un pays tout rouge, qui sent la mort et le sang », écrit en 1904 le romancier Delphi Fabrice, dont les *Impressions de banlieue* s'attardent notamment à « Pantin-le-Raisiné ».

1869, l'année Troppmann !

Il y a ensuite les journaux, et tout ce qui relève de la dimension publique, *médiatique* de l'affaire. Toute la presse profita très largement de l'effroi et des rebondissements de cette série de crimes dignes du meilleur roman-feuilleton. « Tous les journaux ne sont plus occupés qu'à chercher et à relater les détails de cet horrible égorgement, et tout le monde achète soir et matin avec avidité ces journaux », note l'académicien Xavier Marnier. En octobre 1869, une feuille éphémère marseillaise, *Le Grincheux,* dresse le constat suivant : « En attendant les petits journaux jubilent et encaissent, aux aboiements de leurs vendeurs, des bénéfices fabuleux. » Il faut insister ici sur l'essor extraordinaire que les crimes de Troppmann confèrent à un titre particulier, *Le Petit Journal.* Fondé six ans auparavant par le banquier Moïse Polydore Millaud, ce quotidien du soir s'efforçait d'imposer un autre journalisme, « populaire », à très bon marché, fondé sur les faits-divers et sur la causerie bonhomme, touche-à-tout, de son chroniqueur vedette Léo Lespès, alias Timothée Trimm. La formule était excellente et les tirages s'étaient envolés, passant par étapes des 38 000 exemplaires initiaux aux alentours de 250 000 au printemps 1869, soit davantage que toute la presse parisienne réunie !

C'est pourquoi *Le Petit Moniteur* de Dalloz débauche Lespès à prix d'or en mars 1869, quelques mois avant que ne débute le crime de Pantin. Malgré l'absence de son chroniqueur vedette, l'affaire permet au *Petit Journal* d'atteindre des sommets. La découverte des cadavres, puis de l'assassin, sur laquelle la rédaction mise sans compter lui donne en effet une audience extraordinaire pour l'époque. Le 23 septembre, le tirage grimpe à 357 000 exemplaires. Le 28, il atteint 448 000. « Si nos machines pouvaient servir assez rapidement les marchands, nous ne savons pas quel chiffre nous atteindrions », écrit la rédaction le 2 octobre. Le 25 novembre, lorsqu'on découvre le huitième cadavre, on dépasse 467 000 exemplaires. « 1869 ! L'année de Troppmann !… », titre le quotidien le 26 décembre, mais il aurait aussi bien pu dire « l'année du *Petit Journal* ! » Celui-ci a si bien compris l'enjeu d'un tel événement qu'il n'hésite pas à bouleverser à son profit l'organisation générale du quotidien. Il ajourne au besoin le feuilleton ou les cours de la Bourse, et va certains jours jusqu'à consacrer à « l'horrible tragédie » la moitié de la pagination ! Plus significatif encore, la direction décide durant le procès de modifier l'heure de parution, transformant ce quotidien du soir en journal du matin, opération très coûteuse puisqu'elle nécessitait pour la fabrication l'embauche de personnel de nuit. Le 19 janvier 1870, jour de l'exécution, tous les records sont battus avec un tirage de 594 000 exemplaires. Ces chiffres, prodigieux pour l'époque, signalent sans le moindre doute qu'un seuil vient d'être franchi.

Il ne faut cependant pas exagérer le phénomène, car la fièvre retombe vite : après l'exécution, les tirages redescendent à 400 000, et en juin 1870, la moyenne se rétablit autour de 300 000. Si l'affaire marque donc incontestablement un tournant, il faudra plus de temps pour installer durablement le pays dans l'ère des grands tirages. Une autre étape, moins remarquée, mais tout aussi décisive, est franchie avec l'affaire Troppmann. Celle-ci constitue en effet une véritable ligne de partage entre deux façons de raconter les crimes. D'un côté, l'ultime flambée de la tradition des « canards », née à la fin du XVIe siècle, mais qui connaît son apogée au milieu du XIXe siècle, avant que la loi sur le contrôle du colportage n'en programme le déclin en 1852. Mais en septembre 1869, ce sont encore des centaines de canards, d'opuscules, de feuilles volantes, d'images d'Épinal, de gravures, de chansons, de complaintes « curieuses, véridiques et morales » qui viennent narrer par le menu les « grands détails » et les « abominables circonstances » de l'horrible crime de Pantin.

Avec leur style naïf et leur morale bonhomme, les faits-divers du *Petit Journal* récupèrent et colonisent cet imaginaire populaire, auquel ils donnent un écho jusque-là inédit. D'un autre côté cependant, aux antipodes de ces relations traditionnelles, émerge une autre forme de récit, promue à un brillant d'avenir, celle de l'enquête de presse, du journalisme « d'investigation ». Le phénomène est encore modeste au regard de ce qu'il est par la suite, à la Belle Époque, et plus encore au XXe siècle. Il est d'ailleurs moins porté par *Le Petit Journal*, qui exploite surtout la chronique, que par ses concurrents plus modernes et agressifs, notamment *Le Figaro* et *Le Gaulois*. Emboîtant le pas des policiers, sillonnant les lieux « sensibles » – Pantin, Roubaix, la morgue, la Préfecture, Guebwiller –, pointant les carences de l'instruction ou s'improvisant auxiliaires critiques de la justice, des journalistes comme Hector Pessard du *Gaulois*, Georges B. et Auguste Vitu du *Figaro* se lancent dans des investigations personnelles et complémentaires. Un journaliste du *Figaro* compose, le 30 septembre 1869, un petit poème en leur honneur :

« Les journaux, pleins de malice
Ont des reporters *ad hoc*
Ils font tous de la police
Tous sont des petits Lecoq,
Ils suivent d'un pied féroce
Les pistes sur les chemins
La plupart roulent en carrosse
Et l'or coule de leurs mains »

Ces pratiques sont encore balbutiantes, elles n'en marquent pas moins une inflexion décisive qui projette la figure du reporter au cœur de l'événement et affecte l'écriture de presse. Voici comment Georges B. rend compte des débuts de l'affaire dans l'édition du 26 septembre 1869 du *Figaro* : « Je suis parti comme je vous l'avais promis et au lieu d'aller à Roubaix, je me suis dit : "si je me rendais à Guebwiller" – personne ne devait avoir cette idée, car les journaux ne savaient pas que le bien possédé par Kinck père était situé dans cette petite ville. Me voilà donc sur le chemin de fer de l'Est [...] Je poursuis mes investigations. J'apprends que Jean Kinck n'a été marié qu'une fois ; que Gustave Kinck, l'aîné des fils auquel on attribue le crime, est l'enfant de Mme Kinck, qu'il n'a que seize ans, et que son signalement ne correspond pas à celui de l'hôte de l'Hôtel du Chemin de fer ». Cette mutation ne passe pas inaperçue et certains s'en offusquent d'ailleurs. Taxile Delord, du *Siècle,* s'en prend au *Gaulois,* « ce journal qui n'a pas craint d'être plus vite et mieux renseigné que la police, à cette feuille qui a eu l'audace de découvrir à Guebwiller la correspondance de l'assassin. » D'autres journalistes, plus « modernes » s'en réjouissent à l'inverse et y voient, avec raison, le signe avant-coureur d'une transformation profonde de la presse : « Cet enlèvement extraordinaire des feuilles qui se sont donné la peine d'être informées exactement rapidement, ou tout au moins abondamment, m'apparaît comme un symptôme digne d'être noté, de la transformation que subit, sous nos yeux, la presse quotidienne. Nous marchons, j'en réponds, dans le sens du journalisme à l'américaine : j'entends par là la prépondérance du renseignement, de l'actualité, de la publicité, en un mot, servie par les deux ailes du monde moderne, la vapeur et l'électricité » (*Le Figaro*, 28 septembre). La remarque est judicieuse. Les grandes causes qui suivent, comme l'affaire Pranzini en 1887 (l'assassinat d'une demi-mondaine et de ses domestiques par un « aventurier ») ou l'assassinat de l'huissier Gouffé en 1889, exacerbent ce phénomène et jettent une nuée de reporters sur la piste du crime.

Enfin, il y a Troppmann, Jean-Baptiste Troppmann lui-même dont on ne sait finalement pas grand-chose. Un jeune Alsacien de 19 ans, fils d'un ingénieur spécialisé dans les systèmes de filature. Ambitieux, rêveur, et finalement très secret. Une photographie de l'assassin, assis sur une chaise, le regard fixe, a été vendue, dit-on, à des milliers d'exemplaires. Mais les traits de son visage se perdent dans ce cliché sans profondeur. Il n'a guère d'expression, il n'est guère qu'une simple « vue » du crime, pour partie insaisissable. Il demeure porteur d'une énigme que ni l'enquête, ni le procès, ni l'exécution ne parviennent à résorber. Les 169 livraisons et les milliers de pages du *Secret de Troppmann* de Jules Fréval en 1883 – réédité plus tard sous le titre *L'Héritage du guillotiné* – n'y réussissent pas davantage. Détenteur des plans d'un canon ultrasecret, manipulé par les services secrets français, Troppmann vivrait à Griffith-City, au Texas, sous le nom de Bergeron, nous explique l'auteur. Mais ce roman-fleuve n'a jamais réussi à convaincre personne et il est aujourd'hui bien oublié.

Le véritable Troppmann, lui, auteur d'un forfait démesuré, continue de hanter l'histoire du crime, à tel point qu'on en a fait un nom commun, capable de se démultiplier et de resurgir un peu partout à la fin du XIXe siècle. Les journaux parlent ainsi d'un Troppmann belge dès 1869, d'un Troppmann de Côte-d'Or en 1896, d'un Troppmann de l'Eure en 1898, d'un Troppmann berlinois en 1901. Les parents et la famille de l'assassin ont obtenu, faut-il s'en étonner, l'autorisation de changer de nom. Énigmatique et omniprésent, Troppmann est devenu l'un des symboles de cette mémoire du crime qui nourrit la culture populaire, l'une de ces figures qui incarnent une autre Histoire de France, celle des « grands crimes » dont le peuple anonyme est à la fois l'acteur et le spectateur.

Tueur de roi

En ce mois de janvier 1757, un froid glacial se répand sur les sentiers de France. Ce n'est pas le premier rude hiver que l'Hexagone connaisse. D'aucuns se souviennent encore de l'eau qui gelait dans les verres de Versailles au temps de Louis XIV. Mais le froid qui s'est abattu en ce début d'année s'est accompagné de tensions politiques entre le souverain et le parlement de Paris. Louis XV a donc froid, en son palais de Versailles proprement inchauffable, comme dans l'exercice de sa souveraineté. Alors, il préfère quitter les courants d'air de la galerie des Glaces pour s'installer ailleurs. Le 4 janvier, il quitte son palais pour Trianon, résidence plus coquette et surtout plus chaude. Louis XV a prévu d'y rester jusqu'au 8. Cet emploi du temps va pourtant être écorné. En effet, il lui faut embrasser sa fille préférée, Madame Victoire, qui souffre d'un rhume. À peine a-t-il posé ses valises à Trianon, que le lendemain, le jour de l'Épiphanie, il part la voir. Le baiser est de courte durée, car Madame Victoire – également surnommée Madame Quatrième – affiche une bien meilleure mine qu'il ne pensait. Le devoir paternel accompli, il songe donc à revenir à Trianon.

Un crime commis au bas d'un escalier

À 5 heures 30, on fait avancer son carrosse. La voiture l'attend au pied de l'escalier de la salle des Gardes, du côté nord-est de la cour. À 5 heures 45, Louis XV descend. Il est accompagné de son fils le dauphin Louis Ferdinand, du duc d'Ayen, du duc de Duras, du marquis de Montmirail colonel des Cent-Suisses, de son premier et de son second écuyers. À cela s'ajoutent encore les gardes du corps, commandés par le cardinal de Richelieu qui reste en arrière de la petite troupe car Richelieu est un peu paresseux… La nuit est déjà tombée sur Versailles. Le roi avance à la lueur des torches que les domestiques portent. Une épaisse fumée en jaillit et s'évanouit dans les airs. Le roi a froid. Il a revêtu une épaisse pelisse et est bien emmitouflé. Il cache son visage dans un manchon. La fourrure est alors très en vogue à la Cour de France. Certains aristocrates l'arborent même sur le fourreau de leur épée.

Le roi est sur le point de monter dans son carrosse. Le marchepied est déjà installé. La portière est ouverte. Louis XV s'appuie sur le comte de Brionne, grand écuyer, et le marquis de Beringhen, premier écuyer. Mais soudain, un inconnu jaillit. Il se précipite sur les courtisans, heurte le dauphin, et frappe le roi. Il frappe précisément Louis XV du côté droit, à hauteur de la cinquième côte. Louis XV sent qu'on l'a touché.

Il s'écrie : « On m'a donné un furieux coup de poing. » C'est alors que le souverain passe la main sur ses côtes et s'aperçoit de la blessure. Louis XV se retourne. Il distingue un homme couvert d'un chapeau et caché par une redingote gris-brun. À nouveau le Bien-Aimé parle : « C'est cet homme qui m'a frappé, qu'on l'arrête et qu'on ne lui fasse pas de mal. »

Les témoins de la scène sont stupéfaits. La confusion règne. Montmirail distingue un homme qui tient « les yeux fixés sur le roi », un homme « ivre », « furieux ». Quant à Louis XV, il ne prononce pas d'autres paroles. Au contraire, il regagne sa chambre seul et sans aide. Sa chambre n'est pas prête puisqu'il n'est pas censé dormir à Versailles ! Le roi s'allonge alors sur un matelas dégarni. Il faut soigner le blessé. L'étiquette de Versailles impose normalement le chirurgien du roi. Mais ce dernier est bien évidemment à Trianon… Alors, c'est celui du dauphin qu'on charge d'officier. Il applique le remède classique et invariable de l'époque, la saignée. Et il s'en tient là, laissant l'examen de la blessure à d'autres. Voilà pour la partie médicale. Mais le plus difficile est à venir, la crainte d'une mort subite… Il faudrait que le roi se confesse, qu'on lui administre les derniers sacrements, au cas où. Mais là aussi le confesseur de Louis XV, le jésuite Desmarets, est absent. C'est un aumônier attaché au Grand Commun qui se charge de la besogne. Quant à Louis XV, il est persuadé que sa fin est proche. Le roi demande pardon à la reine et ses filles des nombreux scandales de sa vie de libertin, et désigne son fils, le dauphin Louis Ferdinand, comme son lieutenant général.

La scène est pitoyable. Elle dure jusqu'à l'arrivée de la reine, venue en toute hâte de Trianon. Louis XV répète sans fin : « Je suis assassiné, Madame, je suis assassiné. » Tous ignorent alors la gravité de la blessure. La reine n'est pas seule. Le chirurgien du roi La Martinière l'accompagne. Ce dernier examine, enfin, l'entaille. Louis XV n'a reçu qu'un « coup de canif ». Le couteau a pénétré le côté droit, entre la quatrième et la cinquième côte. L'ouverture est profonde, mais elle n'a touché aucun organe. L'assassin est un piètre opérant. Au lieu de choisir la lame la plus longue de son double couteau, il a choisi la plus courte… Celle-ci s'est heurtée aux épaisseurs de vêtements dont le souverain s'était couvert par ce froid glacial.

Rien de grave donc. Le pire est écarté. Telle est, après l'examen médical, l'opinion de tous. Le chirurgien et le médecin du roi le réconfortent. Le marquis de Landsmath, commandant de la Vénerie royale, le gronde : « Renvoyez ces pleureuses », dit-il à l'adresse des larmes de la dauphine et des filles de Louis XV. Puis il lui présente un pot de chambre et ordonne de pisser, tousser et cracher. L'anecdote est de Mme Campan. Elle vaut ce qu'elle vaut, mais elle témoigne d'un fait. Personne après l'examen de Louis XV ne juge sérieux son état. Bientôt il n'y paraîtra plus et le souverain chassera à nouveau dans son domaine. Quant au suspect, immédiatement arrêté, il déclare que la lame n'est pas empoisonnée. Louis XV n'a donc rien à craindre. L'incident – physique – est mineur.

Or pour Louis XV, le mal est plus profond. Il passe la première nuit avec son confesseur revenu lui aussi en toute hâte, mais de Paris cette fois. Puis la seconde. La Cour songe aux événements de Metz, treize ans plus tôt, où la France entière avait prié pour la vie de son souverain qui y avait gagné le surnom de « Bien-Aimé ». Le duc de Cheverny décrit dans ses Mémoires un Louis XV qui s'exprime ainsi : « Regardez votre roi qu'un misérable a voulu assassiner et qui est le plus malheureux du royaume ». Et lorsqu'on lui fait remarquer le caractère superficiel de sa blessure, il réplique : « Elle l'est plus que vous ne croyez, car elle va jusqu'au cœur ». La faiblesse du roi aiguise les appétits. Dans la lutte qui oppose le dauphin et le parti dévot à la maîtresse royale, Mme de Pompadour, l'avantage semble donné au premier. Le marquis d'Argenson, l'un des plus compétents ministres de Louis XV, participe à la manœuvre. Mais l'intrigue échoue. Le 19 janvier, presque quinze jours après l'attentat, Louis XV reprend enfin une vie en tous points conforme avec la précédente. Le 23 janvier, il chasse le cerf avec Landsmath. La maîtresse royale est confortée dans sa position. La vie reprend.

Une première conséquence de l'attentat, la valse des ministres

À seulement deux reprises auparavant dans l'histoire de France on a attenté à la vie du souverain. Jacques Clément s'en est pris à la vie homosexuelle et dissolue d'Henri III, Ravaillac à celle d'Henri IV. L'affaire ne s'est donc pas produite depuis presque un siècle et demi, cent quarante-sept ans pour être exact. Aussi, dès la nouvelle connue, elle se répand comme une traînée de poudre dans la capitale.

Il est à peine 9 heures du soir, le même jour, lorsque Paris est au courant. La consternation est générale. Mgr Beaumont, archevêque de Paris, ordonne ces prières de jour et de nuit devant le Saint-Sacrement (que l'on appelle aussi les prières de quarante heures). Les gazettes reprennent aussitôt les événements. Elles font état de l'affliction et de l'indignation générales. L'une d'elles précise :

> « Il n'est pas attentat si noir et si monstrueux dont la malice humaine ne soit capable, après celui qui vient d'être commis contre la personne sacrée du Roi. Quoiqu'on sût déjà par plus d'un fameux exemple, et que la France eût éprouvé par la mort tragique de Henri le Grand, qu'un prince pouvait faire l'admiration de l'univers et les délices de son peuple, et périr néanmoins par la main

d'un assassin, on ne se serait pas attendu que dans un siècle, comme le nôtre, où les mœurs plus adoucies par la politesse devaient, bien moins que dans le sien, se ressentir de la férocité des siècles barbares, un roi, surnommé le Bien-Aimé, dans un royaume où les surnoms des souverains ont toujours été l'expression naïve des sentiments de leurs sujets, un roi aussi modéré envers les Ennemis de la France que clément et paternellement tendre pour les Français, fût en butte à la fureur d'un nouveau Ravaillac [...] Le 5 à 6 heures du soir, un monstre travesti en colporteur, saisit l'instant où S.M. montait en carrosse à Versailles pour se rendre à Trianon et frappa le roi d'un coup de poignard au côté droit. »

Ravaillac, le nom est lâché. L'assassin de Louis XV serait ainsi l'égal de celui d'Henri IV. Mais les deux parricides sont-ils comparables ? La mort d'Henri IV stoppa net la politique anti-espagnole. Le « coup de canif » de l'assassin, tel qu'on le nomme, ne stoppe pas la guerre contre l'Angleterre dans laquelle la France est engagée depuis un an désormais. Si la mémoire se souvient de l'attentat, ils auront tous deux des suites différentes.

Ce coup de canif a néanmoins des conséquences néfastes. La maîtresse royale – échaudée par les intrigues dont elle a fait l'objet pour obtenir son renvoi – s'en prend au comte d'Argenson et au marquis Machault d'Arnouville. La Pompadour a eu plusieurs fois l'occasion d'affronter d'Argenson, pour lui faire remarquer notamment les « placards » – petites affiches placardées sur tous les murs et où par bons mots et prose plus ou moins élevée on raille les origines modestes de Jeanne Poisson – qu'il semble si peu prompt à faire retirer. Quant à Machault, la marquise voit en lui un ami sûr. Mais la fidélité s'est arrêtée à l'attentat, puisqu'il a eu le tort de lui conseiller de partir. La marquise veut donc obtenir leur renvoi après cette période de troubles.

La décision intervient le 1er février. M. de Saint-Florentin, en charge de la maison du roi, se rend aux appartements de Machault. Louis XV a rédigé pour ce ministre une lettre presque tendre : « Monsieur de Machault, quoique je sois persuadé de votre probité et de la droiture de vos intentions, les circonstances présentes m'obligent de vous redemander mes sceaux et la démission de votre charge de secrétaire d'État de la Marine ; soyez toujours sûr de ma protection et de mon amitié. Si vous avez des grâces à me demander pour vos enfants, vous pouvez le faire en tout temps. Il convient que vous restiez à Arnouville. Je vous conserve votre pension de ministre de 20 000 livres et les honneurs de garde des Sceaux. »

Pendant ce temps, le comte d'Argenson est informé de l'infortune de son rival, et il décide de prendre un bain avec des aromates. Il pense être à l'abri. La foudre est tombée sur un autre ! Malheur à lui pourtant.

M. Rouillé d'Orfeuil se présente et tend ce billet au ministre : « Monsieur d'Argenson, votre service ne m'étant plus nécessaire, je vous ordonne de me remettre la démission de votre charge de secrétaire d'État de la Guerre et de vos autres emplois, et de vous retirer à votre terre des Ormes. Louis ». Le comte d'Argenson met ses affaires en ordre. Il est meurtri. Au marquis de Valfond, ami de la famille, il concède : « On aura surpris la bonté du Roi. Vous connaissez plus qu'un autre mon respect pour lui. Que de veilles j'ai sacrifiées à sa gloire ! Devait-il jamais oublier Metz où, cru mort et abandonné de tous, je le réchauffai seul dans mes bras et ne le quittai pas d'une minute. Ce n'est ni son cœur ni sa volonté qui m'exilent ; cette malheureuse femme fait quelques noirceurs. »

Ces deux renvois sont catastrophiques. La France est en guerre. Une guerre sans précédent où elle perd pied au Canada, est menacée aux Indes. Elle a dû lever des impôts et le parlement de Paris s'est opposé au roi sur ce sujet. Or, elle perd coup sur coup d'Argenson, efficace secrétaire d'État à la Guerre, et Machault redoutable ministre de la Marine. Après ce dernier, se succèdent au même poste, sans conviction ni efficacité, une petite ribambelle de noms. Le jeu de chaises musicales ne prend fin qu'avec l'arrivée du visionnaire duc de Choiseul. Les conséquences du coup de canif portent donc loin.

Qui est Robert-François Damiens ?

Mais qui est donc celui qui a osé s'en prendre au roi? Robert-François Damiens est né en 1714, une année après le traité d'Utrecht qui fait un premier partage du monde. Il a 42 ans en 1757. C'est un homme dans la force de l'âge qui a pour particularité d'avoir servi comme domestique chez des magistrats principalement. Et les magistrats, s'ils ne peuvent tout à fait être qualifiés d'ennemis du roi, sont tout de même de remuants opposants. Damiens n'en n'est pas à son premier crime. À son dernier maître, il a volé 240 louis, une petite fortune. Sa vie n'offre ainsi qu'une désarmante banalité. C'est un homme marié, père d'une jeune femme de 17 ans. Son père, son frère et sa jeune sœur sont demeurés en Artois. Au point que les magistrats recherchent un complice, comme cela avait été le cas avec Jacques Clément, l'assassin d'Henri III.

Rien n'est plus commun donc que la vie de ce garçon du peuple. Les premières années sont celles d'une famille pauvre sous l'Ancien Régime. Damiens a neuf autres frères et sœurs. Son père doit les faire vivre seul depuis la mort de sa femme. Robert-François est donc très vite « placé » chez un oncle. Ce dernier est à la fois commerçant en grains et cabaretier. Le bon oncle veut que Damiens étudie, ce qui n'est pas du goût du jeune homme qui préfère le quitter pour une autre place.

Dans l'information judiciaire qui se met en place, trois déposants vont plus loin. Il serait « incorrigible », et son père pour le punir l'aurait quelque fois pendu par les pieds et l'aurait surnommé « Robert le Diale », car telle était la prononciation de diable en Artois. Le trait est trop grossier. Damiens quitte son oncle. Il sait lire et écrire. Il devient alors apprenti perruquier, avant d'entreprendre le métier de gâte-sauce. Puis, comme il a envie de voir du pays, il s'engage en 1733 au service d'un capitaine de régiment suisse et il est un des acteurs du siège de Philipsburg. Banal, ou plutôt très classique jusqu'ici que ce parcours.

Damiens est alors âgé de 18 ans. Il entre comme valet au service des jésuites du collège Louis-le-Grand. Il sert également quelques élèves. Son séjour rue Saint-Jacques dure presque quatre ans. Mais une punition met un terme à l'entente. Il revient pourtant une seconde fois et il est à nouveau renvoyé, pour ses « impertinences de langage » – on écrirait aujourd'hui qu'il jurait sans doute comme un charretier – mais plus encore parce que Damiens se marie avec une Irlandaise qui demeure près du collège. L'affaire se corse alors. Car à l'époque, il est d'usage que les domestiques ne soient pas mariés. Les pères ne peuvent donc tolérer ce fait. Quant à la jeune épousée, lorsque les juges l'interrogent, elle a grand-peine à citer les employeurs de son mari. Et pour cause, Damiens a toujours soigneusement caché à ses maîtres sa condition d'époux et à sa femme, sa fille et sa famille, le nom de ses maîtres successifs. Le comte de Maridor, qui l'a employé, a reconnu que c'est seulement après l'avoir renvoyé qu'il a appris que Damiens avait une famille. Mauvais valet et mauvais mari. Aux juges sa femme déclare que Damiens « avait toujours mal vécu avec elle », qu'il avait une maîtresse, une certaine « Manon ». Quand Damiens avait de l'argent, « il le lui jetait comme si elle était un chien ». On mesure ici toute la difficulté de ces témoignages, qui forcent sans doute le trait du coupable sans pour autant faire la part entre l'ivraie et le grain. Car quel domestique à Paris ne s'adonne pas aux femmes et aux soupers fins ? Damiens n'a-t-il pas travaillé dans un cabaret, ces lieux tant décriés par les auteurs de l'époque ? Damiens soutient jusqu'au procès qu'il est sans famille. Peut-être faut-il voir là une façon aussi de protéger les siens.

Dans la procédure à son encontre, les juges continuent d'éplucher la longue liste de maîtres du jeune homme pour retrouver toujours des complices, à défaut de comprendre l'assassin. Il faut citer ainsi : le comte de Raymond qui l'emmena en Bavière, M. Bèz de Lys, conseiller des Enquêtes, le conseiller Dupré de Lagrange, la maréchale de Montmorency, l'ancien gouverneur de Pondichéry Mahé de La Bourdonnais. Il ne manque à cette petite collection qu'une ultime perle. C'est une cartomancienne, Mme de Verneuil-Saint-Rheuse. Il reste chez la dame six mois, avant de la quitter pour quelques semaines chez un officier de Mme la Dauphine. Les juges ont donc de quoi s'occuper à écouter, entendre et interroger celles et ceux qui ont engagé Damiens. Car de ces trop nombreux changements, il est né une impression défavorable, d'instabilité. Une impression que corrigent néanmoins deux dépositions. Celle de la cartomancienne, et celle de M. Maridor. Pendant les onze mois où il fut chez ce dernier :

> « Il lui a toujours paru être fidèle et avoir de la piété [...] il s'approchait de temps en temps des sacrements et entendait chaque jour la messe [...] il servait bien et avait de l'esprit, mais [...] buvait quelque fois et avait le vin querelleur ; son caractère lui a paru difficile à définir, n'étant point stable hors sur un point, qui était d'aimer à mettre la police partout et de tenir des propos menaçants contre ceux qui lui feraient des injustices qu'il jugerait telles [...] en général il lui a paru intrigant, peu scrupuleux de dire la vérité et assez fin pour la cacher quand il le voulait. »

Curieuse tout de même, cette déposition qui glisse de ce qui compte pour le maître – le respect de Dieu – vers des bordées de récrimination. D'autant que lors d'une confrontation Damiens convient que M. Moridor fut toujours un bon maître, lui donnant de bons conseils et lui inculquant les principes de la religion. Les juges continuent donc de chercher. Ils cherchent pourquoi

Damiens ne restait pas chez ses maîtres, quand bien même il les reconnaissait comme de « bons maîtres ». La remarque n'est pas tout à fait juste. Car si la domesticité de province demeure longtemps en place, celle de Paris est souvent sujette à plus de mouvement. Damiens n'est donc pas si instable que cela. Disons qu'il pousse le changement à son extrême en ne demeurant que six mois en place là où d'autres passeraient volontiers l'année. Son goût pour la bouteille n'est peut-être pas étranger à certains de ses renvois. Sa vie de domestique fut ainsi faite. Mais il est une rupture nette, celle qui l'a conduit à voler. De ce vol et de ce retour au pays natal date un changement réel, qui le fait désormais apparaître sous son véritable jour. Il parade. Il a de quoi, avec 240 louis en poche. C'est un homme étrange, incohérent, qui veut voir la mer et se suicider. Il « récupère » des héritages, et pour ce faire, fait preuve d'une étonnante lucidité.

La santé mentale de l'accusé est soulevée

Au point que dans le portrait qui se dessine, on s'interroge sur l'état mental de Damiens. Un certain Playoust, marchand fabricant de bas métier, signale que Damiens a dit qu'il était « sorcier ». Playoust était scandalisé. Damiens lui a rétorqué que « c'était parce qu'il avait trouvé sur son lit un cierge qui avait sept trous, qu'il l'avait cassé, parce qu'on lui avait prédit que lorsqu'il casserait un cierge par mégarde, il n'aurait jamais de bonheur, mais que celui à qui il aurait cassé le cierge en aurait beaucoup. » Une autre fois, il s'est barricadé dans sa chambre, puis est descendu soudain au milieu de la nuit, nu et en chemise au point qu'on a dû le ramener dans sa chambre.

Dans ce portrait d'un individu aux facultés mentales atteintes, peut-être déficientes, demeure une inconnue, la question du motif. Damiens est un valet qui ne reste pas en place, un mauvais mari, un père absent, un voleur, un fou. Mais quoi ou qui peut bien le conduire à commettre un tel crime dans cette société du Siècle des lumières ?

Damiens clame qu'il s'en est pris à Louis XV pour des raisons patriotiques. Il n'a pas eu l'intention de tuer le roi. Si cela avait été le cas, il se serait servi de la lame la plus longue de son couteau, il aurait porté le coup à plusieurs reprises. Non, ce que Damiens a voulu, c'est que « Dieu pût toucher le roi et le porter à remettre toutes choses en place et la tranquillité dans ses États, et qu'il n'y a que l'archevêque de Paris qui est cause de tous ces troubles ». L'affaire est curieuse. Damiens est un valet, qui ne lit pas, n'aime pas écrire, et qui révèle comme motif de son acte des questions politiques. Sans doute la réponse lui a-t-elle été soufflée moyennant finances. Mais de toutes les affaires du temps, il est vrai que les questions religieuses sont celles qui occupent le plus Damiens. Dès son premier interrogatoire, le soir de ce fameux 5 janvier, il confesse « c'était à cause de la religion. » On le somme de s'expliquer et il précise : « A dit avoir entendu dire que tout le peuple de Paris périt, et que malgré toutes les représentations que le Parlement a faites, le roi n'a voulu entendre à aucune. »

La cause de la religion ainsi défendue est délicate. Damiens, au contraire de Ravaillac ou de Clément, n'a rien d'un fanatique. Un homme dérangé certes, mais à un degré très différent des deux autres. Les juges lui rétorquent d'ailleurs au cours d'un autre interrogatoire que « la religion est un masque dont il veut couvrir son crime, puisque regardant son crime comme un acte de religion, il l'a fait précéder par une nuit de débauche. » Pourtant, Damiens poursuit avec ce thème. À peine était-il arrêté qu'il déclarait déjà : « Que si on avait fait couper la tête à trois ou quatre évêques, cela ne serait point arrivé. » Lors de son second interrogatoire, le 7 janvier, il ajoute s'être trouvé « dans des compagnies, tant à Arras qu'à Paris, surtout à la compagnie de prêtres qui étaient du parti du Parlement » et que « c'est la considération des mauvais traitements qu'on a fait essuyer aux meilleurs prêtres, ainsi que le triste état où le peuple est réduit qui l'ont déterminé à l'action commise en la personne du roi. »

La misère du peuple est cette année-là liée à une crise de subsistance. Certes elle n'est en rien comparable avec celle de 1709-1710, ce temps où l'on mourait de faim dans le royaume du Roi-Soleil. Mais elle a sévi dans ce nord du royaume d'où vient Damiens. Damiens mêle alors la souffrance de la disette à la politique. Lors de son sixième interrogatoire, il confirme qu'il « a été frappé des bruits de ce que le Parlement avait fait, des plaintes du peuple de Paris et des Provinces qui périssent [...] que croyant rendre un grand service à l'État, cela l'a déterminé à ce malheureux coup qu'il a fait. » Le 18 janvier, Damiens se fait encore plus précis. Sur la date de conception de l'attentat, il affirme qu'elle coïncide avec « le temps des affaires de l'archevêque et du Parlement ». Il réitère que c'est de voir « le peuple périr de misère » qui l'a poussé à agir. Quant aux jésuites, il dit « haïr » leur façon de penser. Les magistrats du Parlement sont outragés par les réponses de Damiens. Il ne varie que peu. Son leitmotiv, c'est celui de tout un chacun, du quidam de la rue au conseiller exilé, celui des mécontents du règne et du souverain, d'une guerre que l'on imagine mal, mais dont on perçoit déjà les néfastes levées fiscales. Damiens est imprégné des discours de son temps, de tous les opposants au roi.

La théorie du complot se fait jour

C'est au mois de mars 1757 que se tient le procès de Damiens. Ce dernier survient à un moment creux de l'année militaire. Il mobilise ainsi très largement l'opinion. L'une des gazettes note dans ses lignes : « Parmi cette foule d'objets intéressants, que les circonstances actuelles présentent, et qui méritent si bien l'attention du public, celui dont on s'occupe le plus ici, c'est Pierre Damiens. » Il faut dire que du mois de janvier au mois de mars, les rumeurs sont allées bon train. Les arrestations et les incarcérations à la Bastille laissent supposer que l'enquête a progressé. Pourtant, les choses demeurent vagues, et les journalistes sont réduits à de pures hypothèses. On a cependant arrêté bien du monde : ce qui fait croire qu'« il a parlé », suppute une gazette. Une autre laisse deviner : « On garde un profond silence sur la procédure, mais on arrête tous les jours du monde. » On imagine alors que Damiens a révélé ses complices, mais on déplore le mystère qui entoure toujours ses interrogatoires. Un journaliste lâche : « Il ne transpire absolument rien des dépositions de l'Assassin du roi ». Dès le moment où le procès s'ouvre, les gazettes rendent toutes compte du contenu des séances. Le public est avide de connaître ce qui se dit dans la Grand'Chambre où Damiens est traduit. Et d'abord les magistrats posent une question essentielle : Comment l'idée est-elle venue à Damiens d'attaquer ainsi le roi ? Et c'est la théorie du complot qui se fait jour. Damiens lui-même se prête à cette théorie. Lors de sa déposition du 9 janvier, soit quatre jours après la tentative, un écuyer se place à côté de lui. Un dialogue s'ouvre :

« — Il n'est pas possible, malheureux, que tu te sois porté à un crime aussi abominable [...] sans avoir des complices.

Damiens répond :

— Oui j'en ai, et que l'on avertisse M. le Dauphin de ne point se montrer, attendu que le même sort lui est réservé. »

L'écuyer est stupéfait. Il court prévenir le duc d'Ayen, qui est dans la chambre du roi, avant de revenir auprès de Damiens. Il parle à nouveau au parricide : « Il faut que tu couronnes cet aveu par la déclaration de tes complices. » Ce que Damiens ne fera pas.

La théorie du complot, dans l'esprit des juges comme dans celui du public, prend alors de l'ampleur. Non seulement elle est soutenue dans tous les dîners, traîne dans les gazettes, mais elle fait aussi l'objet de parutions longues de la part de quelques auteurs. L'un d'eux est l'avocat troyen Jean-Pierre Grosley. Il commet un petit récit intitulé *Réflexions sur l'attentat commis le 5 janvier contre la vie du roi*. Dans cet opus, il affirme qu'un individu aussi misérable que Damiens, aussi médiocre intellectuellement n'a pu commettre son forfait qu'avec l'appui d'ennemis secrets qui l'auraient endoctriné. Même refrain pour l'ouvrage anonyme *Lettre d'un patriote*, qui affirme : « Il n'est pas vraisemblable que le projet d'attenter à la vie du roi vienne dans l'esprit d'un laquais et d'autres gens de cette espèce. »

Damiens pour sa part ne revient jamais sur cette possibilité. Durant tout le procès, il persiste à dire qu'il est le seul auteur du crime. Mais le problème de son attitude et de ses aveux de départ demeure durant les jours suivants. C'est alors un petit défilé de témoins pour savoir si oui ou non Damiens a eu des complices. François de Saint-Julien en est certain, il a « entendu dire » que Damiens en avait après la vie de Mgr le Dauphin. François Duras, écuyer et exempt des gardes du corps, ainsi que Antoine Richer, serrurier du roi, auraient entendu Damiens s'exclamer que « de monde dans l'embarras ! » Mis sur la sellette, l'accusé ne se souvient pas avoir tenu de tels propos.

À dire vrai, en dehors de l'attitude incohérente de l'accusé, rechercher des complices est une pratique courante pour les juges de l'époque. Ce qui fait la particularité de cet attentat, c'est l'idée que les jésuites ont peut-être conspiré. La religion revient sur le devant de la scène. En ce Siècle des lumières, à défaut de langues, ce sont les plumes que l'on délie. Et celles de l'avocat de Grosley et de Le Paige, conseiller du prince de Conti, vont se faire un plaisir d'argumenter sur la question.

Les deux hommes commencent par rassembler les indices. Ils parviennent à obtenir les déclarations de plusieurs personnes affirmant connaître par avance le crime commis. Une petite pensionnaire de Saint-Joseph de Paris, âgée de seulement 13 ans, aurait ainsi annoncé ce qui allait se passer… Peu convaincant ? Voyez encore cette lettre de la veuve d'un cordonnier à l'adresse d'un curé d'Hangest-en-Santerre, en Picardie, qui promet de « surprenantes nouvelles ». Vous n'y êtes toujours pas ? Voyons, et cet apprenti qui prédisait le 3 janvier à un parent de Péronne de terribles choses ! Voilà pour ceux qui savaient.

Mais ces indices ne suffisent pas. Il faut prouver les complicités sur place. La même musique repart. Premier complice, un certain Felix Picard, arrêté pour vol et assassinat. Il refuse de s'engager pour tuer le roi. Devant ce refus, il reçoit un louis d'or, pour être certain de son silence… Il y a aussi ces deux chevaux bridés qu'on a trouvés attachés à la porte du château de Versailles et qui n'ont étonnamment jamais été réclamés par personne. Et ces deux hommes retrouvés assassinés sur la route du château.

Dans tout procès, il existe des affabulations et des délires. L'idée est ici de créer un faisceau de doutes, le faisceau ayant alors force de preuves pour alimenter la théorie. Les gazettes reprennent à leur compte ces bruits divers. « Le public continuera d'être amusé de divers contes sur son chapitre. Il s'en est répandu de bien des espèces, entre autres celui qu'on lui avait menacé de faire. » Le conte en question n'est autre que le meurtre de La Bourdonnais dont Damiens se serait accusé lui-même avec impudence. On lui prête alors des propos révulsants au point que ses gardes auraient été pris d'un écœurement à leur écoute : « On vient de découvrir un nouveau forfait de ce scélérat. C'est lui qui a abrégé les jours de feu Mgr de La Bourdonnais, en mêlant de l'arsenic dans un lavement qu'il lui donna pendant sa maladie en vue de prévenir que son maître s'il se rétablissait ne le fît punir sur les indices que l'on avait d'un vol de cent louis qu'il lui avait dérobés. Il a avoué de sang-froid cet horrible fait en disant : "Mon maître m'aurait fait pendre, mais je le prévins, en l'envoyant dans l'autre monde" ». Damiens est donc un monstre.

Et Louis XV dans tout cela ? Il est très curieux de constater qu'à plusieurs reprises, Damiens s'adresse directement à Louis XV. Une très longue et jolie lettre reprend les motifs supposés :

> « Sire,
> je suis bien fâché d'avoir eu le malheur de vous approcher ; mais si vous ne prenez pas le parti de votre peuple, avant qu'il soit quelques années d'ici, Vous et Monsieur le Dauphin et quelques autres périront. Il serait fâcheux qu'un aussi bon prince, par la trop grande bonté qu'il a pour les Ecclésiastiques, dont il accorde toute sa confiance, ne soit pas sûr de sa vie ; et si vous n'avez pas la bonté d'y remédier sous peu de temps, il arrivera de très grands

malheurs, votre royaume n'étant pas en sûreté. Par malheur pour vous, que vos Sujets vous ont donné leur démission, l'affaire ne provenant que de leur part. Et si vous n'avez pas la bonté pour votre peuple, d'ordonner qu'on leur donne les Sacrements à l'article de la mort, les ayant refusés depuis le Lit de justice, dont le Châtelet a fait vendre les meubles du prêtre qui s'est sauvé, je vous réitère que votre vie n'est pas en sûreté, sur l'avis qui est très vrai, que je prends la liberté de vous informer par l'officier porteur de la présente auquel j'ai mis toute ma confiance. L'archevêque de Paris est la cause de tout le trouble par les Sacrements qu'il a fait refuser. Après le crime cruel que je viens de commettre contre votre Personne sacrée, l'aveu sincère que je prends la liberté de vous faire me fait espérer la clémence des bontés de Votre Majesté.
Signé Damiens
J'oublie à avoir l'honneur de représenter à Votre Majesté que malgré les ordres que vous avez donnés en disant que l'on ne me fasse point de mal, cela na pas empêché que Monseigneur le Garde des Sceaux a fait chauffer deux pinces dans la salle des Gardes me tenant lui-même et a ordonné à deux gardes de me brûler les jambes, en leur promettant récompense, en disant à ces deux gardes d'aller chercher deux fagots, et de les mettre dans le feu, afin de m'y faire jeter dedans, et que sans M. Le Clerc qui a empêché leur projet, je n'aurais pas pu avoir l'honneur de vous instruire de ce que dessus. »

Nul ne sait ce que le roi a pensé de cette missive. Mais il est certain que Louis XV souhaite en finir vite. Profondément meurtri, il veut passer à autre chose. Légalement, le crime de Damiens relève de la prévôté de l'Hôtel du roi. C'est elle qui est chargée de la police dans les résidences royales. Mais les premiers conseils tenus par le dauphin évoquent une commission de conseillers d'État et de maîtres des requêtes. Cette commission aurait l'avantage de juger la chose en Versailles, sans intervenants extérieurs. Finalement, des tractations secrètes entre le parlement de Paris et le roi permettent au premier d'être chargé de l'instruction qu'il mène dans le plus grand secret. L'affaire sera donc jugée par la Grand'Chambre, et plus particulièrement par tous les magistrats qui n'ont pas démissionné d'une précédente opposition au roi. Certes, Berryer est bien chargé de poursuivre l'enquête, le commissaire Miché de Rochebrune remplit quelques cellules de la Bastille, mais ces enquêtes et ces procédures se révéleront toutes inconsistantes. Le 15 janvier, des lettres patentes ordonnent que Damiens soit jugé au lieu de la Tournelle, salle ordinaire des audiences criminelles. Le chef d'accusation de cette justice d'exception est le régicide. Louis XV précise en préambule :

> « Les sentiments de religion dont nous sommes pénétrés et les mouvements de notre cœur nous portaient à la clémence. Mais nos peuples, à qui notre vie n'appartient

pas moins qu'à nous-mêmes, réclament de notre justice la vengeance d'un crime commis contre des jours que nous désirons de conserver pour leur bonheur. »

Le procès se tient rapidement

Le roi a d'autant plus hâte que le procès se tienne que l'attentat est survenu en pleine crise politique. Le jour du 5 janvier, le ministre d'Argenson écrit dans son journal : « Le bas peuple est resté muet tant les esprits sont prévenus de la disgrâce de magistrats et de l'esprit fol, méchant et schismatique des évêques. » Vingt-quatre heures après l'attentat, les commandants de province regagnent tous leur office en province tant on craint « des soulèvements par le mécontentement des magistrats et la méchanceté des prêtres ». Dans ces conditions, le choix des parlementaires par le roi pour instruire le procès se révèle crucial. C'est sans doute aussi ce qui anime pour une part la théorie du complot. Que le prince de Conti, rapporteur, réclame un supplément d'informations en Artois et que le président Pasquier le refuse, c'est le signe que l'on veut cacher quelque chose. Dans ces conditions, l'éloge vibrant du prince de Conti prend des allures polémiques : « Jamais procès ne mérita plus d'attention que celui du misérable Damiens. Aussi est-il instruit, poursuivi avec toute l'exactitude et toute l'activité possible. Le prince de Conti dont les talents supérieurs pour la guerre sont si connus, montre dans cette affaire la plus grande connaissance des lois, en fait l'application la plus juste, entre dans les plus petits détails, et ne néglige aucune des circonstances qui pourraient faire découvrir des complices. Rien n'échappe à sa sagacité. Dans toutes les séances, il a parlé avec la noble et vigoureuse éloquence que le Sénat romain admirait dans César. Il y a mis dans le plus beau jour, il a rendu avec la plus grande force les sentiments d'amour de tous les cœurs français pour leur monarque ; et c'est dans le sien qu'il puise ces tendres sentiments. »

Conti super avocat peut-on conclure, au contraire de certains magistrats peu scrupuleux…

À Paris lors de son procès, Damiens est logé dans la tour Montgomery du Palais. Barbier, toujours lui, note dans son journal : « Douze sergents aux gardes sont entrés avant lui dans la tour et n'en sortiront qu'après lui. Quatre passeront vingt-quatre heures dans sa chambre, et les huit autres sont dans la chambre au second pour se relever. Il y a un cuisinier de la bouche du roi, pour apprêter le manger et qui n'en sort point […] il y a tous les jours une table pour quinze personnes. M. Foubert, fameux chirurgien et du parlement y couche toutes les nuits, et son premier garçon ne quitte point le prisonnier. La jambe qu'on lui a brûlée au mollet est assez enflée, mais il n'y a point de danger. »

En prison, Damiens dort et mange, réclame un peigne, de la poudre pour ses cheveux, veut parfois être rasé et frisé, bref se comporte comme un bourgeois. Cela ne l'empêche pas d'être aussi lunatique et d'offrir un visage violent. Lorsqu'il comparaît sur la sellette, il semble parfaitement à l'aise. Son procès s'est ouvert le 12 février. Dix audiences s'écoulent avant que Damiens ne soit entendu le 26 mars 1757.

Condamné au supplice de Ravaillac, Damiens est condamné pour régicide. Il doit « faire amende honorable devant la principale porte de l'église de Paris », puis être « mené et conduit dans un tombereau, nu, en chemise, tenant une torche de cire ardente du poids de deux livres ». Alors, « dans ledit tombereau, à la place de Grève, et sur un échafaud qui y sera dressé, tenaillé aux mamelles, bras, cuisses et gras des jambes, sa main droite tenant en icelle le couteau dont il a commis ledit parricide, brûlée au feu de soufre, et sur les endroits où il sera tenaillé, jeté du plomb fondu, de l'huile bouillante, de la poix-résine brûlante, de la cire et soufre fondus et ensuite son corps tiré et démembré à quatre chevaux et ses membres et corps consumés au feu, réduits en cendres et ses cendres jetées au vent ».

Le 28 mars est le jour fixé pour l'exécution. Il est d'abord torturé avec des brodequins, et c'est seulement à la quatrième fois qu'il s'écrie : « Pourquoi ai-je eu l'esprit si faible, le roi étant si doux et si bon ! » Cela fait alors une heure qu'on le torture. Les médecins décident d'arrêter. Au même moment, on prépare la place de Grève. Celle-ci était située face à l'actuel Hôtel de Ville. Elle tire son nom du fait qu'on venait y chercher du travail, soit « faire grève ». Barbier, contemporain de l'époque qui a laissé un volumineux témoignage, donne dans son journal des détails très précis sur la cérémonie. « Cette enceinte est vis-à-vis de la porte de l'Hôtel de Ville et de la largeur des barrières qui entourent l'escalier de la ville, et l'enceinte s'étend un peu plus en longueur, vis-à-vis de la rue de la vannerie. [...] Au milieu de l'enceinte, il y a une table de bois très épaisse et platée de six gros plateaux, de la longueur de six pieds sur quatre de large, et de trois pieds de hauteur environ. Le criminel sera couché sur cette table et y sera attaché avec des plaques de fer qui lui passeront sur le ventre et l'estomac et entre les cuisses de façon qu'il n'y aura que les quatre membres libres pour le jeu de l'écartelage, de manière que le tronc du corps ne pourra pas être ébranlé. »

Le 28 mars, Damiens quitte la Conciergerie pour se rendre d'abord à Notre-Dame et faire amende honorable. Puis il est escorté d'archers pour écouter lecture de la sentence avant de subir son supplice. Tout Paris est présent pour le supplice, jusque Casanova qui pour satisfaire la curiosité de trois dames loue « pour trois louis une bonne fenêtre à l'entresol entre deux escaliers ». Là aussi, les mémorialistes sont de précieux témoins. Les toits de toutes les maisons jusqu'aux cheminées sont couverts de monde (nous sommes au mois de mars, les cheminées fonctionnent encore !).

Du côté de Damiens, à la suite de l'amende honorable il s'est repenti de ses propos contre l'archevêque Beaumont. Il s'assoit alors et regarde le bourreau finir de préparer l'échafaud. C'est vers les 5 heures que son supplice commence. On le tenaille d'abord « aux mamelles, aux bras, aux cuisses et à l'entre-bras ». On y déverse « de l'huile, du plomb fondu, du poix de résine brûlante, de la cire et du soufre ». À plusieurs reprises Damiens s'écrie « Mon Dieu, la force, la force, Seigneur mon Dieu, ayez pitié de moi, Seigneur mon Dieu, que je souffre, donnez-moi la patience. »

Charles Collé, autre contemporain, note dans son journal : « Aucune des femmes ne se sont retirées des fenêtres, tandis que la plupart des hommes n'ont pu soutenir le spectacle, sont rentrés dans les chambres, beaucoup se sont évanouis. » Malheureusement, le supplice n'est pas terminé. Il se poursuit par l'écartèlement.

Bien plus tard, la Révolution française et la Terreur passées, Casanova a cette réflexion plus générale : « Nous eûmes la constance de rester quatre heures entières à cet horrible spectacle. Je n'en dirai rien, car je serai trop long, et d'ailleurs il est connu de tout le monde. Damiens était un fanatique qui avait tenté de tuer Louis XV croyant de faire une bonne œuvre. Il ne lui avait que piqué légèrement la peau, mais c'était égal. Le peuple présent à son supplice l'appelait monstre que l'enfer avait vomi pour faire assassiner le meilleur des rois qu'ils disaient adorer et qu'ils avaient appelé le Bien-Aimé. C'est pourtant le même peuple qui a assassiné la famille royale, toute la noblesse de France et tous qui donnaient à la nation le beau caractère qui la faisait estimer, et prendre même pour modèle de toutes les autres. “Le peuple de France, dit M. de Voltaire, est le plus abominable de tous les peuples. Caméléon qui prend toutes les couleurs, et susceptible de tout ce qu'un chef veut de lui faire de bon et de mauvais.” »

Louis XV justement assiste lui aussi au supplice de son assassin. Il ne reste que peu de témoignages à l'exception de celui apocryphe de la marquise de Créquy qui dépeint un roi poussant des cris et s'enfuyant dans l'oratoire où la reine lit l'office des morts.

Ainsi finissait Damiens. L'idée des complices s'émoussa avec le temps. Damiens a agi seul, pour des raisons obscures, mais qui reflètent parfaitement l'esprit du temps et le divorce grandissant entre Louis XV et son peuple. De son coup de canif raté ou voulu comme tel, il ne reste dans l'histoire de France que les conséquences tragiques de révocations ministérielles calamiteuses, d'une guerre contre l'Angleterre perdue, et d'un Parlement qui revient triomphalement sur le devant de la scène avant de disparaître englouti lui aussi par la Révolution française.

Coups de feu au *Figaro*

Le 16 mars 1914, Henriette Caillaux a une journée chargée. De bon matin, elle prend rendez-vous avec son coiffeur pour qu'il passe chez elle vers 19 heures – en effet, elle doit participer le soir à un dîner à l'ambassade d'Italie. Puis elle reçoit à 11 heures sa manucure, avant de se rendre chez le dentiste. Elle passe ensuite au ministère des Finances prendre son mari, Joseph Caillaux, et ils déjeunent ensemble. On peut imaginer que les deux époux évoquent ce jour-là la campagne de presse dont le ministre est l'objet dans *Le Figaro*. Après le repas elle se fait conduire chez « l'armurier de la bourgeoisie », Gastinne-Renette, aux Champs-Élysées. Elle y achète un petit pistolet automatique, non sans s'être entraînée dans le stand de tir situé au sous-sol du magasin… Puis toujours dans la voiture ministérielle, dont elle fait retirer la cocarde, elle se fait conduire au *Figaro*, situé alors au 26, rue Drouot dans le 9e arrondissement. Elle souhaite voir le directeur Gaston Calmette, qui est absent. Il arrive à 18 heures en compagnie de l'écrivain Paul Bourget. Il accepte de recevoir l'épouse d'un des hommes politiques les plus importants de cette époque. Presque aussitôt, elle sort l'arme qu'elle a dissimulée dans son manchon et tire sur Calmette six balles dont deux sont mortelles. L'affaire Caillaux commence.

La France animée par la question des « Trois Ans »

Henriette Caillaux, née Henriette Raynouard, a alors 40 ans. Elle a été mariée avec Léo Clarétie, journaliste, critique littéraire et écrivain, mais elle en a divorcé en 1908. Elle épouse Caillaux en 1911, non sans avoir eu auparavant une liaison avec lui.

Inspecteur des Finances, Joseph Caillaux – né en 1863 – est de sentiments républicains. Il entre en politique à la fin du siècle, alors que la République est solidement installée. Assez modéré d'abord, il est élu, lors du congrès du parti radical de Pau d'octobre 1912, président du plus grand parti de gauche, et d'une gauche avancée. L'élection de Joseph Caillaux n'a pas été sans importance en raison des problèmes de l'heure : la grande affaire du moment, c'était la durée du service militaire, ce qu'on allait appeler la question des Trois Ans.

Depuis l'établissement de la conscription pendant la Révolution, le service militaire a connu de très nombreux changements. Dans le passé, on a par exemple utilisé le tirage au sort quand on ne voulait pas appeler toute une classe d'âge. En 1905, sa durée a été établie à deux ans. Il est universel, obligatoire pour tous les hommes âgés de 20 ans, sauf empêchement physique. Or, les milieux militaires et en particulier le chef d'État-Major, le général Joffre, trouvent cette durée insuffisante pour la formation des soldats. Au début 1913, il est annoncé en Allemagne la mise en œuvre d'une loi augmentant les forces d'active. Cette mesure n'est d'ailleurs pas prise contre la France, mais en raison des événements balkaniques. Les Balkans peuvent être alors considérés comme le tonneau de poudre de l'Europe. En 1912-1913 s'y déroulent deux guerres qui mettent aux prises les États de la région et intéressent au premier chef l'Autriche-Hongrie, principale alliée de l'Allemagne, et la Russie, principale alliée de la France. Cela semble justifier, en France, le retour aux trois ans de service militaire. Dans la presse et au Parlement ont lieu des débats passionnés entre les partisans et les adversaires des Trois Ans. S'il y a des antimilitaristes parmi les adversaires des Trois Ans, ce n'est pas le fond du débat. Pour les partisans des Trois Ans, ce qui doit jouer le premier rôle en cas de guerre est l'armée d'active constituée par les soldats qui font leur service militaire, alors que, pour leurs adversaires, ce qui est le plus important, c'est l'entraînement des réserves qui doivent alors être appelées. En d'autres termes s'opposent les partisans d'une armée presque professionnelle et ceux de la nation armée. Les adversaires de l'allongement de la durée du service militaire, en particulier les socialistes, organisent une très grande campagne de meetings à travers tout le pays. Une manifestation est particulièrement importante. Celle qui a lieu au Pré-Saint-Gervais dans la banlieue nord de Paris, le 25 mai 1913. Le grand orateur y est Jean Jaurès. En plus d'être le principal dirigeant du parti socialiste, il est l'un des plus talentueux tribuns de son temps. La manifestation rassemble plus de cent mille auditeurs. Les Trois Ans sont néanmoins finalement votés par la Chambre des députés et le Sénat, au mois d'août 1913. Mais, si l'opposition à la loi a surtout été le fait des socialistes, elle a aussi mobilisé une grande partie des radicaux, en particulier Joseph Caillaux. Ils ne s'avouent pas vaincus et sont prêts à repartir au combat à la première occasion. Une occasion se présente lors des élections d'avril 1914.

Caillaux, un homme politique majeur dans la France d'avant-guerre

Avant cet épisode de l'opposition aux Trois Ans, la carrière politique de Caillaux est importante. Il commence par créer la surprise en étant élu député républicain de Mamers dans la Sarthe en 1898 contre le royaliste sortant – il a alors 36 ans. Ce siège, il le conserve jusqu'en 1919. Ministre des Finances pour la première fois en 1899, dans le gouvernement dirigé par Waldeck-Rousseau, ministre des Finances du gouvernement Clemenceau d'octobre 1906 à juillet 1909, il est président du Conseil de juin 1911 à janvier 1912. Lorsque sa femme assassine

Gaston Calmette, il est ministre des Finances du gouvernement dirigé par Gaston Doumergue.

L'importance de Caillaux dans la vie politique ne se mesure pas seulement aux postes qu'il a occupés, mais à l'originalité de sa pensée, en particulier en politique étrangère. Les rapports internationaux sont tendus, ne serait-ce que parce que l'Europe est divisée en deux grandes alliances antagonistes, la Triple-Alliance (Allemagne, Autriche-Hongrie, Italie), la Triple-Entente (France, Royaume-Uni, Russie). L'Allemagne réclame, en outre, sa « place au soleil », c'est-à-dire d'obtenir des territoires coloniaux. Elle vise particulièrement le Maroc que justement la France est en train de conquérir. Cela a déjà été l'occasion de « la première crise marocaine » en 1905, quand le Kaiser, Guillaume II, a débarqué de façon théâtrale à Tanger. La pensée de Caillaux est simple : il faut tout faire pour éviter un conflit.

Au mois de juillet 1911, Caillaux doit faire face à une seconde crise marocaine, la crise d'Agadir. Le gouvernement allemand a envoyé un petit navire de guerre, la canonnière *Panther,* devant le port du Sud marocain, Agadir. Au moment où la domination française continue de s'étendre au Maroc, le sens de ce geste est clair. L'Allemagne exige que ses intérêts soient protégés. Elle montre ainsi qu'elle ne se désintéresse pas du Maroc et qu'elle entend ne pas le laisser à la France. Un refus français de négocier et le risque de guerre est grand. Caillaux estime qu'il est nécessaire d'accepter la négociation. Tout cela aboutit à l'accord franco-allemand du 4 novembre 1911. La France obtient d'avoir les mains libres au Maroc, ce qui est un grand succès dû au soutien vigoureux de la Grande-Bretagne, en échange de la cession d'une fraction des territoires qu'elle possède dans le centre de l'Afrique, la région de la N'Goko-Sangha qui vient agrandir le Cameroun allemand. Caillaux souhaiterait que cet accord soit le point de départ d'un rapprochement franco-allemand. Ce n'a pas été le cas, compte tenu de la mauvaise humeur dans laquelle a été conclu ce traité. Le gouvernement qui lui succède, présidé par Raymond Poincaré, fait ratifier l'accord. Il est nécessaire de rappeler les propos de Clemenceau à cette occasion. Il vote l'accord. Dans son discours, il a ces paroles restées célèbres et applaudies par l'ensemble des sénateurs :

> « La difficulté entre l'Allemagne et nous, est celle-ci : c'est que l'Allemagne croit que la logique de sa victoire (pour les auditeurs de cette époque, il n'était pas besoin de préciser que Clemenceau faisait allusion à la victoire de l'Allemagne sur la France en 1871) est dans la domination, et que nous ne croyons pas que la logique de notre défaite soit dans la vassalité [...]. Nous venons d'une grande histoire et nous entendons la conserver [...]. Les morts ont fait les vivants. Les vivants resteront fidèles aux morts. »

Ainsi donc, la France est passionnée par la question des Trois Ans et Joseph Caillaux est un ministre de premier plan. Certes. Mais c'est pourtant sa femme qui commet l'irréparable. Alors, qu'est-ce qui a poussé Henriette Caillaux à agir ainsi ?

Les lettres intimes mettent le feu au poudre

Faisons maintenant un détour par le comportement habituel de Joseph Caillaux. D'une capacité intellectuelle supérieure – et pas seulement dans le domaine financier – Clemenceau est le seul qui peut lui être comparé. Des hommes importants de cette période, Aristide Briand, Louis Barthou sont sûrement moins doués, même s'ils sont des hommes politiques plus habiles. L'intelligence très grande, mais un peu besogneuse dans son expression, de Raymond Poincaré n'est également pas du même niveau. L'attitude souvent méprisante de Caillaux envers ses contradicteurs lui provoque des hostilités particulièrement fortes. Personne n'aime avoir l'air d'être pris pour un imbécile… Ces hostilités viennent se mélanger aux différends proprement politiques, à une époque où la violence verbale est très répandue dans les discussions politiques. Parmi les journaux qui marquent une particulière hostilité à Caillaux, il y a *Le Figaro.*

La presse est alors extrêmement nombreuse : quarante-six journaux paraissent quotidiennement à Paris, ce qui interdit d'ailleurs à la plupart d'avoir des tirages élevés. C'est le cas du *Figaro*. Il n'atteint pas les 100 000 exemplaires. On reste confondu, à notre époque, qu'une telle publication ait pu déclencher une telle affaire ! Si *Le Figaro* a été *dreyfusard* quelques années auparavant, il est à ce moment surtout un journal *mondain*, lu dans les milieux aristocratiques et de bonne bourgeoisie. Il est un adversaire convaincu de Joseph Caillaux, cet « homme de gauche » traître à son milieu social d'origine. Chaque numéro marque son hostilité à l'homme politique. Mme Caillaux a compté sur le fait que le directeur du *Figaro*, Gaston Calmette, s'en était pris à son mari dans 138 articles publiés en 95 jours ! Les campagnes de presse n'étaient pas inhabituelles dans la presse de cette époque, mais celle-ci était d'une particulière violence, d'autant que son thème n'était pas comme d'habitude un fait politique, mais visait un homme. On peut facilement imaginer que Mme Caillaux ait été importunée par une telle campagne contre son mari, d'autant que *Le Figaro* était le journal des milieux qu'elle fréquentait et celui qu'elle lisait !

Ce qui toutefois déclenche l'irréparable dans l'esprit de Mme Caillaux, c'est lorsque *Le Figaro* fait la preuve qu'il possède des courriers privés de son mari. On a pris l'habitude d'appeler ainsi « les lettres intimes », lettres d'amour échangées entre Joseph Caillaux et celle qui devient sa femme, alors qu'ils étaient amants. Mme Caillaux est horrifiée à l'idée que ces lettres puissent être publiées. Elle est issue d'un milieu où les jeunes filles sont élevées de façon très stricte. L'idée qu'une vie privée aussi condamnable soit mise sur la place publique ne peut que la terroriser... Voici un exemple de ces courriers. Dans une lettre à en-tête de la préfecture de la Sarthe et datée du 19 septembre 1909, Joseph Caillaux, qui n'est pas encore divorcé de sa précédente épouse, écrit :

> « Quand je t'ai rencontrée, j'ai ressenti une poussée de tout mon être vers toi, ma chère petite Riri... Je t'aime et t'aimerai, je pense bien reprendre ma liberté quelque jour, mais en aucun cas je ne bougerai avant les élections. [...] Ce que tu oublies, c'est que ma position électorale était pour ainsi dire perdue dans l'arrondissement [...]. Tu observeras sans nul doute [...] que je perds du temps et que je vais passer un hiver épouvantable. Tout cela est vrai, mais tout cela méconnaît ma légitime ambition politique, mais, ce qui est beaucoup plus grave, les devoirs que j'ai envers mon parti et mes amis [...]. Ce qui est pénible, pénible pour tous deux, c'est que nous devons durant de longs mois avoir recours à d'infinies précautions. [...] La vie n'est pas facile à construire quand on a tant de choses à ménager et une à laquelle je tiens par-dessus tout : la réputation d'une femme qu'on adore [...]. »

Ces extraits sont typiques de Joseph Caillaux. Quels que soient les sentiments qu'il peut porter à une femme, rien, chez lui, n'a l'importance de sa carrière politique, d'où, d'ailleurs, la place qu'occupent perpétuellement dans cette correspondance les remarques de cet ordre. À vrai dire, chez Caillaux, comme chez ses semblables – et pas seulement à cette époque ! – le « politique » est fondamental. Paradoxalement, ces lettres, dont la grande bourgeoise qu'est Mme Caillaux redoute tant la publication, ont été lues lors du procès. Elles sont, à vrai dire, assez banales, sauf justement de contenir tant de considérations politiques… Et pourtant, cela pourra surprendre, la lettre publiée par *Le Figaro* qui met le feu aux poudres, et signée « ton Jo », n'est pas adressée à Mme Caillaux, mais à la femme précédente de Joseph Caillaux (Mme Gueydan) et son sujet principal est… la question de l'impôt sur le revenu !

La douloureuse question de l'impôt

À la fin du XIXe siècle, contrairement à l'Angleterre qui l'avait adopté depuis longtemps, les contributions directes en France reposaient sur les « quatre vieilles » (impositions) établies sous la Révolution : la contribution foncière, la contribution personnelle mobilière, la patente, l'impôt des portes et fenêtres. Toutes ces contributions étaient calculées en fonction de biens fonciers. Même la patente (qui entendait viser l'industrie et le commerce) était établie en fonction non pas de revenus réels, mais des loyers des locaux occupés. Il va de soi qu'en raison du développement économique ces contributions ne correspondaient plus à la réalité. Il fallait donc les modifier en fonction des revenus réels des contribuables. Mais les milieux conservateurs s'insurgeaient contre le fait que l'établissement de l'impôt sur le revenu rendait nécessaire de connaître justement les revenus de chacun, que les déclarations devaient être contrôlées. Cela était dénoncé comme une véritable « inquisition fiscale », ce qui évidemment peut faire sourire aujourd'hui !

Moderniste sur le plan financier, Joseph Caillaux a compris très vite qu'il fallait changer le système fiscal français. Ministre des Finances dans le gouvernement Waldeck-Rousseau (1899-1902), il s'engage dans l'établissement de l'impôt sur le revenu. C'est là où se trouve notre affaire. La « lettre intime » que *Le Figaro* publie en 1914 alors date du 15 juillet 1901. Caillaux y écrit à son épouse d'alors : « Qu'il se félicite d'avoir fait capoter l'impôt sur le revenu, en paraissant le défendre. » L'ancienne épouse trompée a apporté au *Figaro* elle-même les lettres qu'elle possédait ou que d'ailleurs, elle a fait dérober pour se venger de son ancien mari. Sa vengeance a évidemment pour but de déconsidérer le ministre qui soutient en 1914 la réalisation de l'impôt sur le revenu.

Joseph Caillaux s'est expliqué de ce revirement. Tout en étant déjà partisan de l'impôt sur le revenu en 1901, il affirme qu'alors « il n'a pas voulu s'engager à fond dans une réforme dont il ne voyait pas encore tous les tenants et les aboutissements. » En d'autres termes, il considère alors que cette réforme est prématurée et qu'elle a d'ailleurs peu de chances de trouver une majorité. Treize ans plus tard, la situation n'est plus la même. « L'inquisition fiscale » continue à être dénoncée avec la même vigueur par une partie de la presse. *Le Temps*, *L'Écho de Paris* ou *Le Figaro* l'abominent à longueur de colonnes. Un Comité d'études et de défense fiscale, sis 21, rue Croix-des-Petits-Champs, dans le 1er arrondissement à Paris, est dirigé par Eugène Touron. Il n'est autre que sénateur de l'Aisne, et par ailleurs important filateur de coton de Saint-Quentin. Ce comité édite des affiches dénonciatrices, par exemple celle due à Georges Villa, un dessinateur et caricaturiste connu de l'époque, où l'on voit un malheureux paysan en proie à des agents du fisc qui sont en train de faire avec brutalité l'inventaire de ses biens, visitant la grange, l'étable, « comptant » l'unique vache… Il n'y aurait probablement jamais eu d'affaire Caillaux, si le ministre ne s'était pas engagé avec cette vigueur en faveur de l'impôt sur le revenu ! Que cet homme né à droite et passé à gauche – et fort riche par ailleurs – soit le père de l'impôt sur le revenu, paraissait difficilement supportable…

Le procès qui passionne la France entière

Mme Caillaux – c'est du moins ce qu'elle a dit – ne voulait pas tuer Calmette, mais simplement lui « donner une leçon ». Une leçon qu'elle a, comme nous l'avons déjà écrit, bien préparée. Le 20 juillet 1914 trois mois après l'événement – on était, à l'époque, plus rapide qu'à la nôtre ! – s'ouvre le procès de Mme Caillaux qui a été arrêtée pratiquement sur-le-champ, sans la moindre résistance. C'est le grand événement du moment, de la saison, on aurait tendance à dire ! En première page des journaux ou des périodiques, dans *Le Petit Journal* ou *L'Illustration* par exemple, on voit le même dessin. Une femme élégante – elle est coiffée d'un chapeau surmonté d'une immense plume – qui tire au pistolet sur le directeur du *Figaro.*

Le procès se déroule du 20 au 28 juillet dans une salle où se presse une foule nombreuse qu'elle contient à grand-peine. Dans cette foule, des partisans et des adversaires de Caillaux. L'atmosphère n'y est pas sereine. Plus le procès avance, plus les séances deviennent houleuses… S'y opposent les maîtres du barreau, Fernand Labori et Charles Demange, pour la défense de Mme Caillaux (ils ont dans le passé participé à la défense du capitaine Dreyfus), également un autre avocat Pascal Ceccaldi, député de l'Aisne et ami indéfectible de Caillaux, et, du côté de la famille Calmette, le bâtonnier Charles Chenu qui prononce un implacable réquisitoire contre Mme Caillaux. Si elle est reconnue coupable, Mme Caillaux risque au minimum cinq ans de réclusion. Mais ses avocats savent transformer le crime prémédité en crime passionnel. Ainsi, Mme Caillaux est acquittée le 28 juillet.

Le verdict est accueilli par les huées et les menaces des partisans de la victime. Me Pascal Ceccaldi, est agressé. Caillaux doit être protégé par ses gardes du corps. Le lendemain, *Le Figaro* dénonce un « verdict honteux ». L'acquittement de celle qui ne cachait pas avoir tué Gaston Calmette – elle espéra un moment ne l'avoir que blessé, du moins c'est ce qu'elle prétendait – était évidemment surprenant. Que s'est-il passé ?

De façon assez récente, l'étude des archives du ministère de la Justice semble permettre de dire que ce verdict est le résultat de l'influence de Joseph Caillaux sur le choix des magistrats et sur celui des jurés d'opinion « radicale » (dans le sens de proches du parti radical), et donc inféodés à Caillaux. Des enquêtes ont été faites pour connaître les opinions politiques des éventuels jurés. Parmi les arguments utilisés pour démontrer la partialité du tribunal, il y a celui du rôle du président Louis Albanel, dont il est vrai qu'il faillit se battre en duel avec un de ses assesseurs, Louis Dagoury, qui l'accusait de déshonorer la justice ! Il lui a été aussi reproché, bien des années plus tard, de s'être adressé à

Henriette Caillaux en lui disant « Madame ». Magistrats et accusée appartenaient au même monde...

Il est sûr également que Joseph Caillaux a déployé d'immenses efforts pour la défense de sa femme. C'était incontestablement un homme puissant, et ce d'autant plus qu'il y avait des chances qu'il revienne bientôt au pouvoir. Ce serait effectivement arrivé, si la guerre n'avait pas éclaté. En outre, il ne défendait pas seulement sa femme, il se défendait lui-même, car il était sans cesse accusé d'avoir été le véritable instigateur du crime. Une intervention pendant le procès, celle du dramaturge Henri Bernstein, ami intime du directeur du *Figaro*, le dit expressément lors d'une algarade particulièrement violente. À la suite d'une première intervention de Bernstein, après qu'il a quitté la salle d'audience, Caillaux lui a reproché d'être mal placé pour donner des leçons en ayant déserté pendant son service militaire. Le dramaturge revient furieux :

> « J'ai commis dans ma jeunesse une folie que j'ai regrettée publiquement. J'adore passionnément mon pays. En 1911, au moment de la crise d'Agadir, j'ai demandé à être reversé dans l'Armée. J'ai eu l'honneur d'obtenir la cassation de ma réforme. Je suis artilleur, je pars le quatrième jour de la mobilisation et la mobilisation est peut-être pour demain. Je ne sais pas quel jour part Caillaux, mais je dois le prévenir qu'à la guerre on ne peut se faire remplacer par une femme et qu'il faut tirer soi-même. »

Du public, où les Camelots du roi, nationalistes et antisémites, sont nombreux, monte alors une longue acclamation envers celui dont ils ont tant attaqué les pièces condamnées car « juives » ! Le président Albanel doit précipitamment lever l'audience.

L'opinion réagit

L'acquittement de Mme Caillaux est intervenu le 28 juillet. La guerre éclate quelques jours plus tard. L'attentat de Sarajevo où l'archiduc héritier d'Autriche, François-Ferdinand, ainsi que sa femme trouvent la mort – on l'oublierait presque dans l'atmosphère du moment – a eu lieu seulement un mois plus tôt, le 28 juin. Le 23 juillet – alors qu'on est toujours en plein procès à Paris – l'Autriche-Hongrie a adressé un ultimatum à la Serbie, point de départ d'un enchaînement qui, en quelques jours, conduisit à la guerre. Il est évidemment difficile de définir comment a réagi précisément l'opinion. Il est plus facile de savoir quelle fut l'attitude de la presse qui évidemment influença l'attitude de la population, du moins dans les villes… Les masses rurales, accaparées par les moissons, ont peu le temps de lire des journaux. Or, elles représentent à peu près la moitié de la population. On ne sera pas étonné de trouver au premier rang du combat contre Caillaux l'*Action française*. Le quotidien royaliste, dirigé par Charles Maurras qui s'en veut le théoricien et Léon Daudet – le fils d'Alphonse ! – polémiste de talent, volontiers vulgaire et toujours outrageant, n'a pas un tirage considérable – 30 000 exemplaires –, mais son influence ne se mesure pas seulement à cela. Les propos du journal – haine de la république, nationalisme sans limites, antisémitisme délirant – sont prolongés dans la rue par ses « groupes de combat », les « Camelots du roi ». Le 17 mars 1914, toute la première page du journal est barrée d'un grand titre :

« Une ministresse sanglante
Madame Caillaux assassine Gaston Calmette »

Tous les jours, le journal attaque férocement Joseph Caillaux qui veut vendre la France à l'Allemagne « comme le traître juif Dreyfus ». Un article du 24 juillet résume son point de vue : « [Caillaux] c'est l'Apache né riche, c'est le forban jouisseur sorti héréditairement d'une lignée d'amasseurs d'argent... Son outrecuidance est à la taille de sa vilenie. Les pieds dans le fumier, les mains dans l'argent allemand, éclaboussé par le sang de Calmette qu'il incita sa femme à verser, il continue à porter beau [...] Ce bagnard de gouvernement, ce surineur en haut-de-forme. Ce livreur de territoire contre argent comptant... »

Dans un premier temps, la presse ouvrière se montre réservée envers ce règlement de comptes entre « bourgeois ». L'organe de la CGT, *La Bataille syndicaliste*, écrit le 21 mars : « Lui, le peuple, il marque les points. Quand les bourgeois se fusillent, c'est assez pour lui de crier "Mouche !" » Le lendemain, c'est Léon Jouhaux (il a 35 ans et est déjà secrétaire général de la CGT) qui s'exclame « quelle senteur de pourriture s'exhale des agissements et des combinaisons mises à jour par le duel politique Caillaux-Calmette ! » et de considérer que ces événements sont « annonciateurs » de « la Révolution qui vient ».

De façon un peu simplifiée, il y a la presse de gauche qui soutient Caillaux et la presse de droite qui le combat. Celui qui exprime le plus vivement le soutien à Caillaux, c'est évidemment Gustave Hervé, un journaliste qui ne recule jamais devant l'excès, un franc-tireur du socialisme, qui s'exprime dans son journal *La Guerre sociale* au titre évocateur. Il reprend dans le numéro du 28 juillet-4 août 1914 ce qu'il avait déjà dit au moment de l'événement, « Vive Caillaux », et il commente : « Ce cri que nous poussions ici, il y a quelques mois, le lendemain du drame du *Figaro*, comme un défi aux nationalistes et aux conservateurs, nous pourrons le pousser de nouveau à la fin de ce procès, en y ajoutant une pointe de sympathie pour l'homme… Sous l'amas des calomnies et des outrages, un Caillaux est apparu que le parti radical peut hardiment revendiquer comme chef… » Plus encore que ce qui est dit, ce qui est probablement le plus significatif est la place accordée dans la presse aux comptes-rendus du procès à un moment où l'Europe est en train de basculer dans la guerre. On pourrait imaginer que la crise internationale avait rapidement supplanté dans la presse les comptes-rendus du procès de Mme Caillaux. Il n'en est rien. Il faut toutefois remarquer que la place occupée par ces comptes-rendus dans les journaux provinciaux est beaucoup plus faible que dans les journaux parisiens, mais il en est de même de la crise internationale. Les journaux provinciaux utilisent toujours une grande part de leurs pages pour les nouvelles locales. Mais, dans les journaux parisiens, « le procès » rivalise, souvent victorieusement, avec « la crise », jusqu'au prononcé du jugement. Le 29 juillet, il l'emporte encore dans *Le Petit Parisien, L'Écho de Paris, Le Temps.* Il faut dire que les plaidoiries de Me Labori et Me Demange occupent beaucoup de place. D'ailleurs, pendant toute la durée du procès, *Le Temps* a publié chaque jour un supplément uniquement consacré au procès ! Ce n'est que, très progressivement, que les nouvelles de la crise européenne passent des pages intérieures à la première page. La couleur politique du journal n'est tout de même pas étrangère à la place réservée au procès de Mme Caillaux : ainsi un record est établi par *L'Écho de Paris* qui, le 24 juillet, consacre au procès 60 % de sa surface rédactionnelle !

Est-ce que le procès de Mme Caillaux a détourné l'opinion française de la crise internationale et n'est-il pas un peu responsable de la surprise que provoqua une marche à la guerre aussi rapide ? Peut-être, au moins pour la population parisienne, car, comme nous l'avons dit, l'affaire occupe beaucoup moins de place dans la presse provinciale. Peut-être pour l'opinion de droite, car les journaux de gauche sont plus réservés. Il nous semble cependant qu'il faut poser la question autrement. Est-ce que l'intérêt porté au procès de Mme Caillaux, intérêt passionné dans certains cas, n'est pas l'expression que l'opinion française ne s'attend pas à la guerre ? En tout cas, comme nous l'écrivions (il y a trente ans !) : « Tout s'est [...] passé, comme s'il avait fallu que le rideau retombât sur le procès à grand spectacle pour que la presse et l'opinion publique puissent se consacrer au conflit imminent. » Il est d'ailleurs assez symptomatique que cette affaire retentissante, aussitôt la guerre commencée, ait semblé immédiatement appartenir à un passé révolu.

Au fond, il a fallu des travaux bien ultérieurs pour lui rendre son importance au moins médiatique, comme si l'opinion française a eu un peu honte de s'être intéressée à ce fait-divers, alors que la Grande Guerre était en train d'éclater. Plus grave, d'une autre façon, est-ce que le procès en détournant l'attention de l'opinion de la crise internationale et en préoccupant les dirigeants français, n'a pas favorisé la guerre en empêchant la France d'intervenir davantage pour l'empêcher ? Il n'est jamais facile de répondre à ce type de question. L'analyse montre que les dirigeants français jouent peu de rôle au moment de l'éclatement de la guerre, non pas parce qu'ils seraient trop préoccupés par l'affaire Caillaux, mais tout simplement parce qu'ils sont en mer, ou de retour d'un voyage en Russie, quand les événements décisifs ont lieu. Dans les faits, la France s'est trouvée alors très absente, et par la force des choses très largement à la remorque de la politique russe.

Ce voyage du président de la République, Raymond Poincaré, et du président du Conseil, René Viviani, en Russie dans la seconde moitié du mois de juillet 1914, aurait-il eu lieu si on s'était attendu à la guerre dans les jours à venir ? Les présidents auraient-ils quitté la France à ce moment dans le cas contraire ? Il en est de même de l'opinion publique française : presque jusqu'à la fin du procès, les nouvelles internationales sont rejetées à l'arrière-plan.

Non, le procès de Mme Caillaux n'a pas joué de rôle dans l'enchaînement des faits qui ont conduit à la guerre. Sans l'acte de sa femme, il est probable que Joseph Caillaux aurait été, d'une façon ou d'une autre, aux Affaires, et on sait qu'il était depuis longtemps opposé à un conflit franco-allemand. Cela aurait-il changé les choses ? C'est en réalité tout à fait improbable.

L'ire de Clemenceau contre un adversaire redoutable

Avec l'acquittement de son héroïne, l'affaire Caillaux aurait pu paraître comme terminée. Mais elle connaît un deuxième épisode. Pendant le procès de sa femme, Caillaux a été omniprésent, non seulement pour se porter à son secours à un moment où elle s'est évanouie, en suivant pratiquement tous les débats avec attention, en prenant la parole quand il le pouvait, mais aussi parce que c'était lui qui, comme nous l'avons vu, a été incontestablement visé par certaines interventions.

De façon presque symbolique, alors que le procès de Mme Caillaux ferme le 28 juillet, la mobilisation générale a été décrétée trois jours plus tard en France. Au même moment, l'Allemagne lui déclare la guerre. La Grande Guerre commence. Même si, en quelques jours, le procès de Mme Caillaux disparaît dans les oubliettes de l'histoire, les circonstances conduisent Joseph Caillaux à une grande discrétion. Le moment n'est évidemment plus celui d'un rapprochement avec l'Allemagne ! Joseph Caillaux a 51 ans. Il n'est plus soumis aux obligations militaires. Il est pendant quelque temps payeur général aux armées, avant d'être envoyé en mission au Brésil… Néanmoins, Joseph Caillaux reste persuadé que cette guerre avec l'Allemagne est un désastre. C'est environ depuis 1916, si on suit la biographie de Jean-Claude Alain, que Caillaux estime qu'il faut rechercher un compromis avec l'adversaire. Il n'est pas le seul à le penser. Au moins deux hommes politiques de premier plan, Aristide Briand et Paul Painlevé – qui apparaissent d'ailleurs aux Allemands beaucoup plus utiles que Caillaux – ont des contacts au moins indirects avec l'adversaire. Ces contacts sont cependant largement illusoires. Ces hommes politiques l'ignorent d'ailleurs, mais, quel que soit le compromis envisagé, les dirigeants allemands n'ont pas la moindre intention de rendre l'Alsace-Moselle à la France. Or, pour eux, comme pour Caillaux en particulier, il n'est justement pas question d'accepter un quelconque compromis, sans le retour de l'Alsace-Lorraine. L'historien Jean-Baptiste Duroselle l'a écrit dans son ouvrage sur Clemenceau. Dans le « discours-programme » que Clemenceau prononçait le 22 juillet 1917, il exigeait la restitution de l'Alsace-Lorraine, seule compatible avec « la paix de droit ».

Il a souvent été dit qu'en 1917, pour le président Poincaré, après que le cabinet Painlevé a été renversé le 13 novembre, le choix était entre la guerre à outrance avec Clemenceau ou la paix de compromis avec Caillaux. En réalité, la question ne s'est jamais vraiment posée ainsi, d'autant que Poincaré savait bien qu'il devait faire appel à Clemenceau et n'a jamais imaginé d'appeler Caillaux. Le seul problème était que, pour appeler Clemenceau, Poincaré devait dominer toutes les avanies que ce dernier lui avait fait subir... Une de ses moindres attaques était que Poincaré « manquait de caractère ».

Poincaré l'a dit plus tard dans ses *Mémoires* : « Je n'ai pas le droit [...] de l'écarter, à cause de son attitude envers moi. » On sent, à travers cette phrase finement ciselée par la suite, combien cette attitude lui fut pénible, mais cela n'eut rien à voir avec un éventuel choix politique entre Clemenceau et Caillaux.

La fin de la carrière politique de Caillaux

Lorsque Clemenceau est appelé au pouvoir le 16 novembre 1917, il juge que pour vaincre, il faut restaurer le moral des Français et mettre fin à tout ce qui peut l'affaiblir et, en particulier, de croire qu'il y a une autre solution que la guerre à outrance. Clemenceau a beaucoup de considération personnelle pour Caillaux – les deux hommes s'apprécient –, mais dans les conditions du moment, la volonté de compromis de Caillaux, sensible à l'énormité des pertes et des destructions, a été pour Clemenceau une forme de trahison. Il a annoncé sa détermination dans sa déclaration ministérielle du 20 novembre : « Plus de campagnes pacifistes, plus de menées allemandes. Ni trahison ni demi-trahison : la guerre. Rien que la guerre. Nos armées ne seront pas prises entre deux feux. La justice passe. Le pays connaîtra qu'il est défendu. »

Dès le 11 décembre, Clemenceau qui est ministre de la Guerre, en même temps que président du Conseil (ce n'était pas original, les présidents du Conseil de l'époque avaient toujours en même temps un portefeuille ministériel), prend la décision de transmettre au président de la Chambre des députés, Paul Deschanel, une demande du gouverneur militaire de Paris, le général Dubail, de lever l'immunité parlementaire de Joseph Caillaux qui a été réélu député de la Sarthe lors des élections d'avril 1914. Les raisons de cette demande si grave ne sont pas d'une grande clarté. Devant la Commission chargée d'instruire la demande de levée d'immunité parlementaire, Caillaux plaide pendant deux heures avec son éloquence et sa puissance de conviction habituelles. Mais Clemenceau jette toute l'autorité de son gouvernement dans la balance. Il ne restera pas une heure de plus au pouvoir, si la demande de levée d'immunité parlementaire de Caillaux n'est pas acceptée. Elle est donc votée le 22 décembre. Joseph Caillaux est même arrêté le 14 janvier 1918.

Il n'a pas été, comme sa femme, jugé rapidement. Il ne l'a été que deux ans plus tard en février 1920, par le Sénat institué en Haute Cour, alors que la guerre est terminée depuis quinze mois et que Clemenceau, après son échec à la présidence de la République, a quitté le pouvoir depuis le 18 janvier… Il va de soi que l'atmosphère n'est plus la même, d'autant que le dossier est vide de tout ce qui peut ressembler à une trahison. Acquitter purement et simplement Joseph Caillaux, comme cela serait conforme au droit, est difficile, après avoir tenu en prison l'ancien président du Conseil pendant près de trois ans ! Cela déconsidérerait aussi un peu la France de la victoire. Il faut trouver une solution. Les sénateurs ne retiennent pas l'accusation de trahison, mais jugent que la correspondance de Caillaux avec des « agents de l'ennemi » peut avoir fourni à l'Allemagne des renseignements utiles pour elle. Ils le déclarent donc coupable, avec circonstances atténuantes ! Ils le condamnent à trois ans de prison, à peu près couverts par la durée de la détention préventive. Cela permet de le libérer presque immédiatement. En revanche, la Haute Cour le condamne à cinq ans d'interdiction de séjour et à dix ans de privation des droits civiques, ce qui l'élimine de la vie politique. Pour des raisons diverses, ce n'est pas pour déplaire à beaucoup !

La condamnation de Joseph Caillaux provoque l'indignation des milieux de gauche. Il n'est pas étonnant que quand le Cartel des gauches arrive au pouvoir en 1924, Joseph Caillaux ait été rapidement amnistié à la suite d'un vote favorable de la Chambre des députés, le 3 janvier 1925. Et, sans plus attendre, Joseph Caillaux reprend sa carrière politique !

Dans la Sarthe bien sûr. Réélu conseiller général dès juillet 1925, en septembre suivant, il retrouve la présidence du Conseil général – l'attachement des électeurs de la Sarthe à Caillaux est d'ailleurs un fait assez exceptionnel. Mais aussi au plan national : élu sénateur de la Sarthe en 1925, s'il échoue dans sa tentative de reprendre à Édouard Herriot la présidence du parti radical, dès 1926, il est de nouveau ministre des Finances dans un gouvernement Briand, dont il est également vice-président ! En fait ce gouvernement a peu duré, et si Caillaux est encore ministre des Finances pendant quelques jours en 1935, il est surtout, depuis 1932, le redoutable, et redouté, président de la commission des Finances du Sénat. Situé maintenant à la droite du parti radical, il vote les grandes lois du Front populaire, mais il provoque la chute des gouvernements Léon Blum en 1937 et en 1938, en leur faisant refuser les pleins pouvoirs. En 1940, il vote les pleins pouvoirs au maréchal Pétain. Il meurt, à peu près oublié, quelques mois après la Libération en novembre 1944.

Et Henriette Caillaux ? Elle a repris la vie commune avec Joseph Caillaux. Ils ont beaucoup voyagé. Mais le caractère de plus en plus difficile de son mari a fini par avoir raison de leur couple. Les époux sont séparés, quand elle meurt en 1943, un an avant celui pour qui elle a tué.

Landru avant Landru, l'affaire Albert Pel

Quand Pauline, jeune lingère, rentre chez elle un jour de l'été 1884, un nuage de poussières, âcres et poisseuses, l'attend. Cela ressemble à un spectre, pourtant les fantômes n'ont pas d'odeur. Or, elle sent « comme un goût de viande gâtée » et cette odeur nauséabonde agit comme une menace. Elle ne sait d'où elle peut venir. À proximité, il n'y a pas eu d'incendie d'un entrepôt, il n'y a pas non plus de tannerie ou d'abattoir. À l'évidence, ces émanations putrides viennent d'ici, de son immeuble, dans la commune de Montreuil, en banlieue parisienne.

Élise

Nous sommes le 15 juillet. Les préparatifs pour la fête nationale sont terminés. Le feu d'artifice de la veille a réuni une foule importante. Dans l'air une odeur de soufre a flotté, vite dispersée. Pendant plusieurs jours une atmosphère de liesse a régné. Le mariage de la fille d'un locataire, les préparatifs du 14 Juillet, tout cela a créé un tourbillon et mis de la joie au cœur des uns et des autres. Tout le voisinage était réuni. Tous, à l'exception des derniers locataires qui ont emménagé rue de l'Église, il y a trois semaines, le 22 juin. Ils occupent un petit logement, au rez-de-chaussée. Lui est horloger. Il a accroché du côté de la rue une enseigne sur laquelle figure en gros caractères : « Horloger-bijoutier ». Si on s'approche, on peut même lire, plus bas, à droite : « Lunettes et pince-nez, montres neuves et d'occasion » ; et à gauche : « Réparations de bijoux, achat d'or et d'argent et de reconnaissances ».

Le problème demeure cette odeur. Elle persiste et devient vite insupportable. D'ailleurs, elle provient de ces voisins, ceux qui viennent d'arriver. Il s'agit de l'appartement de M. Pel. D'une fenêtre de la cuisine s'échappe même de la fumée qui traverse la cour intérieure et se répand dans les étages. Les locataires de l'immeuble ont l'impression qu'il s'agit d'une odeur de mort, un peu comme celle que répand un bûcher mortuaire. Pour Pauline, elle lui rappelle même celle d'un cadavre qu'elle a veillé. Quand vient le soir, une vive lumière se fait remarquer. On l'aperçoit de la cour de l'immeuble sur laquelle donne une autre entrée de l'appartement de l'horloger. La lumière semble danser, changer d'intensité et être en mouvement. Ce sont bien des flammes que l'on distingue à travers les vitres. Sans doute que la malheureuse voisine, prénommée Élise, qui vit avec M. Pel (est-ce sa femme ? est-ce sa maîtresse ?) en a besoin. Pauline et une autre locataire, Mme Deven, l'ont entraperçue, fatiguée, voire épuisée et tremblante. Elles se disent qu'un surplus de chaleur est devenu une nécessité, même en plein été, pour la soulager du mal qui la ronge. Une semaine auparavant, le 7 juillet, la porte était entrouverte. Pauline l'a remarquée, prise de nausée, faire de gros efforts pour vomir. La jeune lingère s'est rapprochée. Sa voisine était dans sa chambre, allongée sur un modeste lit en fer. On devinait dans la pièce une armoire en bois blanc, deux sièges, une table ronde et un fourneau en fonte pour l'hiver. La malade ne pouvait parler fort, mais elle lui a fait un petit signe et dans un souffle lui a dit : « Je souffre horriblement, j'ai la poitrine en feu et la langue desséchée. » Elle était effrayante à voir. Les traits tirés, les pommettes saillantes, des lèvres déshydratées qui lui étiraient la bouche comme si elle voulait y laisser un sourire sardonique. Mais le pire venait des mouvements du corps. Il n'était pas immobile, mais régulièrement agité comme sous l'effet de convulsions. La malheureuse semblait vouloir arracher non pas ses vêtements, mais une sorte de camisole invisible qui lui brûlait l'intérieur du corps. Pendant cette brève visite, elle n'a cessé de demander de l'eau, comme si boire était sa seule préoccupation. Pauline est sortie et lui a ramené de l'eau de Vichy. Elle lui a promis de revenir la voir tous les jours. Mais Élise lui a fait comprendre que ces visites devaient se faire en l'absence de M. Pel qui ne voulait voir personne chez lui.

Trois jours avant, une autre voisine l'a entraperçue alitée. Pauline, très inquiète, qui voyait dépérir Élise de jour en jour, a décidé de faire envoyer un médecin, le docteur Garavel. Retenu pour un accouchement, il n'a pu se déplacer. Pauline se souvient encore que le samedi 12 juillet, dans l'après-midi, elle est de nouveau entrée dans le petit appartement. Elle s'est évertuée à soulager la malade en lui frictionnant la poitrine et en lui donnant de l'eau. Mais « elle avait les lèvres enflées et le moindre contact avec une cuillère la brûlait horriblement. » Dans la soirée, elle est retournée la voir. Elle ne l'a pas reconnue. Une voix épouvantée lui a demandé : « Qui êtes-vous ? Que me voulez-vous ? » Elle lui a répondu – sans être entendue – qu'elle était sa petite voisine. Effrayée à son tour, la lingère a quitté précipitamment le logis. Pauline se rappelle qu'elle a dit à une voisine que « la femme de l'horloger n'en a pas pour longtemps, elle n'a plus qu'à fermer les yeux ». Et de fait, depuis le 12 juillet, personne ne l'a revue.

Les flammes de l'horloger dansent dans la cour de l'immeuble

Le soir du 15 juillet, l'étrangeté de la situation est encore plus flagrante. L'inquiétude grandit. La cour de l'immeuble est éclairée non par un lampadaire, mais par les flammes d'un foyer ! En effet, dans l'appartement de Pel se trouve un cabinet noir qui sert de cuisine et qui communique avec la salle à manger par une ouverture. Dans cette pièce, outre le petit fourneau portatif en fonte, haut de 75 centimètres environ et large de 50 à 60, se trouve également un second d'une dimension supérieure, d'1,10 mètre environ, avec au-dessus une grande hotte. À côté de la pièce, qui fait office de magasin se trouve une chambre-atelier où dort Pel. La rumeur prétend que l'on y trouve toutes sortes d'objets, comme dans un caravansérail. Des livres scientifiques, des fioles, des ustensiles aux usages inconnus, de toutes petites pièces d'artillerie, des objets bizarres. Une silhouette, puis deux, puis plusieurs se retrouvent dehors. D'autres restent prudemment derrière leur fenêtre, les yeux dirigés vers cette lueur intrigante, voire maléfique, comme si le dieu des enfers avait élu domicile ici, pour fabriquer quelque ustensile mystérieux.

La scène ne dure pas longtemps. Les grands rectangles de lumière sont soudainement assombris. En l'absence de volets, des tentures ont été accrochées afin de dissimuler ce qui se passe dans le logement. Mais l'obscurité n'est pas totale. Les voisins aperçoivent comme des étincelles ou des éclairs. Seuls un brasero ou bien une forge peuvent produire de telles escarbilles lumineuses. Le lendemain matin, un mercredi, l'odeur persiste. Elle se fait même plus forte. La concierge reçoit la visite des locataires qui se plaignent d'« une odeur infecte ». Une couturière du troisième étage lui confie : « Le cœur me manqua, je croyais que j'allais tomber ». Mme Church dit que « l'odeur lui monte à la gorge ». Une autre voisine révèle qu'elle n'a pu dîner ! Une quatrième, dont l'appartement jouxte celui de Pel – seule une porte condamnée les sépare, mais elle n'arrête ni les bruits ni les odeurs – se plaint d'une odeur de « viande pourrie ».

M. Klein, désigné dans l'immeuble par le sobriquet de « rentier » – en fait un employé retraité – est envoyé en délégation auprès du nouveau locataire. Il doit faire cesser cette odeur épouvantable qui indispose tout le monde. Il lui faut un certain courage pour s'entretenir avec Pel. Frêle, émacié, Pel a des allures d'alchimiste. Il fait un peu peur. « Bientôt on commence à raconter, sans y croire, qu'il avait brûlé Mlle Bœhmer », déclare Mme Letout, la plus proche voisine. L'horloger laisse entrer Victor-François Klein et lui offre une chaise. À ce moment-là, le visiteur pense que Pel s'est livré à des expériences chimiques. Il lui dit : « Vous nous empoisonnez ! », et lui demande de fermer l'imposte de sa fenêtre à cause de l'horrible odeur…

« L'odeur, rétorque Albert Pel, est due à la maladie de la femme qui occupait son logement ». Il s'agit de sa bonne et non de son épouse. Elle est tombée gravement malade. Elle avait un cancer et ceux qui l'ont contracté le reconnaissent par leur odeur, d'abord désagréable puis répulsive. Elle a vomi un peu partout et couvert le plancher d'un grand nombre de déjections nauséabondes. Le retraité jette un regard sur l'intérieur de la boutique. Avant de partir, il dit très clairement qu'il faut que l'air soit purifié ou du moins semblable à ce qu'il était avant. Si les horribles effluves persistent, il se rendra à la police au nom de tous les habitants pour porter plainte.

Presque en même temps une forte odeur de chlore se fait sentir. Elle commence à masquer l'odeur épouvantable de viande putréfiée. Pourtant, les voisins constatent que le fourneau reste allumé et que les flammes persistent… De toutes les fenêtres donnant sur la cour, les habitants de l'immeuble regardent. Une locataire voit nettement « au plafond les ronds lumineux des fourneaux », elle les observe jusqu'à une heure du matin puis décide, malgré tout d'aller se coucher. Les voisins, de plus en plus inquiets, montent dans les étages jusqu'au point le plus élevé. Du grenier, ils observent la cheminée : « Toute la maison était sens dessus dessous. » Une autre locataire, laissée le soir seule, éprouve une vive frayeur. Elle aperçoit, par l'entrebâillement d'une étoffe ou d'un tapis posé contre la vitre, le principal occupant des lieux, tout entier concentré sur sa tâche. Il était « courbé sur son fourneau rougi, attisant le feu, le visage tourmenté, insensible à la chaleur et semblant attendre avec impatience que la flamme eût accompli quelque œuvre mystérieuse. »

Le jeudi matin, deux voisines, intriguées, effrayées et n'y tenant plus, dressent une échelle contre le mur, juste à côté de la fenêtre de la malheureuse Élise. Elles parviennent à se hisser pour entrevoir, à travers la vitre et par l'entrebâillement de la draperie, l'intérieur du logement. La première redescend aussitôt. La seconde, comme elle le raconte elle-même, se décide à « grimper ». Elle passe la tête par l'ouverture et aperçoit le lit, vide, au milieu de la pièce. Les draps, chiffonnés, sont roulés en boule. Elle distingue nettement le fourneau dont elle ne parvient pas à détacher les yeux. Sans cesse son regard est attiré par lui. Quel sombre secret renferme-t-il ? Devant se trouve une sorte de « large couche de cendre humide ». Elle pense qu'Élise n'a pas pu sortir. Son état lui interdisait tout déplacement, nul doute que seule elle n'aurait pas pu quitter son lit et traverser la pièce. Le spectacle qu'elle voit lui fait un « si drôle d'effet » qu'elle ne peut rester en place. Elle se laisse pratiquement glisser au bas de l'échelle. Elle pense, sans oser le formuler, que Pel a « fait cuire sa bonne ». Pauline n'est pas loin de partager la même opinion même si, entre elles, aucun mot n'est échangé. Élise Bœhmer est morte, emportée par le mal qui la rongeait. Albert Pel n'a pas voulu déclarer le décès. Elle imagine qu'il gardait le corps chez lui, ajoutant : « J'ai pensé qu'il l'avait brûlée pour s'éviter les ennuis d'un enterrement. » Deux autres voisins, Mlle Deshaye et M. Lantraudon ont vu sortir du fourneau une flamme toute blanche, comme « une flamme de pétrole ». Dans le murmure des conversations, on se dit qu'un drame vient d'avoir lieu. Il est trop tard pour faire quoi que ce soit. Pour l'heure ce ne sont évidemment que des suppositions.

Une nouvelle bonne est engagée

Le 17, les feux se sont éteints. Mais l'odeur de chlore persiste. On entend Albert Pel déclarer qu'il va se mettre à la recherche d'une nouvelle domestique. Il se rend dans un bureau de placement, non loin de chez lui, rue Saint-Antoine. Les bonnes et les cuisinières s'y inscrivent en grand nombre. Quelques-unes viennent de la banlieue, d'autres ont quitté leur province, attendant qu'une place soit offerte, avec des gages intéressants, des étrennes sérieuses, des relations pas trop pesantes avec la maîtresse de maison, des travaux du jour raisonnables… Albert Pel trouve vite une remplaçante. Le lendemain de sa démarche, une jeune fille de 17 ans, Augustine-Léontine Ducrocq, se présente. Rue de l'Église, elle est indisposée par l'odeur qui règne encore dans l'appartement. Pel lui répond que la domestique qui l'a précédée était mourante et que c'est elle qui a empuanti toute la maisonnée. Il prétend encore que cette domestique, se sentant mieux, a voulu partir. Il avait été lui chercher un fiacre. C'était le 13 juillet. Il n'avait pas entendu l'adresse donnée au cocher. Elle lui avait dit qu'une fois rétablie, elle lui écrirait, mais elle n'a pas tenu sa promesse. Pel donne les vêtements d'Élise à une voisine et à la concierge. À sa nouvelle domestique, il vend même la montre d'Élise Bœhmer.

Sa disparition pourrait en rester là. Une femme, parmi d'autres, s'en est allée sans laisser de traces. Ni la police ni la justice n'ont été alertées. Mais la rumeur d'un crime caché se diffuse dans des cercles de plus en plus nombreux. Au marché, dans les cafés et estaminets, dans les boutiques, sur le pas de la porte. Le bruit qui court répond à un déficit d'informations. Il s'est passé trop de choses étranges pour qu'elles ne soient pas divulguées : l'odeur épouvantable, le fourneau allumé pendant plusieurs jours, la disparition de la compagne de Pel. La police a bien eu vent de l'étrange disparition, mais il faut faire le tri dans le nombre de ragots colportés. S'il fallait les prendre tous au sérieux, la police n'y suffirait pas. La rumeur ne cesse pas. Elle comporte un fait incontestable, la disparition d'une femme. La police judiciaire, comme l'attestent les archives, est annuellement saisie d'un grand nombre de disparitions de mineures, de femmes célibataires, de jeunes mariées. Le 5 octobre 1884 toutefois, le commissaire de police de Montreuil se rend rue de l'Église, observe les lieux, découvre des potions, des liquides et des substances toxiques en grand nombre, notamment du cyanure. L'horloger rétorque qu'il a l'autorisation délivrée par la Préfecture. Ces produits sont destinés à un usage professionnel. Albert Pel dresse le portrait de la disparue. Il affirme qu'il l'a vue partir dans un fiacre, mais qu'il n'en sait pas davantage. Intrigué et dubitatif, le policier hésite, puis alerte le parquet de la Seine. Sur la base de son rapport, le magistrat instructeur Habert est diligenté. L'affaire débute. Habert enquête sur un homicide volontaire. Pel, quant à lui, est désormais au dépôt. Il est présenté au juge d'instruction le 8 octobre. Le magistrat a déjà recueilli la déposition de plusieurs voisins et a une idée assez nette de la chronologie des événements intrigants du mois de juillet.

Pel n'hésite jamais. À aucun moment, il ne semble évasif ou désarçonné. À cette époque, le juge d'instruction est considéré comme l'homme le plus puissant de France. Nul ne peut se soustraire à ses demandes. Pour l'heure, il souhaite en savoir plus. Une perquisition du domicile s'impose. Le chef de la Sûreté, Louis Kuehn, reçoit mandat pour l'effectuer. La Sûreté c'est la police judiciaire. Elle est sollicitée dans toutes les grandes affaires et les crimes de sang. À sa tête, elle a presque toujours eu une personnalité de premier plan : Vidocq, Macet et M. Claude sont ses prédécesseurs les plus célèbres. Dans l'immédiat, les policiers trouvent des ouvrages et des brochures relatifs à la toxicologie, dont celui de Galtier, du papier à en-tête, mais jamais le même. Albert Pel y figure tantôt comme chimiste breveté, tantôt comme docteur en médecine, tantôt encore comme expert assermenté. Quelques opuscules, des étiquettes et des cartes de visite reprennent les titres qu'il s'est donnés. Pendant la fouille méthodique de l'appartement, les policiers trouvent des fioles, des flacons et des boîtes, de l'acide arsénieux, des paquets de cyanure, mais aussi plusieurs testaments et une scie recouverte de taches graisseuses. Pour le magistrat instructeur, il y a suffisamment d'éléments pour poursuivre l'enquête. Il faut en savoir plus sur Pel qui a réponse à tout. Les produits toxiques servent au métier d'horloger, les titres fictifs dont il est honoré étaient destinés à lui faire de la réclame.

Une morte à l'existence triste

D'une façon générale, Albert Pel n'attire pas la sympathie. Il a 35 ans et des allures d'épouvantail. Très maigre dans ses vêtements, il porte une barbiche qui le fait ressembler à un diable décharné. Il s'exprime d'une voix blanche presque sans timbre, ce qui impressionne. C'est à cette époque qu'un savant italien, Cesare Lombroso, énonce la théorie du criminel-né, théorie traduite en français depuis peu. Le juge cependant ne peut juger seul sur les apparences. Mais les indices troublants suffisent à dire qu'il faut prolonger les investigations.

La meilleure amie, et sans doute la seule d'Élise Bœhmer, contacte d'elle-même la justice. La lettre adressée au procureur par une certaine Alexandre Mariette est transmise au chef de la Sûreté qui se précipite pour recueillir son témoignage. Ouvrière en parapluie, elle avait invité Élise Bœhmer à dîner le 7 juillet. Elles se connaissaient depuis 1877, à une époque où elle était crémière. Par la suite, elle a occupé plusieurs places, la dernière à Nanterre. Mais ce n'est pas tout, elle tient à disposition une lettre qu'elle a apportée, datée du 2 juillet. On peut y lire de l'incertitude et une note de désespoir : « Ma position n'est pas sûre, ni bonne. » Et plus loin : « J'ai cherché de l'amitié chez lui, mais je ne trouve que des paroles amères. » Élise annonce à son amie qu'elle veut tout lui dire de vive voix, qu'elle a besoin de ses conseils et de paroles apaisantes « dans mes malheurs sans fin ». Elle lui demande encore de ne surtout pas lui envoyer de lettre à sa nouvelle adresse et termine d'un court euphémisme : « Je suis bien ennuyée. » À partir de cette déposition et des témoignages recueillis auprès des employeurs et des maîtres, un portrait émerge.

Élise est née en 1840. Sa mère décède alors qu'elle n'a pas encore un mois. Elle va à l'école communale puis est placée chez des bouchers comme domestique. En 1861, on la retrouve à Troyes, au couvent du Bon-Secours, où elle entre comme novice, puis en 1862 à Pontoise. Elle abandonne sa vocation religieuse et trouve une place de domestique. En 1884, elle travaille chez un artiste-peintre, dans la banlieue ouest à Nanterre. Elle vit maritalement et a trois enfants, tous décédés en bas âge. Les recommandations données par ses maîtres successifs sont très favorables. Seule réserve, elle est semble-t-il un peu souffreteuse, elle tousse souvent comme une tuberculeuse. « Mais, complète Mme Mariette, Élise était sa seule amie, tous les matins elle lisait *Le Petit Journal*, [elle] avait quitté la domesticité pour se lancer dans le commerce de la crémerie, puis était revenue à la domesticité. Elle n'avait pas de famille, le seul endroit où elle pouvait aller, c'était chez elle ». Pourtant, elle ne l'a jamais revue pas plus qu'elle n'a eu par la suite de ses nouvelles.

L'enquête progresse à grands pas. Elle ne laisse pas indemnes policiers et magistrats, pourtant habitués à être confrontés à la noirceur humaine. Avec Albert Pel, ils font face à un crime sordide, une affaire de dépeçage, de combustion corporelle, d'indifférence cynique. En tenant compte de ces seuls éléments, à condition que ces suppositions soient vérifiées, la disparition d'Élise Bœhmer sort du tout-venant du crime pour entrer dans les annales de l'assassinat extraordinaire. Depuis le début du XIXe siècle, des recueils de *Causes célèbres* sont publiés. Y prennent place de véritables brutes comme Dumollard, le tueur de bonnes, des princes du crime, à l'instar de Lacenaire, ou encore une tueuse en série comme la Jégado. Bref, une galerie de monstres que ni la phrénologie ni les théories sur la monomanie criminelle et maintenant sur la dégénérescence ne permettent d'expliquer. Mais c'est peut-être aller vite en besogne. Pour l'heure, le juge d'instruction se méfie de ces nouvelles théories et cherche à comprendre comment Albert Pel et Élise se sont rencontrés.

Un coupable qui attise les soupçons

Pendant près de dix mois, les journaux se saisissent de l'affaire de l'horloger de Montreuil. Certains périodiques crient à l'erreur judiciaire, dénoncent l'acharnement de la justice. D'autres s'indignent et veulent que l'empoisonneur de Montreuil soit châtié avec la plus grande sévérité et demandent la tête de Pel. L'investigation conduite par le juge d'instruction dévoile un horrible passé. Pel n'en serait pas à son coup d'essai et les cadavres finissent par s'accumuler. Ferdinand Buffereau, garçon de magasin, frère de la première femme d'Albert Pel, qui était, elle, demoiselle de boutique chez un marchand de comestible-glacier, est à l'origine du rebondissement. Sa sœur, à peine mariée à la fin du mois d'août 1880, meurt deux mois plus tard. Tombée soudainement malade, elle ne supportait plus aucun aliment, vomissait ce qu'elle avalait ou ce qu'elle buvait. Confronté à cette mort foudroyante, sans aucun signe avant-coureur, il a eu des soupçons, mais il a craint le scandale. Toutefois, lorsqu'il entend parler de la mystérieuse disparition d'Élise Bœhmer, il se rend de lui-même auprès de la justice. Le dossier judiciaire s'épaissit brusquement. Il faudra ouvrir d'autres chemises, une pour chaque victime potentielle.

Le juge Habert doit tirer tous les fils, retracer un itinéraire qui va de Bourg-Saint-Maurice à Montreuil, en passant par Paris et Nanterre. Il lui faut surtout reconstituer l'ordre chronologique des assassinats supposés ou des tentatives d'assassinat. Pour y parvenir, le cabinet du juge connaît un véritable défilé. Près de soixante témoins sont entendus. Albert Pel aurait tout d'abord empoisonné sa propre mère, puis Eugénie Mayer, la servante qui était à son service. Mais il n'en serait pas resté là. Il aurait également empoisonné sa première femme et tenté de faire disparaître sa seconde. Il aurait ensuite voulu empoisonner sa seconde belle-mère et sa domestique Marie Mahoin. Avec Élise Bœhmer cela fait bien sept victimes. Le juge d'instruction et les policiers lancés sur les traces des agissements de Pel sont pris de vertige. Ils réunissent les témoignages, consignent les nombreux éléments à charge et les quelques rares à décharge. Achevé et transmis, le dossier suit le circuit judiciaire jusqu'à la chambre des mises en accusation qui décide de renvoyer l'affaire en cour d'assises.

Le 11 juin 1885, un an après les faits, le procès d'Albert Pel s'ouvre à Paris. Tous les chroniqueurs judiciaires sont entassés sur le banc de la presse. Les journalistes qui font les comptes-rendus des procès d'assises sont recherchés. Ce ne sont pas des faits-diversiers anonymes, mais des « princes du reportage ». En 1885, la chronique judiciaire a bien changé. Désormais les lecteurs sont habitués au rituel des juridictions répressives. Ils peuvent anticiper et restituer les principales étapes du procès pénal : l'entrée de la cour annoncée par l'huissier-audiencier, la lecture de l'acte d'accusation par le greffier, l'interrogatoire de l'accusé par le président, les débats et les dépositions des témoins, le réquisitoire, la plaidoirie et enfin le verdict et la réaction du public. Un procès d'assises devient véritablement une belle affaire lorsque des courriéristes des tribunaux, autre nom donné aux chroniqueurs, s'en emparent et font frémir des millions de lecteurs. Quatre périodiques dominent la presse : *Le Petit Journal*, *Le Journal*, *Le Petit Parisien* et *Le Matin*. Chacun avoisine ou dépasse les 500 000 exemplaires. Le phénomène est inédit, et, en 1885, nul ne sait où s'arrête l'expansion de cette presse à grand tirage qui contribue à influencer l'opinion publique à une échelle inégalée.

La plume la plus recherchée est celle d'Albert Bataille. Provincial monté à Paris, il a été distingué par le directeur du *Figaro* et devient le titulaire de la rubrique des affaires criminelles. Salué comme un maître par ses confrères, il est l'un des principaux artisans de la transformation de la chronique judiciaire qui devient un genre à part. Pour restituer l'atmosphère du procès, Albert Bataille commence par donner un portrait physique d'Albert Pel. L'accusé ressemble à un alchimiste qui se serait trompé d'époque. Rarement celui qui se trouve dans le box des accusés a provoqué chez lui une telle émotion : « Une teinte blafarde, un teint de cire, un squelette ! » Mais Albert Bataille n'en reste pas là. L'impression causée a été si vive qu'il entend bien la faire partager : « Les cheveux sont plantés droit, les joues parcheminées se tirent sur une sorte de rictus sinistre, et derrière les lunettes d'or du faux savant, deux petits trous bordés de rouge. » Pour les chroniqueurs, même s'ils se défendent d'être des adeptes de la physiognomonie ou de la théorie des tempéraments très en vogue (elle consiste à donner un aspect physique à un caractère), le visage des accusés apparaît bien souvent comme un livre ouvert. Toutefois, c'est le regard qui retient l'attention des plus perspicaces. La vérité d'un individu s'y reflète et permet de repérer des types : l'homme sournois, l'homme cauteleux, l'homme fier, l'homme sanguin, l'homme nerveux… Pel ne fait pas exception : « Comme on sent que ces yeux-là n'ont jamais regardé en face, que ce visage de momie n'a jamais souri. » Pel est dépeint comme un « être impénétrable », peut-être sorti de l'enfer : « Une maigre moustache, avec une très longue barbiche, achève de donner à la physionomie un caractère méphistophélique. »

Un accusé qui n'invite pas à l'indulgence

L'audience s'ouvre par la lecture de l'acte d'accusation et fait inédit dans l'histoire des procès criminels, à peine le greffier Faure a-t-il terminé, qu'une voix s'élève du banc des accusés : « Je proteste au nom du droit contre la teneur mensongère de l'acte d'accusation. » Le président Dubard dirige cette session. Il a la réputation d'être rigoureux et efficace, de négliger les bons mots et les notes trop mélodramatiques pour se consacrer aux faits. Comme le veut le rituel judiciaire, après avoir retracé à gros traits l'enfance et la trajectoire professionnelle de l'accusé, il procède à son interrogatoire. Le public trouve confirmation de ce que les journaux avaient publié. Né en Savoie, après la séparation de ses parents, le divorce n'étant rétabli qu'en 1884, Albert Pel est confié à son père irascible et jaloux, puis, grâce à l'intervention d'un oncle, à sa mère. Avec elle, il se rend à Paris en 1859. L'enfant suit une scolarité chez les frères de Saint-Nicolas, puis apprend le métier d'horloger. Après la guerre de 1870 et la Commune, sa mère, qui tenait un petit commerce d'objets religieux, d'une santé fragile, tombe malade en 1872 et meurt peu après. Pel annonce le décès à une amie de sa mère par une singulière formule : « Ça y est ! » Le président des assises insiste sur ce point qui trahirait le cynisme et l'absence de sensibilité. Pel lui répond aussitôt : « Je suis d'une nature peu impressionnable. » Des rangs du public monte un bruit sourd et désapprobateur. L'auditoire apprend, sur la base du témoignage d'un ancien compagnon d'apprentissage, qu'il avait, avant l'enterrement, fouillé partout y compris en soulevant les lames du parquet pour retrouver l'argent de sa mère. L'année suivante, en 1873, son père décède à son tour, puis son oncle. Il hérite cette fois de près de 30 000 francs, somme très importante pour l'époque. Albert Pel semble pris d'une sorte de folie des grandeurs. Il se lance sans aucune retenue dans des recherches chimiques et des expériences sur l'électricité. Il abandonne son métier d'horloger, vient s'installer à Passy où il se pare de fonctions fictives : au gré de ses interlocuteurs, il est répétiteur de mathématiques à la Sorbonne, organiste, ou encore professeur au lycée Saint-Louis. En 1877, il exerce pour de vrai une nouvelle activité professionnelle. Il est régisseur du théâtre *Les Délassements comiques*. Les dettes s'accumulent et son capital disparaît. Il déménage presque à la cloche de bois, s'installe rue Doudeauville. Puis, en mai 1879, il vient habiter, avenue des Ternes, un petit pavillon isolé dans le passage Doisy. Marie Mahoin, sa servante, logée chez lui, tombe malade, elle est conduite à l'hôpital.

Eugénie Meyer, costumière au théâtre de l'Odéon, au physique ingrat, avait rédigé dans *Les Petites Affiches* une annonce matrimoniale. Pel lui rend visite, elle annonce à son entourage qu'elle va se marier, s'installe dans le petit pavillon, tombe à son tour malade et disparaît. Pel ne veut pas aller jusqu'au terme de son bail, charge la concierge de sous-louer son logement, mais elle voit de nombreuses taches, qui ont dû être écarlates, sur le plancher, sur les murs et aussi sur un tapis, dissimulé dans le jardin. Elle s'écrie : « Mais enfin qu'est-ce que tout ce sang ? » Albert Pel déménage une nouvelle fois et, avenue Kléber, il se fait à nouveau horloger. Là, il se marie avec Eugénie Buffereau qui est prise de malaises. Inquiète, sa mère vient lui rendre visite, puis repart. Lorsqu'elle revient, il est trop tard. Elle découvre son cadavre, les traits crispés, allongé sur son lit. Le médecin consulté a diagnostiqué une gastro-entérite aiguë.

En juillet 1881, Pel convole en secondes noces avec une jeune fille qui était son apprentie, Pétronille-Angèle Dufaure-Murat-Belisle. Dans l'enceinte du tribunal, la discussion tourne court, car elle ne se présente pas à la barre. Elle et sa mère se trouvent en Angleterre. Pourtant toutes les deux sont tombées malades, elles ont eu des coliques violentes et ont commencé à ressentir une soif ardente. Puis elles se sont rétablies. Dans l'intervalle, la dot a été dilapidée, les meubles vendus, l'argenterie de la belle-mère monnayée au prix fort. En mai 1884, les époux sont de fait séparés. Pel déménage une nouvelle fois, occupe successivement plusieurs logements à Nanterre et, en compagnie d'Élise Bœhmer qu'il a rencontrée, il se fixe à Montreuil.

Les journalistes se nourrissent de ces informations. Mais ils vont aussi dessiner un autre portrait, inventer une figure. Pour certains, son parcours de criminel se rapproche de cette figure italienne, celle du *jettatore*. Le *jettatore* a été mis à l'honneur par un juriste italien des Lumières, Nicola Valletta, qui lui a consacré un livre en 1789. Le visage effilé, portant une barbe, le teint blafard, il ressemble à quelque ensorceleur des temps anciens ou aux rebouteux des campagnes. En 1843, Alexandre Dumas popularise pour le public français le personnage du jeteur de sorts dans son livre *Le Corricolo*. Maigre et pâle, il tue un rossignol simplement en le regardant. Pel n'a-t-il pas fait de même avec sa mère, ses épouses, sa belle-mère et ses servantes ? Il ne fallait pas croiser sa route. Le *jettatore* toutefois est davantage un oiseau de mauvais augure qu'un lanceur de maléfices, mais comme Pel, il a l'œil torve et oblique et porte une paire de lunettes. En 1885, l'expression est lancée par le chroniqueur le plus célèbre de son époque Albert Bataille qui signe pour *Le Figaro* tous les comptes-rendus des procès d'assises, privilégiant les grandes affaires, les causes criminelles et les procès mondains.

Paroles d'experts

Outre les propos des témoins oculaires, c'est surtout la déposition des experts qui est attendue. Dans *L'Écho de Paris* daté du 14 juin, Aurélien Scholl, alors auréolé d'un immense prestige, prend trois colonnes à la une intitulée en grosses lettres « Preuves et témoignages ». Il y écrit qu'il n'existe aucune preuve véritable, seulement des coïncidences, et que les chimistes légistes ont au mieux « trituré » les restes de dépouilles anciennes. L'erreur judiciaire semble se profiler. À l'audience, les experts n'ont pas la possibilité de se servir de leur rapport, ou même de notes. Seules la mémoire et la parole comptent.

Les débats abordent la découpe du cadavre. Les échanges morbides ont d'abord pour visée d'éclairer un point important tout en ne heurtant pas trop la sensibilité des jurés. L'avocat général lance la discussion scientifique et pragmatique : « Avec quoi peut-on découper un cadavre ? Un couteau suffit-il ? » Le premier expert, le docteur L'Hôte, chimiste célèbre dans les cours d'assises, répond le plus simplement possible : « Oui, ou une scie à main comme chez les bouchers ». Mais, ajoute-t-il, dans la maison de Pel, il n'a trouvé aucune tache suspecte, ni sur les planchers qu'il a examinés au microscope ni sur les murs, tout au plus sur le châssis d'une scie. Quant aux cendres recueillies, elles ne contenaient pas de débris d'os. En revanche, il a bien trouvé des boîtes et des fioles. À l'intérieur, on découvre de la poudre de succession, de l'arsenic, du cyanure de potassium.

Le débat glisse ensuite sur la crémation d'un corps découpé en morceaux. Pel est donc accusé d'avoir fait disparaître le corps d'Élise Bœhmer en le faisant brûler dans un fourneau. Le docteur L'Hôte prend la parole et rend compte de ses expériences menées avec Paul Brouardel, alors le médecin légiste le plus célèbre de France, professeur à la faculté de médecine de Paris et directeur de la morgue. Tous deux ont « crémé » un corps humain : « Nous avons pris un fourneau de cuisine identique à celui de Pel. Nous y avons brûlé un cadavre de cent vingt livres. » D'horrifiques détails sont donnés sur la température, sur les morceaux de chair devenant des combustibles et sur les quarante heures de combustion que l'expérience a nécessitées. Pour les jurés, aussi pénible que soit le récit entendu, il ne s'agit pas d'une assertion, mais d'une démonstration. D'une façon générale, dans les procès criminels, l'expert s'attend à ce que le président ou l'avocat de la défense lui demande de préciser un point, d'éclairer tel aspect présenté peut-être un peu succinctement, et parfois de donner son sentiment qui ne transparaît pas dans ses conclusions. Des diverses situations rencontrées, celle qui désoriente le plus le médecin légiste est celle où il lui faut répondre aux questions de l'accusé qui prend ici l'initiative lorsque vient le compte-rendu de l'autopsie de sa première épouse dont le corps a été exhumé : « Le docteur prétend que ma femme avait la langue rouge et sèche comme un copeau ? Il se trompe. Elle avait la langue blanche. » Le médecin légiste intervient à son tour et déclare : « Dans les empoisonnements par l'arsenic la langue est sèche et rouge et se rapetisse peu à peu. C'est ce qu'on appelle la langue de perroquet. »

Mais, quatre ans après, est-il possible de retrouver des traces tangibles? Pel se tourne vers Brouardel et lui demande, créant un mouvement dans l'auditoire : « Affirmez-vous que j'ai empoisonné ma femme? » Le médecin reconnaît que les lésions des organes n'ont pu être examinées, mais déclare avec une certaine solennité : « Ce que j'affirme, c'est que les symptômes décrits se retrouvent dans tous les empoisonnements à l'arsenic. » Au cours de cette passe d'armes, Pel a pris l'avantage, ou du moins a montré des failles dans l'expertise.

Qui est à l'honneur doit être au péril

Le réquisitoire est très attendu. Selon le reporter du *Gaulois*, il s'agit de l'une des plus solides et des plus belles harangues judiciaires jamais entendues sous les voûtes d'un Palais de justice. Elle a duré, il est vrai, quatre heures. L'avocat général Bernard revient sur les faits, mais veut surtout insister sur « le côté moral de son être ». Les réquisitoires ne sont à l'époque pas publiés, sauf pour certains pendant l'entre-deux-guerres. Il faut donc bien souvent se contenter de résumés donnés par les journalistes qui font parfois des citations, mais elles sont rarement très longues. Pour l'illustrer, voici un extrait rapporté par des chroniqueurs : « Elle est morte ; elle ne s'en ira pas ! C'est un homme froid et cruel, qui pendant la maladie de sa femme refusait d'aller lui chercher une orange, alors qu'elle souffrait horriblement de la soif… et qui disait peu d'instants avant qu'elle expirât : “Elle se vide ; quand il n'y aura plus rien, elle mourra”. Réagissez, si vous pouvez Pel ! »

La salle comportait des places vides. Désormais, elle est pleine. Des figures connues côtoient des élégantes. L'avocat général Bernard poursuit sans être décontenancé. Dans cette affaire, le corps du délit a disparu, mais cette absence n'a rien de mystérieux. Pel est un menteur, il s'est ingénié à assassiner dans le secret. Il convient, dit encore l'avocat général, de faire tomber la légende de martyr que certains journaux se sont attachés à tisser et il requiert la peine de mort. Le président accorde une suspension d'audience.

Il est 18 heures 30 et l'on s'achemine vers une audience de nuit. À la reprise, le Palais a changé d'allure. Il y a du monde partout, dans la salle, dans les couloirs, mais aussi aux abords du Palais de justice. L'avocat de la défense est un tout jeune homme, commis d'office. Il a voulu seul assumer ce rôle difficile et manifestement le costume est trop grand pour lui. Le 16 juin, Thomas Grimm, plume illustre du journalisme, signale sans férocité que dans des procès d'une telle ampleur, il faudrait que ce soit le bâtonnier qui assure la défense : « Qui est à l'honneur doit être au péril. » La plaidoirie s'achève un peu avant minuit et le président donne la parole à Pel qui, sobrement, déclare n'avoir jamais empoisonné sa femme et qu'il s'en remet entièrement à l'équité du tribunal. Dans le public, les conversations vont bon train. De nombreuses voix se font entendre pour annoncer l'acquittement probable, faute de preuves matérielles.

Trois quarts d'heure plus tard, le chef du jury, Ambroise Mignaut, employé de bureau au ministère de la Guerre revient avec un verdict négatif à propos du premier chef d'accusation concernant l'assassinat d'Eugénie Buffereau. Non, Pel n'a pas attenté à la vie de son épouse. Mais le jury retient l'empoisonnement d'Élise Bœhmer. Il n'y a pas de circonstances atténuantes. C'est donc la mort pour Pel. Un silence profond étreint le public. Sur le banc de la presse, les réactions sont partagées. Une majorité estime que la décision des juges populaires reflète les débats ; une minorité s'indigne du fait que les raffinements d'horreur évoqués ne sont que des hypothèses, au mieux des indices, et qu'il n'existe pas « le moindre vestige » de la bonne calcinée. Envoyer un homme à l'échafaud sur la seule base d'une mauvaise odeur est absurde et scandaleux. L'horloger de Montreuil s'adresse aux jurés dans une ultime déclaration : « J'accepte avec résignation le sort qui m'incombe, mais souvenez-vous que vous venez de frapper un innocent. » Il signe son pourvoi en cassation sans aucune illusion.

Nouveau procès et retournements de situation

Contrairement aux attentes, l'arrêt est cassé. Parmi les jurés se trouvait un failli non réhabilité, c'est-à-dire un justiciable dont la condamnation n'a pas été effacée. Une partie de la presse s'insurge. Elle dénonce la manière, hâtive et sans vérification, dont sont établies les listes des jurés. D'aucuns voudraient aller plus loin et instaurer des jurés permanents, en nombre réduit, choisis parmi une élite d'hommes âgés et respectables. Pour l'heure, chacun retient son souffle et se demande quelle juridiction jugera désormais l'affaire de l'horloger de Montreuil. La cour d'assises de la Seine-et-Marne est désignée, mais le nouveau procès devra se cantonner à la seule affaire Bœhmer. Les débats s'ouvrent le 12 août 1885 à Melun et Albert Bataille se plaint auprès de ses lecteurs : « Pourquoi suis-je venu m'enfermer dans cette serre chaude pour entendre ressasser un procès dont tout le monde a les oreilles rabattues ? » Un autre chroniqueur constate que les témoins semblent moins accusateurs et insiste sur la part de nouveauté. Le président tout d'abord. Le conseiller Barbette est considéré comme un magistrat sobre et pugnace. En effet, chaque fois que Pel tente une digression, il le ramène au point précis du débat. À la manière d'un entomologiste, il cloue l'accusé « comme un insecte à un mur ». De son côté, Pel n'est plus le même. Il a soigné son apparence. Il ne porte plus de lunettes, il s'est rasé de près, il a fait couper ses cheveux. Si ce n'est sa pâleur, il ressemble à un jeune homme qui n'a plus rien d'effrayant. Les « hirondelles », c'est-à-dire le public féminin, sont venues nombreuses. Le mouvement des ombrelles, le cliquetis des colliers et bracelets, la couleur des robes et les mots chuchotés donnent au Palais de justice des allures de théâtre mondain.

Dans l'auditoire, on guette les bons mots et Albert Pel n'en est pas avare. Un journaliste anonyme est impressionné par l'énergie déployée par l'accusé. Aux témoins de la rue de l'Église, il ne répond pas point par point. Il les écarte tous d'un seul mouvement : « Oh ! Les soupçons des voisins ! Oh ! La compétence des voisins ! Oh ! Les constatations des voisins ! Oh ! La coterie !... » Mais le deuxième jour, Pel ne se trouve pas dans les mêmes dispositions. Il semble plus découragé. Les témoignages sur la maladie d'Élise Bœhmer sont poignants. Chacun se représente avec réalisme une succession de terribles tableaux. La malheureuse allongée sur son lit, la malheureuse vomissant, la malheureuse demandant de l'eau, la malheureuse ne reconnaissant plus personne. Le 14 août, c'est au tour des experts de prendre la parole et de réitérer ce qu'ils avaient déjà présenté lors du précédent procès. Edgard Troimaux, chroniqueur célèbre pour le compte de *L'Écho de Paris*, signale que l'affluence est considérable, que des bancs ont été ajoutés devant les pupitres réservés à la presse et qu'il ne peut pratiquement plus voir ce qui se passe dans le prétoire. Le ministère public est représenté par l'avocat général Quesnay de Beaurepaire. Nommé à Paris en 1883, il est considéré comme l'un des rares parquetiers de son époque à pouvoir soutenir l'accusation avec un réel talent oratoire, dépouillé, mais toujours efficace. Il a été magistrat, journaliste, homme de lettres. Pour nombre d'observateurs, il est le plus à même de convaincre un « jury campagnard ». Pour requérir la peine de mort, il lui faut présenter l'accusé comme un faux savant, un tartuffe, un escroc et surtout comme « un homme qui n'a le respect de rien, qui a commis le crime le plus atroce, de la façon la plus atroce ». Le réquisitoire, assez court, ne laisse aucune place au doute et peut s'appuyer sur un précédent : la décision du jury de la cour d'assises de la Seine.

La défense est représentée par Georges Laguerre, député du Vaucluse, dont les contemporains disent qu'il est plus tribun que logicien. En 1882, il a défendu les ouvriers de Montceau-les-Mines. L'année suivante, il a été l'avocat de Louise Michel et d'Émile Pouget. Pendant les débats, il intervient à plusieurs reprises pour instiller le doute. Il y a trop d'incertitudes, dit-il, dans cette affaire. Le poêle de Pel se trouvait dans un bien meilleur état que celui qui a servi à l'expérience orchestrée par le Dr L'Hote. De la cendre a bien été retrouvée, mais elle ne contenait pas de fragments d'os comme l'a déjà déclaré l'expert lors du premier procès ; quant aux taches suspectes trouvées sur la scie, nombreux sont les témoins qui peuvent attester que Pel découpait des morceaux d'âne ou de cheval pour économiser sur la nourriture. Mais le plus important est ailleurs. Élise Bœhmer a disparu, mais se sachant malade, rien ne dit qu'elle n'a pas renoué avec une existence religieuse, peut-être même est-elle dans un couvent dans sa région natale, la Bavière rhénane qui l'a vue naître ? Une autre femme n'assiste pas à ce procès. Il s'agit d'Augustine Ducrocq, la dernière apprentie de Pel. On ne l'a pas retrouvée non plus. A-t-elle été empoisonnée, démembrée, brûlée ? Non, de même que les traces de poison s'avèrent incertaines, le trépas d'Élise Bœhmer est loin d'être assuré. Ne va-t-elle pas revenir ? Si elle était informée du procès qui se tient en ce moment, sans doute pousserait-elle elle-même la porte, innocentant avec fracas Albert Pel.

L'avocat parvient non seulement à capter l'attention du public et du jury, mais il réussit à retourner l'opinion en sa faveur. La sympathie de tous lui est acquise et lorsqu'il évoque les divers témoignages des voisins de la rue de l'Église, il se taille un franc succès avec un sens certain de la formule : « une marée montante de commérages ». Il parvient également à mettre les rieurs de son côté. Un os, déclare-t-il, a été découvert dans le bois de Vincennes. Aussitôt la police s'en est saisi, l'a étiqueté et a noté « Affaire Pel ». Mais peu après il a bien fallu se rendre à l'évidence, il ne s'agissait pas d'une relique humaine, mais de l'os d'un jeune cheval. Albert Pel n'ajoute pas de commentaire. Le jury se retire et, en attendant qu'il revienne, les supputations vont bon train. Le jury ne semble pas avoir plus de deux options. Il se prononce soit pour la culpabilité entière et la mort soit pour l'acquittement. Il revient à 18 heures, porteur d'un autre message. Pel bénéficie de circonstances atténuantes.

Me X signe la chronique des tribunaux pour *Le Gaulois*, périodique lu par une élite cultivée dont le tirage avoisine vingt-mille exemplaires. Pour ses lecteurs, le journaliste signale qu'il a pris place à l'extrémité du banc de la presse afin de se trouver le plus près possible de l'accusé afin de « saisir sur ce visage si impassible d'ordinaire, l'impression intime, secrète ». De la sorte, il lui semble pouvoir pénétrer dans l'âme de Pel et approcher de la vérité d'un homme. Ce qu'il lit sur sa physionomie est une sorte de soulagement, celui qu'un coupable peut éprouver lorsqu'il comprend qu'il vient de sauver sa tête. Dans la salle, parmi le public invité, se trouve le sculpteur Falguière qui « croque la tête de Pel », mais aussi des personnalités comme Henri Rochefort, le directeur de *L'Intransigeant*, l'un des polémistes les plus redoutés de son temps qui a dénoncé au mois de juin le « verdict stupéfiant ».

Le jour de la Sainte-Marie, le 15 août 1885, à la une de nombreux quotidiens, annonce est faite de la condamnation de Pel aux travaux forcés à perpétuité. Il est envoyé au bagne de Nouvelle-Calédonie. Il meurt, un peu oublié, presque quarante ans plus tard sur la côte ouest de la Grande Terre en 1924. Désormais c'est Landru, jugé par la cour d'assises de Versailles en 1921, qui occupe la première place dans l'imaginaire collectif. Pour autant Albert Pel ne peut être remplacé car il incarne cette figure criminelle nouvelle du *jettatore*. Par la suite, d'autres courriéristes des tribunaux se saisissent à leur tour du mot et popularisent ainsi une nouvelle catégorie de criminels. Malgré lui, Albert Pel et son poêle en fonte deviennent les fondateurs d'une lignée. Henri Désiré Landru et sa cuisinière de Gambais, Marcel Petiot et ses deux calorifères de la rue Le Sueur en sont les *héritiers* les plus effroyables.

Le suicide du duc de Choiseul-Praslin

Lorsque l'on fait quelques pas rue du Faubourg Saint-Honoré, on s'arrête presque toujours au numéro 57, devant le palais de l'Élysée, ancienne demeure de Mme de Pompadour. Mais l'on oublie que juste à côté, au numéro 55, s'élevait l'ancien hôtel de Saxe devenu hôtel Sébastiani, et qui fut le théâtre de l'un des plus grands scandales de la monarchie de Juillet. L'hôtel a aujourd'hui disparu. Mais la mémoire des faits demeure. Ainsi, le 18 août 1847, le bruit se répand dans tout Paris qu'un crime effroyable vient d'être commis à l'hôtel Sébastiani. Le nom de l'hôtel est dû à Horace Sébastiani (1772-1851). Ce maréchal de France en a fait l'acquisition au retour de son ambassade à Constantinople. Depuis lors, sa fille Fanny, duchesse de Choiseul-Praslin, y demeure avec son époux. Que s'est-il donc passé ?

Un assassinat retentissant à deux pas de l'Élysée

Les procès-verbaux de l'époque relatent alors l'enchaînement des faits. Le premier témoin s'appelle Antoine Merville. Ce matin du 18 août, Antoine passe embrasser sa mère, domestique au service de la duchesse de Choiseul-Praslin. Il trouve devant la très belle bâtisse qu'orne une haute porte cochère flanquée de deux colonnes un attroupement tout à fait inhabituel. Les domestiques, les ouvriers, les passants, bref, tout ce qui circule dans cette rue du Faubourg-Saint-Honoré semble s'être arrêté là. Deux sergents de ville contrôlent scrupuleusement l'entrée. Aussi Antoine doit-il décliner son identité. Sur place, plusieurs responsables de la police et de la justice sont présents : il y a d'abord le procureur général du roi Delangle et le procureur du roi Boucly. Puis il faut citer les juges d'instruction Legonidec et Aristide Broussais. Enfin, le préfet de police Gabriel Delessert, le chef de la Sûreté Pierre Allard et le commissaire de police du quartier des Champs-Élysées Prosper Truy complètent ces hommes. C'est donc la justice au grand complet qui s'est déplacée. Le crime a été constaté dès le matin, car la duchesse de Praslin devait partir tôt pour une séance de pédicure. Celle qui a découvert la morte est la mère d'Antoine Merville. Euphémie Merville est lingère à l'hôtel Sébastiani. Elle y habite avec son époux Nicolas. C'est un phénomène bien différent de l'Ancien Régime que cette domesticité qui désormais se marie, et a même des enfants. La police l'interroge. Puis vient le tour d'autres domestiques, comme Auguste Charpentier. Le valet de chambre du duc déclare qu'il se réveille entre 4 et 5 heures ce matin par une série de coups de sonnette qui viennent de la chambre de madame. La duchesse de Praslin sonne en effet et son valet de chambre et sa femme de chambre. Or, le valet de chambre n'est pas présent cette nuit-là.

C'est donc lui qui se charge de répondre à la duchesse. Il veut entrer par l'antichambre, pièce qui précède le cabinet de toilette. Or, cette nuit-là, le verrou est mis de l'intérieur. Il ne peut entrer. À l'intérieur, la duchesse crie. Le domestique croit aussi entendre « comme une course » durant laquelle on heurterait le mobilier. Inquiet, il décide alors d'enfoncer la porte en y donnant des coups de pied. Il n'y parvient pas. Le valet tente alors d'entrer par le grand salon, mais de même que pour le cabinet de toilette, le verrou est mis. Il ne reste alors qu'une solution, tenter d'entrer par l'extérieur. Les volets sont cependant fermés, et rien n'y peut, il est impossible d'entrer ! Il n'y a alors plus qu'une seule solution, un escalier de bois qui sépare les appartements du duc et de la duchesse et qui donne dans l'antichambre. Cette fois, le valet pénètre sans encombre. Il fait encore nuit.

Une chambre sens dessus dessous

Les époux Merville, ainsi que les concierges de l'hôtel, le couple Briffard, s'apprêtent à pénétrer dans la chambre de la duchesse. L'aube se lève. La petite troupe se rend dans le grand salon afin d'entrer dans le jardin, de pénétrer dans l'antichambre et de rejoindre alors l'escalier. Mais le verrou est soudain ouvert ! Le duc de Praslin apparaît ! Il ordonne qu'on aille quérir un médecin. Et ce n'est pas un homme de science qui arrive, mais plusieurs : les docteurs Raymond, Canuet, Simon,

Pasquier, Bois-de-Loury et Tardieu. C'est beaucoup, même si la noblesse garde l'habitude de plusieurs praticiens comme sous l'Ancien Régime. Tous constatent la mort de la duchesse. Et tous découvrent la scène de crime…

Le rapport du juge d'instruction Broussais – rédigé plus tard – décrit une chambre pleine de « mares de sang », que ce soit sur le canapé, sur le lit, sur le marbre du secrétaire, à la base de l'enveloppe garnissant la cheminée, le long d'un cordon de sonnette, sur le chambranle des portes. Il décrit aussi le reste d'un pain grignoté la veille au soir, les deux livres feuilletés la veille avant de s'endormir – *Mrs Armytage*, un roman anglais, et *Les Gens comme il faut*, sorte de guide du savoir-vivre. Ce n'est pas tout. Il trouve encore des cheveux et un fragment de cuir chevelu sur le canon et la crosse d'un pistolet d'arçon chargé et amorcé. Le procès-verbal qu'il rédige est ainsi éloquent :

> « L'an mil huit cent quarante-sept, le 18 août, 8 heures du matin : Nous, Aristide Broussais, juge d'instruction près le tribunal de première instance de la Seine, informé par M. le Procureur du Roi qu'un crime venait d'être commis sur la personne de Mme la duchesse de Praslin, rue du Faubourg-Saint-Honoré, n° 55 ; nous nous y sommes immédiatement transportés avec M. Delalain, substitut et assisté d'Auguste-Célestin-Appert Collery, notre greffier où étant M. le Procureur du Roi, lui-même nous a rejoints.

Nous y avons trouvé M. le Procureur général et M. le Préfet de Police qui, informés de leur côté de ce grave événement, s'y étaient transportés eux-mêmes et deux commissaires de police, MM. Truy et Brujelin.

La chambre est dans le plus grand désordre ; de larges mares de sang à terre et sur le canapé indiquent évidemment que c'est là où le crime a été commis et que la victime a dû opposer une vive résistance. Nous remarquons notamment des traces de sang au marbre d'un secrétaire et à la base de l'enveloppe des vases garnissant la cheminée et la base du cordon de sonnette, comme si la duchesse de Praslin, dans l'ombre de la nuit, avait cherché ce cordon de sonnette pour appeler ses gens. Sur une table, devant la croisée, se trouve un pistolet d'arçon, amorcé et chargé auquel nous remarquons plusieurs traces de sang sur le canon et la baguette et la crosse duquel quelques cheveux sont fixés par du sang, ainsi qu'un léger morceau de chair ou de peau [...].

Nous avons prié M. le duc de changer de vêtement et, sur notre demande, il nous a immédiatement remis une redingote en drap gris, présentant quelques traces de sang dans diverses parties et dont le revers gauche à l'intérieur a été fraîchement lavé. Ce revers est encore humide entre la première et la quatrième boutonnière sur une largeur d'environ dix centimètres. M. le duc nous déclare que, pour faire disparaître cette tache, il s'est servi du savon avec lequel il se lavait les mains ordinairement [...]

Comme nous remarquons sur un pantalon brun à côtes noires et bleues des taches et gouttes de sang, nous prions également M. le duc de changer de pantalon.
Dans la cheminée de la chambre, nous trouvons divers débris encore chauds indiquant que des papiers et des étoffes y ont été récemment brûlés [...]
Nous l'avons interpellé de s'expliquer sur ces circonstances qui nous paraissent élever contre lui les charges les plus graves... M. le duc de Praslin baisse la tête et se la tient dans les mains pendant que M. le Procureur du Roi lui adresse de vives paroles pour l'engager à s'en expliquer avec la sincérité qui convient à sa position et à son nom.
Et ledit jour, par continuation de notre procès-verbal, nous avons cru encore devoir saisir un sabre yatagan garni en argent que nous avons trouvé dans la commode placée dans la chambre à coucher de M. le duc ; nous en avons formé le scellé n° 17 [...] Un couteau de chasse en cuivre derrière le coussin d'un canapé se trouvant entre la cheminée et un chiffonnier dont nous avons formé le scellé n° 18 [...] Nous avons également saisi un livre placé sur cette table (table ronde guéridon), couvert en papier vert intitulé *Mrs Armytage* dont le dos et la couverture sont tachés de sang. Il nous a paru que ce devait être le livre que Mme la duchesse de Praslin lisait dans la soirée du 17 août lorsque sa femme de chambre l'a quittée à 11 heures du soir (scellé n° 25). »

Le corps de la duchesse n'est pas en meilleur état. À la gorge, le juge note une blessure de trois doigts de large, deux autres à la poitrine. À sa main droite, l'auriculaire a été coupé. Le visage et le crâne ont été frappés par la crosse d'un pistolet. La bouche est entourée de la marque des ongles de l'agresseur. Entre ses doigts, la victime tient encore les cheveux de l'assassin. Les domestiques sont sous le choc. L'atmosphère est étouffante. Victor Hugo dans ses *Choses vues,* parues la même année, écrit : « Cette chambre fait horreur. On y voit toute palpitante et comme vivante la lutte et la résistance de la duchesse. Partout des mains sanglantes allant d'un mur à l'autre, d'une porte à l'autre, d'une sonnette à l'autre. La malheureuse femme, comme les bêtes fauves prises au piège, a fait le tour de la chambre en hurlant et en cherchant une issue sous le couteau de l'assassin. » Lorsque l'oncle de la victime arrive à l'hôtel, il perd connaissance. Le valet Auguste court alors lui chercher un verre d'eau en se servant du broc dans la chambre du duc. Mais celui-ci « prétexte que l'eau est sale » et vide le broc dans le jardin. Auguste remarque alors le désordre étonnant qui règne également dans la pièce, et des cendres dans la cheminée alors qu'on est en plein mois d'août…

Tout-Paris se donne rendez-vous à l'hôtel Sébastiani, à commencer par le duc Pasquier, chancelier de France (il avait déjà présidé, le mois précédent, le procès des ministres Teste et Cubières), le ministre de l'Intérieur

M. Delessert, Hébert, garde des Sceaux, les ducs de Massa, de Brancas, M. Bertin de Vaux et Victor Hugo. C'est la naissance pour l'opinion de ce que l'on appelle une affaire. Cela tient à plusieurs raisons, d'une part la personne même assassinée, d'autre part les contextes politique et judiciaire.

Une femme passionnée et fanée

Françoise – dite Fanny – Altaria Rosalba Sebastiani della Porta est née le 14 avril 1807. Elle est la fille du général Sébastiani. Ce Corse s'est illustré sous l'Empire, notamment comme ambassadeur à Constantinople. Par la suite, il a réalisé sa carrière sous la monarchie de Juillet qui porte au pouvoir Louis-Philippe d'Orléans. Il y occupe les fonctions de ministre de la Marine et des Colonies (11 août 1830-17 novembre 1830), de ministre des Affaires étrangères (17 novembre 1830-11 octobre 1832) et est fait maréchal de France. Françoise est sa fille unique. Elle est dotée d'un caractère tout à fait singulier. Promise à un autre homme, c'est elle qui décide d'épouser le duc de Choiseul-Praslin au terme d'une correspondance nourrie où elle le poursuit de ses assauts. Maxime Du Camp écrivit à ce sujet : « Sans habilité, poursuivant son mari de ses désirs, lui écrivant vingt lettres par jour, le harassant de reproches et de souvenirs, violente et jalouse, elle représente un type assez rare, celui de la nymphomane vertueuse. » Ils sont heureux, au moins au début. Le duc et la duchesse se marient en 1824. La famille Choiseul-Praslin occupe alors le château de Vaux-le-Vicomte, qui plaît beaucoup à Fanny. Elle met au monde dix enfants. Neuf survivent. Mais ces grossesses successives laissent des traces sur le corps de Fanny et le duc peu à peu se détache de son épouse, au point qu'après treize années de mariage, en 1837, le duc souhaite se séparer d'elle. Il en discute avec son père, qui lui rappelle alors que sans l'argent des Sébastiani, il est incapable d'entretenir le château de Vaux-le-Vicomte… Le duc de Choiseul-Praslin n'a donc pas le choix. Il décide de mener une vie de son propre côté, accumulant les maîtresses. Ce qui n'est pas un gage pour un homme dont le physique est peu avenant. Victor Hugo l'a ainsi dépeint : « Une vilaine bouche, et un affreux sourire contraint ; c'est un blond blafard, pâle, blême, l'air anglais. Il n'est ni gras ni maigre. Il n'y a pas de race dans ses mains qui sont grasses et laides. Il a toujours l'air d'être prêt à dire quelque chose qu'il ne dit pas. » Le résultat est immédiat pour le caractère de son épouse. Elle devient d'une jalousie maladive. Le couple vit désormais dans des lieux séparés. Le duc habite au château de Vaux-le-Vicomte, quand la duchesse vit elle rue du Faubourg-Saint-Honoré.

Le duc ne peut cependant être réduit à ses médiocres qualités physiques, ou à l'état désastreux de ses finances. La famille Choiseul-Praslin, issue de la maison de

Choiseul, s'est illustrée sous l'Ancien Régime, particulièrement sous le règne de Louis XV. Dans la décennie 1760, alors que la France traverse l'épreuve de la guerre de Sept Ans (1756-1763) qui la voit perdre son domaine colonial en Amérique, le duc de Choiseul-Praslin et son cousin le duc de Choiseul ont tour à tour les portefeuilles de secrétaire d'État à la Guerre et secrétaire d'État aux Affaires étrangères. C'est à eux que reviennent notamment la rédaction et la signature du traité de Paris, mais aussi, pour ce qui concerne particulièrement Fanny, le rachat de la Corse qui permet entre autres à Napoléon d'être français… La suite de l'histoire familiale est plus remarquable encore des développements de l'Histoire de France. Elle prend corps avec le beau-père de la duchesse.

La Révolution passée, plusieurs aristocrates font le choix d'un retour en France et s'investissent dans la vie politique française. Le beau-père de Fanny épouse les nouvelles formes d'éducation que Napoléon a mises en place. Ainsi, Charles-Félix, c'est son nom, entre à l'École polytechnique. Il ne néglige aucun réseau et devient également grand conservateur du Grand Orient de France. Napoléon Ier le fait chambellan en 1805, et comte de l'Empire cinq ans plus tard. Appelé en 1811 à la présidence du collège électoral de Seine-et-Marne, le comte de Praslin combat en 1814 sous les murs de Paris, comme chef de la 1re légion de la garde nationale de Paris. Là est toute la difficulté de la vie politique française qui avec le départ de Napoléon voit le retour des Bourbons. Pour ceux dont l'histoire doit tout à l'empereur, c'est une bérézina. Pour ceux dont les racines familiales sont enfoncées bien plus loin, la volte-face est en revanche possible. C'est ce qui se produit dans le cas des Choiseul-Praslin. Le beau-père de Fanny accueille avec faveur la première Restauration. Le zèle le pousse même à proposer une souscription pour le rétablissement de la statue d'Henri IV sur le Pont-Neuf… Et ainsi, le 4 juin 1814, il est admis à la Chambre des pairs. Napoléon, au retour de l'île d'Elbe, ne lui en tient pas rigueur et choisit de le conserver. Par la suite, Charles Felix de Choiseul-Praslin traverse avec une certaine grâce toutes les crises politiques. Mais traverser autant de crises coûte très cher. Et le château de Vaux entré dans la famille en 1764 et conservé depuis n'est certainement pas pour rien dans le piteux état des finances familiales.

Les affaires de la monarchie de Juillet

Pour le pouvoir en place, ce meurtre tombe mal. Car, en cet été 1847, le Tout-Paris ne parle que de l'affaire Teste-Despans-Cubières, ces deux ministres plongés dans une corruption financière. Le général Teste a acheté 159 000 parts – soit 7 % du capital – des « concessions de Gouhenans », société qui a obtenu l'autorisation d'exploiter des gisements de houille à Gouhenans et dans les communes voisines. Or, alors qu'elles fouillent les terrains houillers, les concessions de Gouhenans découvrent un gisement de sel gemme. Le sel est alors un bien recherché car il permet la conservation de maints aliments. Aussitôt donc, la société en demande la concession. Mais celle-ci lui est refusée. Faisant fi de ce refus, elle en entreprend l'extraction et la commercialisation. L'un des associés, Parmentier, est poursuivi en correctionnelle et condamné à 500 francs d'amende tandis que la saline est fermée le 5 février 1835. L'affaire aurait pu en rester là. Mais six ans plus tard, le 24 avril 1841, la société présente une nouvelle demande de concession. Cette fois, le général Despans-Cubières se propose pour obtenir – contre rémunération personnelle – l'autorisation demandée du ministre des Travaux publics, Jean-Baptiste Teste. Dans une lettre à l'un de ses associés, écrite en 1842, il indique : « Il n'y a pas à hésiter sur les moyens de nous créer un appui intéressé dans le sein même du conseil [des ministres]. J'ai le moyen d'arriver jusqu'à cet appui, c'est à vous d'aviser aux moyens de l'intéresser [...] N'oubliez pas que le gouvernement est dans des mains avides et corrompues. » Teste accepte alors de la société un pot-de-vin de 94 000 francs !

En mai 1847, le procès oppose les associés de la compagnie minière devant le tribunal civil de la Seine. Le directeur de la compagnie, Parmentier, produit pour sa défense les diverses pièces de correspondance émanant du général Despans-Cubières qui évoquent le pot-de-vin… Le scandale est retentissant. Le roi décide d'évoquer le procès devant la Chambre des pairs. C'est ainsi que le 8 juillet 1847, Teste, Despans-Cubières, Parmentier comparaissent devant la haute juridiction. Ils sont inculpés avec un troisième homme de corruption. Une semaine plus tard, le 17 juillet, le général Despans-Cubières est condamné à la dégradation civique ainsi qu'à 10 000 francs d'amende. Teste, quant à lui, a tenté de se suicider à la prison du Luxembourg, prison qu'il avait fait construire lui-même. Mais la tentative en demeure là.

Le duc et sa maîtresse

La police est toujours en train de poursuivre les interrogatoires. Elle découvre peu à peu la personnalité du mari de la défunte victime. Les domestiques racontent, les uns après les autres, le désarroi de la duchesse devant la dernière maîtresse en titre de son époux, qui n'est autre que la gouvernante de ses filles. La femme de chambre déclare ainsi dans sa déposition que Mlle Deluzy « s'est aliéné » le cœur du duc et même de ses enfants, comme le note le procès-verbal d'audition. L'affaire déplaît tant que le beau-père a exigé le renvoi de la gouvernante, ce qui a eu comme effet immédiat de surseoir au déjeuner en compagnie des époux Choiseul-Praslin et des enfants. Les enquêteurs s'intéressent alors à l'emploi du temps de la journée du crime. Ce mardi 17 août, la famille est à Vaux. Elle revient alors sur Paris, mais scindée en deux. La duchesse prend le train à Corbeil la première, puis suivent les enfants et le duc. Elle arrive à l'hôtel vers 21 heures 30. Sur le chemin, elle a hésité à s'arrêter dans une pâtisserie, et le soir soupe d'un morceau de pain, et d'une demi-bouteille de sirop d'orgeat. Elle se couche et recommande à sa femme de chambre de la réveiller à 6 heures du matin.

Les enquêteurs s'intéressent alors à Henriette Deluzy, gouvernante des enfants. La gouvernante a 34 ans lorsque l'affaire éclate, mais elle paraît bien plus jeune selon les descriptions de l'époque. C'est une femme mince aux yeux clairs, bref une beauté très classique selon l'époque. C'est une enfant illégitime. Son père, le baron Desportes, fait parvenir chaque année la somme de 3000 francs à sa mère. Elle commence par peindre. Sa mère décède durant l'épidémie de choléra de 1832. Elle souhaite devenir institutrice et commence à gagner sa vie en tant que gouvernante à Londres de la fille unique de Sir Thomas Hislop. Ce n'est qu'en 1841 qu'elle entre au service des Pralins. Ses appointements sont de 2000 francs annuels, elle est logée, nourrie et doit s'occuper des enfants. Rapidement cependant, elle est secondée dans sa tâche par une autre gouvernante. L'agencement demeure boiteux. Une partie des enfants est placée chez les sœurs, et les garçons en pension. La gouvernante n'a dès lors la charge que des trois aînées.

La duchesse ne s'intéresse que peu au sort de ses enfants, et leur éducation est source de contentieux entre les époux. La personnalité et l'attitude de la gouvernante dans la maison sont quant à elles à l'origine de racontars dans le Tout-Paris. Certes, les qualités de pédagogie et les compétences sont indéniables. La gouvernante est appréciée des enfants. Afin de les rapprocher de leur mère, elle insiste par exemple pour qu'un déjeuner soit pris en commun. Mais dans le même temps, elle semble oublier sa condition de domestique. Ainsi, elle se fait servir en premier, quand ce sont les enfants qui devraient avoir la primeur. Son caractère devient arrogant. La duchesse, qui a conservé une habitude épistolaire fournie avec son mari, lui écrit : « Réagissez, écoutez votre femme qui vous aime. Mlle Deluzy règne sans partage. On n'a jamais vu une position de gouvernante aussi scandaleuse. » Ce qui ne provoque guère de réaction chez le duc de Choiseul-Praslin. La bonne société jase. Le général Sébastiani intervient ainsi auprès de son gendre. La gouvernante doit être renvoyée. L'entrevue est longue, à cela plusieurs hypothèses peuvent être formulées qui tiennent à l'argent, et au nom. Le nom des Choiseul-Praslin vaut plus que celui des Sébastiani. Le duc a le sang bleu, ce que ne possède pas sa belle-famille. Le duc refuse de renvoyer la gouvernante.

Sébastiani a alors recours à d'autres intervenants. Les deux fils du roi, en personne, parlent au nom de la monarchie de Juillet. Mais ils n'ont pas plus de succès. De son côté, l'épouse organise elle aussi la contre-attaque. Celle-ci sera religieuse. C'est à son confesseur que revient le soin de ramener son époux à plus de raison. Mais rien n'y fait. Il ne demeure alors qu'une seule alternative, l'argent. Le notaire du couple, Me Riant, prie le duc de choisir entre Henriette Deluzy et son épouse. Faute de choix, l'argent des Sébastiani cessera de subvenir aux lourdes dépenses du château de Vaux-le-Vicomte. Pris à la gorge, Choiseul-Praslin n'a alors d'autres choix que de renvoyer l'institutrice. Dans l'escalade des arguments, il est alors intéressant de noter que l'argent n'intervient qu'en dernière limite, et qu'au contraire les bonnes mœurs, l'éducation et la religion sont les premiers ressorts employés. La gouvernante renvoyée s'installe à Paris. Elle poursuit sa correspondance avec le duc. Celle-ci n'est pas exempte de reproches. Elle lui annonce aussi qu'elle quittera bientôt la France. Elle repartira en effet en Angleterre. Mais ce n'est pas tout, elle lui affirme aussi qu'elle est sur le point de se marier. Rien ne permet de justifier cette affirmation. Elle atteint la cible au cœur. Au mois d'août 1847, le duc de Choiseul rejoint Henriette et devient son amant.

Un homme fou amoureux et désespéré

Les enquêteurs qui sont sur place se rendent vite compte des relations exécrables qui règnent dans la maison.

La Gazette des Tribunaux dans son édition du 18 août 1847 relate :

> « L'attitude du duc pendant ces pénibles constatations présentaient, à ce que l'on rapporte, un singulier contraste avec ce qu'elle était d'ordinaire. Petit de taille, nerveux, énergique, fier et d'une extrême irascibilité, il n'avait pu jusqu'alors supporter une contradiction et aurait regardé une question comme une offense ; maintenant il se montrait abattu, atterré et ne trouvant pas une parole pour protester contre l'horrible soupçon qui semblait planer sur lui… […] il est, depuis le moment où le crime a été découvert, gardé à vue dans sa chambre à coucher même et d'après les recommandations du Préfet de Police, le Chef du Service de Sûreté ne l'a pas quitté d'un instant. »

Il porte sur lui de nombreuses plaies et est profondément malade. Il ne cesse de vomir. Or les vomissements en ces années de choléra sont particulièrement dangereux. Le remède est alors de maintenir le corps au chaud. Le duc prend donc un bain, remède classique pour se réchauffer, dont on le sort à grand-peine tant il est faible. À peine assis, une diarrhée le prend et il souille un fauteuil que l'on sort dans le jardin pour en éloigner la puanteur. *La Gazette* note encore que le chancelier Pasquier, venu dans la soirée, ne sait comment procéder. Il ne fait aucun doute que l'auteur du crime est le mari. Mais ce n'est que trois jours plus tard, dans son édition du 20 août, que *Le National* reprend la rumeur selon laquelle l'assassin de la duchesse n'est autre que le duc. Le chancelier Pasquier cette fois convoque la Chambre des pairs et lance un mandat de dépôt. Face aux questions, le duc reste muet. Il ignore où se trouverait l'arme. C'est un élément bien fâcheux. Un réquisitoire signé du procureur du roi est signifié dans l'après-midi à M. Richer, entrepreneur de vidanges. *La Gazette des tribunaux* rapporte ainsi : « Hier au soir, entre 9 et 10 heures, six voitures de cette maison, portant les numéros 118, 119, 120, 121, 122, 123, sont arrivées à l'hôtel Sébastiani pour vider les fosses d'aisances, travail qui a eu lieu la nuit et seau par seau afin que l'arme ne pût échapper aux recherches. L'arme a été retrouvée, c'est un couteau de chasse, dit-on, appartenant au duc. »

Le duc se trouve alors toujours à son domicile. Il faut le transférer à la prison du Luxembourg. Afin d'éviter toute émeute, ce transfert a lieu de nuit, à 4 heures du matin. Un huissier, porteur du mandat du chancelier, se présente à l'hôtel. Il est accompagné du Dr Andral. Le duc prend place dans la voiture, en compagnie du chef de la police municipale délégué, du Dr Andral et enfin du valet de chambre du duc. Toujours dans le but de prévenir les émeutes, des agents sont disposés le long du parcours. Il faut une heure pour effectuer ce trajet, ce qui est somme toute assez long. À son arrivée à la prison du Luxembourg, le duc est enfermé dans la cellule même qu'avaient occupée les deux protagonistes de l'affaire Teste. À nouveau on lui demande s'il a oui ou non commis le meurtre. Ce à quoi il répond : « Il faudrait une force d'esprit que je n'ai pas pour y répondre. »

Un suicide bien préparé

La difficulté principale avec le duc de Choiseul-Praslin demeure son état de santé. Chez lui, il passait son temps à vomir. En prison, son état n'est pas meilleur. Au point que dès le 22 août, les journaux posent ouvertement la question : pourquoi le duc de Choiseul-Praslin est-il dans un si piteux état ? Les hypothèses sont alors l'utilisation d'un poison et donc celle d'un meurtre. Car dans la société qui est celle du milieu du XIXe siècle, le suicide est un acte grave, réprouvé par l'Église. Le duc ne peut s'être empoisonné volontairement. On retrouve une fiole dans une poche de sa robe de chambre. L'analyse révèle un mélange d'arsenic avec du laudanum. On analyse encore les restes de la diarrhée du duc sur le siège. Le résultat est identique.

Le duc est alors interrogé. Il aurait pris ce poison dans l'après-midi qui a suivi le crime, vers les 16 heures. Pour les médecins, il n'y a plus grand-chose à faire. Le duc, de forte constitution, résiste. Le lundi 23 août, il est toujours en vie. Son agonie passionne le public. D'autres rumeurs se propagent. Les souffrances auraient obligé le duc à manger son pouce ! Le mardi 24 août, vers 16 heures 30, il s'éteint, muni des derniers sacrements. E. Duchatel en informe le roi Louis-Philippe par ces termes : « Le 24 août 1847 (7 heures du soir). — Sire, M. de Praslin est mort ce soir à 4 h 32 min ; quelques instants avant sa mort, le chancelier est venu dans sa chambre avec le curé de Saint-Jacques-du-Haut-Pas. Nous prenons toutes les précautions pour qu'il n'y ait pas d'agitation dans la population. Je supplie le roi de daigner agréer l'hommage de mon profond respect. » Il est inhumé dans la clandestinité au cimetière du Montparnasse, dans la nuit du 26 au 27 août. Le cercueil est recouvert d'une plaque de plomb portant le numéro 1054. La veille, la duchesse a été elle aussi inhumée dans un caveau de l'église de la Madeleine, sa paroisse. Le scandale en restera-t-il là ?

Un procès se tient sans coupable

Le 25 août, *Le National* écrit dans ses colonnes : « Un crime commis dans les plus hautes classes de la société est presque toujours un malheur public ; il affaiblit la confiance de la nation dans ceux qui marchent à sa tête ; il fournit aux coupables pauvres et obscurs une dangereuse excuse, il fait calomnier la Civilisation et les Lumières. La réparation et l'expiation ne sauraient donc être ni trop complètes ni trop publiques. » De même concernant le suicide du duc, le journal indique : « De suicide il n'y en a point ; nous n'en pouvons pas dire autant de l'assassinat, qui n'est que trop certain. Oui, une femme, mère de neuf enfants, a été surprise dans la nuit, frappée, meurtrie, hachée [...] Oui, l'on a soupçonné son mari d'avoir voulu employer un lacet pour l'étrangler, de s'être servi ensuite d'un poignard et d'un pistolet ; on l'a soupçonné avec quelques preuves apparentes, nous en convenons ; mais il était duc, il était pair, il était chevalier d'honneur, et ces soupçons ont ébranlé, brisé son système nerveux, l'indignation et la douleur l'ont sidérisé ; il est mort dans sa prison, mort avant que la justice compétente ait pu rien éclaircir. Que reste-t-il donc ? Un crime infernal ; et à côté du crime, le doute légal sur son auteur ; et dans le doute, l'innocence ! L'innocence de M. le duc de Praslin. » Le raisonnement porte loin. C'est selon cet angle que l'on peut rapprocher les paroles de Guizot, et la réponse de sa maîtresse : « Pour sa famille, c'est certainement beaucoup mieux. Et peut-être aussi pour le public. La prolongation de ce spectacle hideux ne vaut rien. » La presse se déchaîne contre le régime. Le quotidien *Le Siècle* titre par exemple : « S'il avait été question d'un ouvrier, d'un paysan ou d'un simple bourgeois, on aurait pris des mesures pour empêcher l'assassin d'échapper par le suicide à la vindicte publique. »

C'est sous le coup de cette agitation que la Chambre des pairs choisit d'ouvrir un procès posthume. Les pièces à conviction sont réunies. On compte parmi elles : un bonnet de femme, des mouchoirs, des taies d'oreiller, une chemise encore noire et raide de sang, une pantoufle turque maculée, le cordon de sonnette, les serviettes salies de taches évocatrices. Voici encore le yatagan, le couteau de chasse, les fioles de poison, les boîtes de poudre arsénieuse. Le 30 août 1847, au cours d'une séance burlesque, la chambre reconnaît la culpabilité du duc de Choiseul-Praslin. Mais, comme le coupable est décédé, le président de la chambre déclare l'action publique éteinte...

Le sort qui attend son ancienne maîtresse Henriette Deluzy est tout autre. Elle est emprisonnée et très longuement interrogée. Dans une lettre à sa correspondante Lady Melgund, elle déclare :

> « Madame, car je n'ose plus vous nommer Nina ! C'est du fond de ma prison que je vous écris, c'est sous le poids d'une douleur si grande qu'il n'est point de mots pour l'exprimer. Aujourd'hui, après trois semaines d'affreuses incertitudes, j'ai appris la fin de l'horrible catastrophe du 18 août. On m'a dit la mort de M. de Praslin... On m'a dit qu'on me croyait sa complice dans un crime que je ne croirai jamais qu'il a prémédité. Le juge, bon et compatissant, m'a donné votre lettre dans le moment où ces terribles

paroles me frappaient au cœur. Je vous dois la raison. Votre lettre m'a fait pleurer… Soyez bénie, soyez bénie mille fois dans vos enfants, dans tout ce que vous aimez. Ah ! Que vous avez payé avec usure les soins que je vous ai donnés. Vous êtes venue à moi quand le ciel et la terre semblaient m'abandonner, Dieu vous récompensera de cette pensée généreuse et moi je mourrai en vous bénissant… À vous, je ne dirai pas même que je suis innocente ; vous savez bien que je ne puis être coupable. La justice des hommes se trompe quelquefois. J'attends cependant son arrêt avec confiance… ils peuvent interroger ma vie jour par jour ; ils le feront, et de leur terrible accusation, il ne restera que la honte de l'avoir encourue, honte indélébile, ineffaçable, qui me tuera. Vous dire cette triste tragédie dans toutes ses phrases, je ne le puis. Ils sont orphelins, ces enfants que j'aimais plus que moi-même, et celui qui fut pour moi un ami plus qu'un maître, celui duquel je n'ai reçu pendant six ans que des preuves de bonté et d'affection, celui qui ne m'a jamais dit une parole dure, qui adoucissait sans cesse ce que ma position avait de pénible… Il est mort, mort dans une prison, la conscience bourrelée et ils disent tous que j'ai provoqué l'affreuse démence qui l'a conduit à cette déplorable mort. Qu'il l'ait préméditée, ne le croyez jamais. C'était le meilleur, le plus excellent des hommes. Il est devenu fou. Oh ! si vous saviez ce qu'était cet intérieur ! Au milieu de cet enfer, chacun perdait la raison. Mais l'adultère, le meurtre comploté dans l'ombre, exécuté de sang-froid, horreur ! C'était impossible. »

Les journaux commentent alors le changement visible que l'emprisonnement à la Conciergerie de Paris produit sur l'ancienne maîtresse : « Sa taille a perdu l'élégance et la souplesse de la jeunesse. Son teint pâle et mat indique la fatigue. » Le 27 septembre, elle est appelée de nouveau à l'instruction. On l'interroge sur ses correspondances. Le 4 novembre, nouvel interrogatoire. Aucune preuve de complicité n'apparaît. Le régime craint également que le dossier ne passe des mains des avocats à celles des journalistes. Finalement, le 12 novembre, le procureur du roi Boucly conclut qu'il n'y a pas lieu de poursuivre. Ainsi, le 17 novembre, en Chambre de conseil, l'arrêt de non-lieu est prononcé. Henriette Deluzy est remise en liberté après deux mois d'emprisonnement. Dans les années qui suivent, l'ancienne maîtresse s'installe aux États-Unis où elle épouse un pasteur.

Cette affaire n'aurait pu être qu'un épisode du désordre d'un ménage si elle n'avait impliqué les personnalités du régime de Louis-Philippe, le premier « roi des Français », dans un contexte particulièrement tendu. Lorsque Guizot, ministre des Affaires étrangères, mais véritable chef du gouvernement, livre ses réflexions à sa maîtresse, on mesure bien comment un scandale banal reflétait les lacunes d'une société. Dans un climat de tension politique, les opposants au régime se font plus nombreux. L'opposition organise une campagne de « banquets » : soixante-dix banquets se tiennent à

Paris et dans les grandes villes. Elle y prône une réforme électorale. Un banquet réclamant le suffrage universel est même préparé ! Ce qui ne peut que provoquer la réaction du ministère, par une interdiction de tenue prévue le 22 février 1848 à Paris. Ce sera là le point de départ de la troisième révolution française, celle qui verra l'apparition de la Seconde République avec le retour des Bonaparte au pouvoir…

L'Hercule du crime

Le jeudi 14 juin 1787, sous un joyeux soleil matinal, le peuple de Genève s'assemble bruyamment autour de la potence. Le gibet se dresse hors de la cité fortifiée devant la porte de Neuve, celle qui ouvre à l'ouest vers le royaume de Piémont-Sardaigne. Un peu avant 10 heures, un cortège de militaires qui encadre trois magistrats, des pasteurs et le père Édouard, un capucin du couvent de Gex, fend la foule bigarrée. La cohorte converge vers le lieu atroce en compagnie d'un homme à la mine altière. Ses mains sont liées dans le dos. Le silence succède au tumulte.

Mourir sur l'échafaud

Pour la dix-huitième fois depuis 1754, un justiciable est exécuté publiquement par le bourreau revêtu de la livrée de la République protestante. Son nom ? François Rosay, dit « l'Hercule du crime », alias Daniel Labotte. Né près d'Évian, âgé de 22 ans, mesurant six pieds de l'époque (soit 1,95 mètre), il est tailleur et cordonnier de son état. Son crime ? Voleur récidiviste, déserteur, bandit de grand chemin et assassin ! Le dossier François Rosay est archivé sous la cote « P.C. série I-15 312, 15 313 » dans le bâtiment des archives d'État qui conservent

20 000 procès criminels et informations judiciaires instruits entre 1396 et 1817, titré « Vols, violences, assassinats ». Une enveloppe de fort papier blanc le protège de la lumière. Ce dossier court du 10 novembre 1786 au 18 juin 1787. Cette énorme procédure révèle un singulier fait-divers criminel conclu par la dernière exécution capitale infligée à un justiciable sous l'Ancien Régime dans la République protestante de Genève… Mais qui était donc François Rosay ?

Selon deux signalements et plusieurs témoignages, c'est un garçon « séduisant », « bien fait », « joli grivois, mince de corps, un peu noir, beaux yeux, très leste, le cheveu et les sourcils noirs, les yeux ambres, une cicatrice transversale sur la pommette droite, beau visage ». Son caractère est aguerri, sa rébellion permanente, son verbe incisif, sa force musculaire effrayante. Pour un notaire qui témoigne contre lui, Rosay a l'allure suspecte du mauvais sujet « né pour la corde » !

L'Hercule du crime est arrêté à Genève le 6 novembre 1786, puis condamné le 12 juin 1787 au terme d'une homérique instruction judiciaire : 58 témoins (artisans, cabaretiers, commerçants, marchands, notables, paysans, soldats) déposent. Condamné à mort, son recours en grâce rejeté, il est tiré de la prison de l'Évêché qui domine la cité. Ayant dicté à un greffier un très long *Testament de mort* de vingt-sept pages manuscrites – ultimes confessions aux pasteurs et à son confesseur catholique le père Édouard – le condamné est remis par le lieutenant de police à l'exécuteur de la haute justice. Selon l'usage, il est « pendu et étranglé jusqu'à ce que mort s'ensuive et ainsi finit ses jours pour servir d'exemple. »

Face au couchant et à la foule recueillie, le bourreau gravit à reculons l'échelle du gibet. Avec des cordes, il y hisse brutalement le condamné abasourdi. La corde est liée au bras de la potence. L'exécuteur passe le nœud coulant au cou du « patient ». D'un coup de genou, il le précipite dans le vide. S'agrippant des deux mains au bras de la potence, le bourreau enserre avec ses jambes le cou du patient pour l'énuquer. Sa mort conclut le corps-à-corps sur l'échafaud. Au nom de Dieu et de la République, justice est faite ! La troupe rompt les rangs. Les magistrats se retirent gravement. Les prêtres, affligés, s'éloignent en catimini dans une berline sombre. L'assistance édifiée s'égaille. Les hommes gagnent les cabarets. Le bourreau dépend le cadavre qui s'affaisse sous les bois de justice, et le remet aux chasse-gueux. Les valets de ville l'inhument au cimetière dans le coin infâme des suicidés.

François Rosay n'avait que 22 ans. Il a mené la vie d'un « brigand dans toute l'étendue du terme ». Son existence est « plus remplie d'événements que ne le serait celle d'un scélérat qui aurait vieilli dans le crime », selon le procureur général Pierre-François André Naville. Originaire du Chablais en Savoie, François Rosay naît le 21 janvier 1766 dans une famille catholique à Chabossan. Ce petit hameau de la paroisse de Lugrin s'étend à trois kilomètres à l'est d'Évian, sur la côte qui domine le Léman. La région escarpée n'offre que peu de terrains labourables aux habitants, obligés de s'approvisionner en grain aux marchés d'Évian ou de Thonon. La misérable communauté rurale subsiste grâce au commerce routier et lacustre avec Genève et le pays de Vaud. À la vente du bois s'ajoute celle des produits lacustres, maraîchers ou forestiers comme les cerises ou les châtaignes. La population augmente fortement en cette seconde moitié du XVIIIe siècle. Malheureusement, l'effet est de renforcer la paupérisation. Alors, la situation du bourg proche des frontières et du lac, ainsi que les politiques de taxations et les mesures d'interdictions douanières du XVIIIe siècle favorisent la contrebande que pratiquent les villageois.

Entre lac et montagnes, la famille Rosay est ainsi enracinée dans la vie fragile de l'Ancien Régime. Quatrième enfant d'une fratrie de sept, François est le fils d'un homme « pauvre, cordonnier et boiteux », métier qu'il apprend lui aussi. Dès ses jeunes années, il est réputé dans son pays comme un « mauvais sujet », un « libertin » et un révolté. Âgé d'environ 13 ans, auteur de quelques larcins, il est traqué à Évian par des habitants qui veulent le tabasser. La villageoise qui l'arrache à la vindicte publique sera plus tard sauvagement bastonnée par Rosay. Elle en reste estropiée *ad vitam*. Au procès, ses proches accablent le « vaurien ». Le marchand de bois François Maître affirme qu'il est « extrêmement craint dans notre canton comme un grand coquin ». Déjà « tout petit », il « volait des châtaignes et autres choses de ce genre et les allait vendre en Suisse pour avoir de quoi boire, son père n'ayant jamais su le ranger et lui ayant toujours donné trop de liberté ». Rosay, qui n'a « cessé de faire des bassesses et d'attraper le monde de toute manière », ne peut finir qu'en prison avec la lie du peuple !

La prison des « coquins »

Errant par monts et par vaux, vif comme l'éclair, François Rosay multiplie les larcins. Il maquille son identité pour échapper aux recherches. À la foire du Crête, tout près de Thonon, il dérobe ainsi une « caisse remplie de culottes de peau » et une grande quantité de boucles et de mouchoirs de soie qu'il fourgue au receleur Guérin, un ancien cordonnier devenu boutiquier à Hauteville par le « profit qu'il a fait avec les voleurs ». Après avoir vidé le coffre d'un marchand d'Évian pour le même patron, il tombe une première fois en mai 1783. Traqué et saisi par la maréchaussée sarde, il est condamné à trois mois de détention disciplinaire par le tribunal de Thonon. Antre insalubre de la perdition et de la promiscuité, la prison nauséabonde endurcit le chenapan dans la récidive. Selon son *Testament de mort*, la première de ses cinq incarcérations forge son destin. Dans cette véritable cour des miracles, il y fréquente le gotha des « grands voleurs ». Ils se nomment Duvillard, Michel Morassel du Chablais. Anciens galériens, gibiers de potence, déserteurs récidivistes, filous marqués au fer rouge, marauds, mendiants professionnels, le plus étonnant est que les détenus agissent pour le compte du geôlier nommé Benoît ! Sous le couvert de sa fonction carcérale, avec la complicité de sa femme Marguerite, il est un vrai entrepreneur de la petite criminalité organisée. Chaque nuit, Benoît libère les détenus équipés de sacs, de haches et autres outils pour fracturer les portes…

François Rosay participe ainsi à huit expéditions nocturnes. Sur la côte du Chablais à l'est de Thonon, les filous pillent un pêcheur du bourg de Meillerie en emportant un brochet de vingt livres, des carpes et des féras. À Saint-Paul-sur-Évian, ils forcent et vident un grenier. Fromages, beurre, blé, barriques d'eau de vie de cerise, chaudière de cuivre, farine, juments, chaussures, tout y passe. Le butin résulte des agressions individuelles et des cambriolages dont le geôlier de Thonon repère souvent les lieux ! À l'aube, la cohorte regagne la prison pour partager le butin que Benoît accapare en grande partie. Il le fourgue chez des receleurs du Chablais et de Savoie, notamment le vieux Piccard de Douvaine, grand falsificateur de certificat de mendicité, l'aubergiste rue de la Visitation à Thonon, ceux du *Cerf* et du *Coq d'Inde* à Carouge, une fripière de Genève, ainsi que le tenancier italien de la tuilière de Vessy, habile à dépecer les chevaux volés.

Que devient François parmi eux ? Libéré pour avoir balancé Guérin d'Hauteville, le jeune malandrin regagne le foyer familial, où il affronte la colère paternelle. Son expérience carcérale l'a endurci dans le crime : « Si lorsque je fus mis dans ces prisons, l'on m'avait puni avec sévérité, peut-être me serais-je corrigé. Mais les crimes auxquels le séjour que j'y fis m'entraîna et la vie dissolue que nous y menions me corrompirent davantage encore. Et je finis par ne plus craindre les prisons et par croire que toutes ressemblaient à celles où j'étais. » En 1784, il dérobe l'argent de son voisin Pierre Levray, puis vide le coffre de son oncle Jean, ce qui oblige le père Rosay à lui céder en réparation un arpent de terre cultivable (70 m^2 au royaume de Savoie !). Pour tenter de redresser le fils indigne, le père l'envoie avec un de ses frères au régiment de Savoie basé en Piémont. La discipline spartiate, le drill militaire et l'encasernement rigoureux devraient amender le jeune gueux, tout en améliorant sa misérable condition de paysan. Mais révolté contre le joug régimentaire et les châtiments répétés, à peine formé à la maîtrise des armes à feu, Rosay déserte en pleine nuit. Avec la maréchaussée aux trousses, dormant à la belle étoile, volant les paysans, « courant et vagabondant » sur les grands chemins et les sentiers de traverse, traînant de villes en villages, précédé de sa « mauvaise réputation », l'insoumis revient de Turin au pays du Chablais. Rebelle précarisé, le fugitif joue la carte de l'oubli en devenant à contrecœur coupeur et porteur de bois tout autour d'Évian. Fin décembre 1784, la misère le plonge dans la mendicité que réprime la police au nom de l'ordre public et de la guerre contre l'oisiveté.

Foulant la poussière des routes, couvert de guenilles, fréquentant les cabarets et les auberges, dormant dans les bois, dans les granges ou chez un maître d'école charitable – qu'il cambriole – François Rosay vivote. À la mendicité agressive, il ajoute le maraudage, le vol à l'étalage, voire des activités de rempailleur et de brefs travaux saisonniers dans les champs et les vignes du littoral lémanique. Ce désœuvrement le rapproche des contrebandiers, des « filous » et des « voleurs d'habitude ». Il s'agrège bientôt à des gens sans aveu qui fourmillent près de Genève. L'armée de l'ombre est attirée comme des mouches sur l'étal du boucher par les richesses marchandes et manufacturières de la patrie prospère de Rousseau. Ce milieu louche fascine le jeune nomade social qui n'a pas de chance. Début 1785, il est arrêté à Genève pour mendicité. Emprisonné quelques heures, il est « visité » et « mesuré » selon l'usage genevois par le chirurgien des prisons. Tancé par les magistrats, le bandit juvénile est relâché avant d'être expulsé *manu militari* hors de la ville par les chasse-gueux.

Entre mendicité, chapardages et larcins, François Rosay le désœuvré hante les auberges, les tavernes et les tripots du Chablais et du pays genevois. Habillé en bourgeois ou en gueux, il y fraie avec les tenanciers, les servantes, les domestiques et les valets. Sa stature, son verbe fort et sa belle gueule attirent les catins et les libertines. Souvent, elles le font monter en riant dans leur soupente. Riche un jour, Rosay offre des rubans à ses belles amoureuses et du vin au peuple des buveurs. Pauvre le lendemain, il houspille celles et ceux qui le rejettent. Au gré de nombreuses rixes de cabarets, où volent chaises, tables et ustensiles, sa violence hargneuse explose dans les rites et les défis de l'honneur masculin. Parfois, il défenestre ou cogne sans raison à coups de bâton un buveur qui lui déplaît, le nargue ou le provoque. Lors d'une fête villageoise dans la première quinzaine d'octobre 1786, Rosay excédé brise le violon d'un musicien qui le contrarie. La passion du jeu et l'ivresse du vin multiplient les bagarres. Adonné au jeu d'argent lorsqu'il en a, mais mauvais perdant devant les revers de la fortune, il peut briser le nez à coups de bouteille de ses partenaires aux cartes, voire les menacer d'un pistolet. Durant son procès, les témoins qui l'accablent évoquent à l'unisson la colère atavique et la débauche répétée du « rôdeur, mendiant et déguenillé ».

La horde sauvage du capitaine d'Orléans terrorise les habitants

François Rosay se rapproche des filières et des réseaux du « tapis franc », des débits de boisson où trament les voleurs. Haut en couleur et fort en gueule, ce milieu est constitué de coupe-gorges, de cabarets sordides, de bouchons abjects et d'auberges mal famées. Parfois truands, souvent indicateurs, toujours véreux, les tenanciers infâmes hébergent la canaille acoquinée avec le crime – aventuriers revenus d'Italie ou d'Espagne, corsaires vieillis, bandits fugitifs, criminels « signalés », déserteurs traqués, galériens marqués au fer rouge, gibiers de potence, mendiants estropiés, vagabonds hagards, voleurs habiles. Les aubergistes peu regardants violent les ordonnances de police sur les individus louches. Tantôt protecteurs, parfois maîtres chanteurs, souvent entrepreneurs du crime, les taverniers indélicats recèlent le butin qui leur est confié contre une copieuse commission. Ils en dénaturent l'origine en le confiant aux boutiquiers frauduleux qui le blanchissent en le revendant ou en l'exportant via les réseaux rhônalpins et lémaniques du crime organisé. Dans un village près de Genève, Rosay utilise l'aubergiste François Serre comme un habile receleur pour écouler le butin des effractions nocturnes – indiennes de coton, soit tissus peints et imprimés, mobilier, outils, pièces de cuir, roues de fromage, vaisselle, vêtements.

Attiré par le gain facile, François Rosay rejoint bientôt une bande de voleurs et de filous professionnels. La troupe fluctuante – arrestations, départs, morts, recrutements – se compose de gredins fiévreux qui vident leurs querelles l'arme à la main. La « racaille » y accueille volontiers le vaurien : bandits de grand chemin, billonneurs des monnaies du roi, cambrioleurs, contrebandiers, faux-monnayeurs, mendiants, vagabonds et « crocheteurs ». Dans cette bande suspecte, il séduit bientôt sa future « maîtresse, la nommée Gillet ». À la fois « catin », « voleuse », « coquine très dangereuse », sa réputation d'évadée de maison de correction est conforme à ses mœurs dépravées selon son *Testament de mort*. Ayant découvert qu'elle fricote avec un soldat, Rosay le rosse dangereusement avant de lapider sa maîtresse infidèle…

Après avoir suivi le *bandito* piémontais Laurent Musca, la horde sauvage obéit maintenant au capitaine Orléans. Ce faux-monnayeur aurait jadis travaillé dans les ateliers des monnaies du roi à Paris. Bien campé dans ses bottes sombres, ce chef criminel rêve d'attaquer avec vingt-cinq hommes la chartreuse de Ripaille, sur le littoral lémanique au nord de Thonon. Après ce raid, « il n'aurait qu'à se reposer car il serait riche » pour le reste de ses jours. En patriarche du crime, Orléans comptabilise dans un minuscule agenda le « rôle » de sa bande hiérarchiquement organisée et composée de fameux aigrefins qui courent le pays à la recherche du grand coup. Lorrain dit « la Toccante » voleur toulousain, Joseph Fornex, « déterminé scélérat ayant commis des crimes de toutes espèces » et incendiaire récidiviste, Jean le Blondin dit « Courte-Botte », célèbre faiseur de fausses clefs, Jacquier de Lugrin, condamné aux galères pour avoir volé les cierges d'une église, Antoine Saviot, coureur de bordels et « grevé de petite vérole », Pierre Bougeon, pendu en effigie pour vol à Thonon, ou encore Joseph Antogniate, meurtrier déterminé : les sbires d'Orléans n'ont pas froid aux yeux. Ils entraînent Rosay dans leurs coups, comme le fait Bassière, spécialisé en « tournantes » (fausses clefs), cambrioleur récidiviste d'auberges.

Les scélérats et deux femmes communes à la troupe occupent un repaire souterrain dans une falaise sur les bords de la rivière l'Hermance. L'endroit est situé entre les bois de Jussy et le coteau de Boisy tapissé de vignobles, à égale distance de Genève et d'Évian. Avec une entrée basse et étroite comme un « trou de blaireau » que dissimule un buisson de chêne, longue de huit pieds et large de cinq, la cave naturelle est étayée de pieux et pavée de tuiles. Outre des paillasses faites de draps dérobés dans une ferme, elle est aménagée d'un lit de camp couvert de paille dont l'intérieur renferme le magot des bandits. Pouvant abriter jusqu'à dix-huit personnes, la tanière contient un arsenal, dont un fusil à deux coups enlevé chez un avocat de Thonon par le capitaine Orléans, des pistolets avec leur munition, des sabres militaires et une épée bourgeoise. Sous une trappe en bois, un pot de terre enterré sous le lit de camp renferme l'argent volé. À côté d'une barrique de vin et des roues de fromage escamotées chez les paysans de la région, un fourneau de fonte permet aux femmes de préparer chaque nuit les repas de la bande, notamment avec les poules chapardées dans les environs. L'eau douce provient d'une mare creusée par les bandits à côté du souterrain. Le pain quotidien est acheté le samedi soir dans les boulangeries des bourgs voisins. Tapis la journée dans leur refuge, les bandits se répandent dès le crépuscule dans la campagne environnante. Ils peuvent gagner les montagnes surplombantes pour « chercher des coups à faire ». Malheur à qui croise la horde sauvage du capitaine Orléans !

Cambriolages nocturnes de maisons isolées, vols sur le grand chemin, guet-apens de marchands itinérants, larcins sur les marchés : les bandits font feu de tout bois. Lorsque les malandrins ont besoin d'un « rossignol » pour forcer une boutique, ils le commandent à Lucifer, un serrurier savoyard qui travaille les fausses clefs, afin qu'elles s'adaptent parfaitement aux serrures. Sous la bannière du capitaine Orléans, Rosay devient, selon le procureur général, un « exilé, un voleur, un assassin, qui court le pays à main armée », parfois travesti en « bourgeois » pour tromper les victimes.

Parmi d'autres coups, François Rosay seconde l'un ou l'autre de ses compères en assaillant un contrebandier ou en dérobant le pain, le fromage et les miels dans des fermes après avoir incendié un « grand tas de bois » afin de leurrer les paysans. Épaulé d'un autre complice, il gagne la principauté prussienne et protestante de Neuchâtel. Rôdant de nuit et de jour, il y cambriole notamment le logis d'un notable en emportant par la fenêtre de la vaisselle d'argent fourguée à des receleurs jurassiens. Une autre fois, Lorrain, dit « la Toccante », premier lieutenant du capitaine Orléans, spécialiste de l'effraction nocturne qui se fait un « jeu des plus grands crimes », entraîne le jeune filou avec un troisième comparse dans le repérage du local d'un marchand de fer et agioteur de Vevey (pays de Vaud) pour y dérober des métaux précieux. Voulant d'abord creuser un tunnel sous la porte d'entrée de l'entrepôt pour atteindre le comptoir, ils se bornent à briser le mur et faire sauter avec un ciseau la porte du coffre-fort métallique encastré dans le mur avant d'emporter cent quatre écus neufs. Le butin réalisé et partagé, Rosay en retire une « grande quantité d'écus de six livres ».

La cour martiale et congé jaune pour l'Hercule du crime

Jadis, François Rosay vivait chichement de ses « friponneries ». Entraîné par la « canaille », il ne se contente plus du « pain qui lui suffisait autrefois ». Ponctuée de replis dans l'antre du crime, l'aventure criminelle avec le capitaine Orléans finit par lasser Rosay. Son individualisme bute contre le communautarisme de la bande. Voulant se faire oublier, il abandonne la horde sauvage pour gagner un régiment d'infanterie suisse du royaume de France. Entre octobre et décembre 1784, à Saintes près de Royan, il s'engage ainsi comme mercenaire. On ne peut être plus loin de ses terres natales. Insubordonné continuel, il déserte une nouvelle fois à la fin janvier 1785. Cueilli par la maréchaussée, incarcéré avec des filous à Limoges, le déserteur est ramené *manu militari* devant son capitaine pour être détenu à la caserne. La cour martiale l'attend. Il est « passé par les verges », puis congédié avec le « congé jaune » d'infamie qui le déclare indigne de servir le roi. Flétri par la justice militaire, Rosay vagabonde jusqu'au printemps 1785 dans la région saintongeoise. Il gagne Cognac, Bordeaux et Rochefort, pour y voir le bagne inauguré en 1777. Ayant échangé son uniforme contre les vêtements bourgeois d'un civil qu'il dupe au cabaret, Rosay revient fin mai en Chablais par la route ordinaire des colporteurs auvergnats (Saintes, Cognac, Angoulême, Limoges,

Aubusson, Thiers, Roanne, La Guillotière, Nantua et Genève). Ce nouveau passage au régiment que boucle le congé jaune d'infamie militaire accentue la marginalité de Rosay qui glisse lentement sur la pente de l'échafaud.

« Signalé » en Savoie pour ses méfaits, déserteur incapable de signer un nouvel engagement militaire, François Rosay mène alors la « vie d'un brigand » fugitif que hante la peur de l'arrestation. Durant sa dernière année de liberté, le filet pénal se resserre. En septembre 1785, il est interpellé à Genève pour mendicité avec violence. Relâché, il continue de rôder en voleur désœuvré. Début avril 1786, il retourne à Lugrin. Son père en est accablé. Il espérait qu'il se « serait engagé pour la Russie ou la Hollande, et qu'il s'en était allé pour longtemps fort loin, disant "Dieu soit loué !" ». Le 16 avril, jour de Pâques, sur la grande route allant de Thonon à Évian, celle que la maréchaussée doit sécuriser, armé d'un lourd bâton, il agresse le jardinier Benoit Boutron. En cognant son crâne qu'il fend, il veut lui « arracher la vie ». Suite à la plainte de la victime restée sur le carreau, la maréchaussée opère le 18 avril une descente armée chez le logeur de Rosay. Avisé à temps, il prend la poudre d'escampette et gagne Vevey en obligeant un batelier à traverser le lac Léman. Le 5 juin, lundi de Pentecôte, il agresse un employé des gabelles à Pressy près de Genève, mais prend ses jambes à son coup à l'arrivée de trois hommes venus l'intercepter. Il traîne alors dépenaillé sur les routes « tantôt avec des hommes, tantôt avec des femelles ».

Après un nouveau vol nocturne de toiles d'indiennes à Genève dans la nuit du 17 au 18 juin, François Rosay joue la fille de l'air. Sous le pseudonyme de Claude Gaillard, il s'engage à nouveau le 21 juin à Carouge pour trois ans comme mercenaire afin de rejoindre un régiment piémontais encaserné à Chambéry. Comme il déserte très rapidement deux semaines plus tard, il « n'a point donné le temps à le bien connaître ». Revenu à Genève après cette troisième et ultime désertion, Rosay y est à nouveau saisi et détenu avec Antoine Dufournet au mois de juillet 1786. Les deux rôdeurs ont forcé nuitamment un pavillon dans le faubourg genevois, « pour y passer la nuit », disent-ils. Censurés moralement, condamnés aux « dépens de leur procès », les deux cambrioleurs sont libérés le 17 juillet et expulsés de la ville par des chasse-gueux avec « défense d'y rentrer sous peine de fouet ». Début août, à Versoix, non loin de Genève, sur la rive droite du Léman, Rosay veut refaire sa fortune et élargir son horizon en s'engageant dans la cavalerie royale. Or, le congé jaune d'infamie l'a exclu sans appel de la carrière militaire. Que lui reste-t-il comme choix ?

Sa tête est mise à prix

Craint dans son pays natal, François Rosay continue son existence de malfaiteur. Dès le crépuscule, entre grande route et chemins vicinaux, l'homme « dangereux » rapine et dévalise les passants. Un dimanche de juillet 1786, l'Hercule du crime commet une nouvelle atrocité pendant la grande messe, alors même que le « prince était à Évian ». En hurlant « bougresse, il faut que je t'en donne tant que ta fille s'en sente », il bastonne Josette Trinca. Il la laisse inconsciente dans un bain de sang à l'entrée de la ville. La vengeance se mange froide ! Jacqueline, la fille de la victime, aurait insulté jadis Josette Cessy, la maîtresse de Ragon, le lieutenant que chérit Rosay. Avec ou sans complices, il multiplie les cambriolages nocturnes, les vols et les rixes dans le Chablais et tout autour de Genève. Dans un cabaret à Lully au-dessus de Thonon, Rosay fait un « fier coup » avec un coquin nommé Sans-Regrets durant une terrible dispute avec le cabaretier et trois autres hommes. L'Hercule du crime précipite le tenancier dans le feu de la cheminée et lui plonge la tête dans le pot de soupe bouillante. Profitant de la mêlée qui suit, Sans-Regrets dérobe une brassée de toile imprimée avant de fuir avec Rosay. Ils vendent la précieuse marchandise chez une cabaretière retorse qui la dénature puis l'écoule sur le marché du recel. Et il ne s'arrête pas là. Dans la première quinzaine d'octobre 1786, il dérobe de coûteuses toiles d'indiennes dans des entrepôts et des ateliers d'artisans du textile.

Ces courses nocturnes attisent l'effroi. Nourrissant la rumeur, des paysans apeurés affirment ne « plus aller par les chemins la nuit à cause de lui ». Souvent armé d'un bâton aux multiples pointes de fer, l'Hercule du crime alarme les paroissiens qui le voient errer dans les bois avec des pistolets et un couteau de chasse. Tapi dans les ténèbres, niché dans les frondaisons, embusqué au détour d'une route ou d'un sanctuaire, le bandit recherche les mauvais coups. Sa tête est finalement mise à prix par le souverain du Piémont qui offre une prime de 60 livres pour son arrestation. En Savoie, quatre louis sont promis. Mais l'Hercule du crime reste insaisissable…

Avec un complice voleur, François Rosay règle son compte à Musca, le notoire brigand piémontais, ancien chef de la bande du capitaine Orléans. Incarcéré à Thonon, Musca est attendu le 20 octobre 1786 à sa levée d'écrou par Rosay et son compère pour partager le butin d'un vol commun. Le magot est enterré dans la clairière d'une forêt voisine à Thonon, où le 21 octobre Musca finit en renâclant par entraîner ses complices. Après avoir déterré un mouchoir enveloppant deux montres d'argent, des boucles du même métal et des espèces, Joseph réclame sa part. Musca refuse. Ils se battent. Profitant de l'inattention soudaine de Musca, Rosay le frappe brutalement à la tête avec un lourd fléau de bois. Puis il ramasse le magot. Son complice achève alors le bandit piémontais. Vers 11 heures du matin, des enfants passant sur la grande route auraient entendu des cris de détresse. Fuyant en oubliant leurs bâtons sur la scène du crime, les assassins se partagent le butin. Il s'élève à 2 000 livres, fruit du vol chez le curé de Thônex (un bourg proche de Genève). Retrouvé dans les bois par les épagneuls de trois chasseurs genevois, visité par un chirurgien de Douvaine, le cadavre de Musca est enterré au cimetière d'Hermance. Déserteur récidiviste et voleur professionnel, Rosay est maintenant devenu un tueur qui va tenter de brouiller les pistes.

Le criminel est démasqué

Désormais, l'Hercule du crime change continuellement d'accoutrements. Habit de « cotonne à grandes fleurs rouges », costume gris sale en velours avec des pantalons finement rayés, uniformes suisse et français de couleurs rouge et bleue, livrée en drap galonnée de tambour au service de Hollande, veste courte de ratine grise, tricornes flambant neufs ou galurins usés... Pour déjouer les recherches, il se métamorphose ainsi. Durant l'année précédant son arrestation à Genève, il revêt sept habits différents, dont quatre uniformes dérobés ou achetés à des déserteurs ! En novembre 1786, c'est nanti d'un manteau couleur de nuit, que Rosay prépare une troisième expédition nocturne contre la fabrique d'indiennes de Favre aux Eaux-Vives, dans la banlieue de Genève. Il passe à l'acte avec son compère Jean Fornaix, dont la laideur est notoire. Reconnus en repérant les lieux du crime, les voleurs décampent au cœur des ténèbres. Six ouvriers les pourchassent comme des bêtes. Traqués dans la nuit, les malfaiteurs bifurquent sur les chemins de traverse pour gagner le repaire du capitaine Orléans. Un magistrat genevois est informé. Après une course-poursuite à la lueur des torches vacillantes, deux ouvriers les rattrapent. Plaqué au sol, l'Hercule du crime résiste comme un taureau furieux. Sous la conduite musclée des six poursuivants, les monte-en-l'air sont remis à la garnison de la porte de Rive. Incarcérés, ils sont incriminés par un auditeur de justice. Si Jean Fournaix est vite relaxé, François Rosay est poursuivi d'abord sous le nom de Daniel Labotte.

Les magistrats enquêtent alors pour établir son identité et qualifier ses délits commis. Croisant témoignages et dépositions durant trois mois, ils identifient finalement François Rosay, alias Daniel Labotte, fils de Pierre, originaire de Saintes en Saintonge, âgé de 21 ans, tailleur de son état. Rapidement, il avoue être déserteur du régiment de Champagne, où il aurait servi durant dix-huit mois. En vérifiant les dires biographiques de Daniel Labotte alias François Rosay, l'auditeur en remarque les anomalies. L'enquête judiciaire se resserre sur les circonstances des délits antérieurs. Ayant été déjà banni de Genève sous une autre identité suite à l'effraction nocturne d'un pavillon, il est finalement reconnu par le geôlier. En outre, trois témoins savoyards mandés à Genève l'identifient à travers un miroir sans tain. Registres d'écrou et informations criminelles, l'écriture judiciaire achève de confondre le prévenu. À la fin de chaque interrogatoire, ses déclarations lui sont relues : « Répété lecture faite a persisté et n'a signé pour ne savoir de ce enquis ». Il faut tout lire à cet accusé illettré. Ponctuée de vingt-quatre interrogatoires, menés par quatre auditeurs de justice, l'instruction accumule les charges et les indices probants. Selon l'usage, des expertises et des pièces à conviction complètent le tableau des preuves à charge. Pour établir la gravité de l'agression commise sur Josette Trinca près de Thonon, deux chirurgiens assermentés en diagnostiquent les blessures invalidantes. Neuf mois après les faits, un auditeur exige une expertise supplémentaire lorsque la rescapée gagne Genève pour déposer en justice. Le rapport médico-légal des chirurgiens constate une cicatrice et les traces d'une fracture mal soignée au bras. Deux autres expertises ordonnées dans le cadre de l'assassinat de Laurent Musca étoffent le dossier judiciaire de l'Hercule du crime. Des pièces à conviction forgent l'évidence matérielle des crimes poursuivis, notamment les coupons de tissus saisis chez des receleurs genevois. S'y ajoutent les expertises d'un surin que le bandit revend au soldat genevois qui l'arrête... Les chirurgiens examinent les marques rouges du couteau sans pouvoir en déterminer la cause. Outre ce coutelas, les deux bâtons ramassés lors de la levée de cadavre de Musca permettent aux magistrats de mieux établir les circonstances matérielles du meurtre.

L'instruction criminelle dure sept mois. La torture ayant été abolie à Genève en 1738, la joute reste verbale avec François Rosay. Entre interrogatoires, répétitions des déclarations et confrontations avec les témoins, les magistrats exigent le repentir de sa vie « pénible et vagabonde ». Ils l'accusent d'avoir changé de nom et d'habit. Ils lui reprochent ses désertions militaires et son brigandage répété. Ils lui imputent la crainte qu'il inspirait armé tantôt d'un pistolet, d'un sabre, d'un bâton. Les auditeurs transforment sa biographie en accusation pénale. Ne « vivant que de vols », Rosay ne peut rien alléguer pour sa « justification ». Avouant, se rétractant, niant tout en bloc puis revenant sur ses négations tout en menaçant et insultant les témoins – « coquins ! », « misérables ! », « malheureux ! » – il braque les juges. Ceux-ci le somment de « dire la vérité » et lui intiment de rentrer en lui-même pour examiner sa conscience coupable : « Cessez donc vos mensonges avant que les preuves viennent vous accabler et n'aggravez pas votre crime en en retardant la confession, mais avouez-nous la vérité. » Noirci de toutes parts, le prévenu rusé est aussi un détenu récalcitrant qui donne du fil à retordre au geôlier.

Un prisonnier indomptable

Les magistrats qui interrogent François Rosay remarquent son « agitation naturelle ». Claquemuré dans une cellule obscure de l'Évêché durant les sept mois de l'instruction judiciaire, il n'est pas un détenu modèle. L'Hercule du crime nargue le geôlier : « Je suis fait voleur, j'ai toujours été voleur. » Habitué des geôles depuis sa première incarcération à Thonon, aucune prison ne peut freiner sa « fureur » légendaire. Entre le 2 avril et le 7 mai 1787, il tente trois fois de rompre ses fers pour s'évader. Il dit à ses gardes « être capable de tout ». Il aimerait « faire une farce avant que de mourir ». Il rêve d'ôter ses « fers en présence de ces messieurs du Conseil et leur faire peur ». Avec sa force herculéenne, il brise comme un fétu de paille ses chaînes en fer forgé. Il arrache les gonds de la porte blindée de la cellule. Il descelle en outre un des barreaux coudés de la fenêtre du cachot. Cherchant à retirer les fers « rivés sur ses pieds avec le marteau », il entreprend de démolir brique par brique l'épaisse muraille de la prison. Avec dextérité, il transforme les anneaux brisés des chaînes qui l'enserrent en crochets pour ouvrir ses menottes sans forcer la serrure. Il a ouvert « sans clef le cadenas de son fer du poignet » en parvenant à le « fausser » bien qu'il soit neuf… Il expose au geôlier comment il recouvre les « fractures de sa chaîne de manière à en faire une clef pour ouvrir son cadenas quand il ne pouvait le forcer ». Il moque les magistrats venus examiner le doublement des chaînes de contention. Chaque tentative d'évasion mène le geôlier à l'accabler de fers supplémentaires et à l'entraver avec des menottes renforcées. Invité au repentir par le geôlier, mais reconnaissant que le « jeu d'argent l'avait gâté », Rosay menace de « casser la figure à tous ceux qui ont témoigné contre lui », ajoutant « je ne conseille pas à ces messieurs de me laisser sortir, je serais alors pire que jamais. Je serais pire qu'un démon. » Pour empêcher l'évasion du brigand, la « garde extraordinaire » est finalement déployée en permanence devant son cachot.

Selon l'usage depuis les années 1730, l'instruction bouclée, le dossier judiciaire de François Rosay revient au procureur général de la République qui doit qualifier le crime et motiver la peine qu'il réclame aux membres du Petit Conseil de la République chargés de la justice pénale. Les trente-trois délits imputés à l'accusé – cinq rixes, vingt-deux vols, six « homicides » – sont comptabilisés par le procureur Naville dans un tableau raisonné. Cette table des crimes les divise en trois catégories de dangerosité dont Naville pointe l'emboîtement et la complexité selon la nature des preuves. Ces dernières sont à l'époque de trois types : testimoniales, matérielles et médico-légales. La première classe qualifie trois types de délits : « rixes et excès », « vols », « assassinats ». La deuxième subdivise chaque catégorie délictueuse selon la nature des preuves. La troisième ordonne et résume les trente-trois infractions attribuées à Rosay. Quatre colonnes précisent les circonstances des méfaits : nature, lieu, « valeur des effets volés », complicité. Une cinquième renvoie aux pièces numérotées de la procédure. La taxinomie du crime construit la biographie du bandit. Cumul des crimes, récidive, préméditation, armes, changements d'identité, multiplication des déguisements… Rosay serait, selon le procureur, un bandit professionnel. Si la procédure s'ouvre sur l'accusation de vols d'indiennes, le procès vise l'assassinat forestier de Laurent Musca, sur le limes genevois. Les magistrats genevois y consacrent pas moins de 39 pièces sur les 150 que compte la procédure ! Avant le jugement, l'accusé n'avoue pas le meurtre dont les preuves et les indices ressortent des interrogatoires. Le procureur qualifie ce méfait d'« assassinat » commis dans un bois avec préméditation, association et armes.

Monument de prudence juridique, le procureur Naville connaît bien le principe de la *lex fori* qui oblige à juger le délit dans le ressort du passage à l'acte. *De jure,* ayant commis la plupart de ses crimes hors du territoire genevois, Rosay devrait être jugé devant un tribunal du royaume de Sardaigne. Or, l'impératif sécuritaire l'emporte finalement sur la *lex fori.* Le glaive genevois peut exemplairement frapper l'Hercule du crime comme « tout autre tribunal » pour que la ville ne devienne pas un « repaire de scélérats toujours sûrs d'éviter la mort, en se permettant tout, ailleurs, pourvu que chez nous, ils ne commettent précisément que les délits qui ne sont pas capitaux ». L'empressement mis dans la procuration de compétence et dans la coopération judiciaire par les magistrats savoyards illustre leur accord tacite pour ce procès capital. Ils auraient ainsi délégué le « soin de punir pour eux, et aussi sévèrement qu'eux ». Au terme du réquisitoire motivé, Naville réclame la corde pour le jeune brigand. Il brandit le contenu du procès « compliqué de toutes les horreurs dont la nature humaine dépravée peut se rendre coupable ».

C'est avec justice que je suis mis à mort

Sous l'Ancien Régime, le criminel contrit sur l'échafaud incarne publiquement la figure du larron repentant. En acceptant la peine infligée, le condamné soumis démontre l'équité du glaive. Sa repentance édifie le peuple, elle conforte les magistrats et rassure les prêtres consolateurs qui l'accompagnent au lieu patibulaire. Au contraire, le condamné révolté meurt en larron irrécupérable.

François Rosay est notamment consolé par le pasteur Picot qu'accompagne le père Édouard. Au seuil du trépas, l'Hercule du crime est devenu un condamné « repentant autant qu'on pouvait l'attendre ». Empli d'attachement filial pour le pasteur consolateur, il ajoute : « Monsieur

Picot, je vous aime comme mon père : ah si j'étais votre domestique [...] et que je fusse honnête homme ! Je ne vous reverrai donc plus. » Sous la plume de Picot, le bandit transforme sa repentance en rédemption christique : « Jeunes gens, profitez de l'exemple d'un jeune homme de vingt et un ans qui meurt pour avoir commis des crimes atroces. Je suis coupable de vols et d'assassinats et c'est avec justice que je suis mis à mort. Je demande pardon de mes crimes à Dieu et à mes juges, et si parmi les assistants il y a quelqu'un qui s'intéresse à moi, je le prie de dire un *Pater* et un *Ave* pour le salut de mon âme. » Sur le gibet expiatoire, l'Hercule du crime devient l'incarnation de ce que la justice pénale veut fabriquer sous l'Ancien Régime.

Selon la rumeur, Rosay est un des pires brigands de son temps. Accusateur du bandit dont « l'endurcissement » criminel culmine durant les deux années précédant son arrestation à Genève, le procureur général Naville prétend que la « nature a dicté son arrêt de mort à tous les juges qui liront sa procédure ». Au temps des Lumières, la carrière dissolue de l'Hercule du crime est un fait-divers que les magistrats nomment une biographie criminelle. Celle d'un homme dont la « misère seule lui faisait faire ce métier » de brigand comme le déclare François Rosay au terme du *Testament de mort* (14 juin 1787). Avant de grimper sur l'échafaud, il murmure à son confesseur le père Édouard, ce bon capucin de Gex dont la présence en public scandalise les pasteurs genevois : « J'ai fait bien des vols dont je ne puis me rappeler. Je me suis servi quelquefois de mon bâton, soit dans les grands chemins, soit dans les cabarets, mais jamais je n'ai tiré mon couteau contre personne ni n'ai volé ceux que j'ai attaqués sur le chemin. » S'étant ainsi confessé, apprenant le refus de sa grâce et sachant qu'il lui reste peu de temps à vivre, Rosay serait « pénétré » par la « conscience du poids de ses crimes » et par la « justice du châtiment qui lui était infligé » selon les magistrats qui le confient au lieutenant de police chargé avec les soldats de le mener au gibet.

L'Hercule du crime éliminé, les magistrats genevois resserrent leur habituelle coopération judiciaire avec des tribunaux étrangers. L'entraide pénale repose sur l'échange d'*Avis de recherche* et de *Signalements* de repris de justice, de galériens fugitifs, de déserteurs, de contrebandiers, voire de bandits notoires. Les informations extraites du *Testament de mort* de François Rosay, concernant ses complicités et la circulation d'acolytes présumés, sont communiquées au sénat de Savoie, à la cour du Tessin, aux conseils de Berne, de Neuchâtel et au parlement de Besançon. L'avocat fiscal général du sénat de Savoie en obtient une copie authentique avant d'évaluer l'éventualité de pourchasser militairement en son ressort les bandits dénoncés par Rosay. Si ses aveux au pied du gibet offrent la possibilité de talonner ses frères d'armes dans un large espace géopolitique, c'est la dangerosité du banditisme social qui radicalise la coopération pénale entre des États que la confession et le régime politique opposent. L'affaire Rosay place la République protestante de Genève au centre d'une trame policière d'États absolutistes et catholiques. Cette solidarité ébauche un territoire répressif commun où les maréchaussées traquent les scélérats qui, de près ou de loin, ressemblent à François Rosay, dernier pendu de l'Ancien Genevois.

Casque d'Or et les Apaches

Le 28 décembre 1901 à Paris, un couple remonte tranquillement la rue Popincourt vers le boulevard Voltaire. Il est 5 heures de l'après-midi. La nuit est déjà tombée en ce début d'hiver. Lorsqu'ils arrivent à hauteur de la rue du Chemin-Vert, ils aperçoivent face à eux deux hommes qui marchent tête baissée, casquette rabattue. À peine les croisent-ils que les deux inconnus portent à l'homme un coup de couteau à la tête. Il se protège avec son bras. Mais il reçoit un second coup. La femme se met à hurler. Des agents de police arrivent. Les deux inconnus déguerpissent. Les fuyards entrent dans la boutique d'un marchand de vin. Ils la traversent en courant. Puis ils montent un escalier et pénètrent dans une chambre inoccupée. Ils se croient alors sauvés… Erreur, les policiers n'ont plus qu'à cueillir les deux inconnus qui se sont précipités seuls dans cette souricière. Les coupables s'appellent Manda et Heill. Ils sont bientôt relâchés faute d'être reconnus par la victime. L'affaire de Casque d'Or peut commencer.

Pour une femme

Le couple qui ce soir-là se promène est formé par Amélie Élie, dite « Casque d'Or », et par son amant Leca.

L'une est prostituée et l'autre est son souteneur. Le petit coup de couteau est dû à l'ancien proxénète de Casque d'Or, Manda. Or, la petite tentative de Manda ne s'arrête pas à cet essai raté. Le 2 janvier 1902, quelques jours après, Manda et Polly tirent des coups de feu sur l'hôtel où Leca et Casque d'Or séjournent. Deux balles touchent Leca à la cuisse et au bras. Il n'a d'autre choix que de se rendre à l'hôpital afin d'être opéré. Ce faisant, il est questionné par la police. Le commissaire de quartier l'interroge mais Leca ne dit rien, comme il n'a rien dit pour les coups de couteau. Il ressort vite de l'hôpital. Amélie l'attend. Ensemble, ils montent dans un fiacre. Alors que le fiacre s'engage rue de Bagnolet, Leca est cette fois poignardé à trois reprises. Amélie crie. Le fiacre est bloqué devant une station de tramway. C'est désormais le sifflet des agents de police que l'on entend à tout rompre. Leca est ramené à nouveau à l'hôpital Tenon. Casque d'Or se tient à ses côtés. C'est elle qui a provoqué ce drame.

Amélie Élie est née à Orléans en 1878. Elle est âgée de 23 ans. Elle s'est installée à Paris, jeune et seule. En cela, son parcours est typique de nombre de familles pauvres du XIXe siècle. Dans ses *Mémoires*, elle raconte ainsi ses années d'apprentissage :

> « On a dix ans, on est trois ou quatre petites filles lâchées dans la rue, et on tourne déjà le popotin à la moindre

musique. Si un aveugle joue de la clarinette dans une cour, on est derrière lui. Si le tambour des soldats passe, on lui fait une haie en se tenant par la main. Mais c'est bien le mal, ô mon Dieu, si la porte d'un bal ouvre tout à coup sur le boulevard. Toute une mauvaise graine en jupons, toute la racaille des tas de sable et des joueuses "à la marchande", dégringole, se précipite et se trouve en deux minutes à la porte du bal. Il en vient de tous les coins, il en sort de tous les recoins. Ça dévisage ceux qui entrent et ceux qui sortent, ça écoute la voix du pistou et ça bouche la porte jusqu'à l'arrivée du garçon et de sa clarinette. De temps à autre, la plus gaillarde, celle qui a le moins froid aux yeux, fait un pas, risque un œil dans le fond et revient presque aussitôt très emballée, vers ses compagnes. »

Et Amélie d'égrener ce qui se passe à 11 ans, à 12, le moment où elle devient une femme… C'est à 13 ans également qu'elle se met en ménage avec un jeune ouvrier. Dans son autobiographie, Amélie le surnomme son petit « matelot » et dessine la vie de deux camarades d'atelier. Elle donne la description d'une brave petite ménagère, à ceci près que son mari lui rapporte tout de même des bottines, du savon noir, un coussin de soie, une montre en or… Sa famille la retrouve et elle goûte pour la première fois les joies de la maison de correction. Elle rompt alors cette vie pour s'aventurer seule dans Paris. Elle y fait la rencontre d'Hélène de la Courtille qui lui offre tout à la fois son lit et un morceau de trottoir.

C'est par son entremise que Casque d'Or entre dans le monde des Apaches. En effet, Hélène de la Courtille conduit un jour Amélie à La Pomme au lard, un établissement de la rue de Roquette fréquenté par une bande que l'on nomme « les Apaches ». L'un d'entre eux, dont les souliers jaunes sont rutilants, se nomme Bouchon. Il est l'une des grandes canailles du quartier de Charonne, et n'a pas hésité à corriger l'une de ses gagneuses en la pendant au bout d'une corde... Cela n'empêche pas Amélie de le suivre. Lors d'une lune de miel particulière, Bouchon s'appliquera à lui enseigner les techniques idoines. Amélie Élie ne semble pas souffrir de cette vie de prostitution. Elle en tire même une série de leçons pittoresques, où, toujours dans ses *Mémoires*, elle affirme fournir du rêve aux hommes, soulager des épouses, ne faire de mal à personne, recueillir les jeunes commis, faire circuler l'argent, éviter aux belles concierges d'être culbutées dans l'escalier, consoler les veufs de leur veuvage et les prêtres de leurs vœux... Avec elle, « le chicaneur », « le fanfaron », « le froussard », « le bon prince » deviennent des personnages presque attachants. Elle affiche même une légère préférence pour un jeune adolescent de 14 ans, fils d'un libraire de la rue des Orteaux qui venait chez elle une fois par semaine, tous les dimanches, entre 8 heures et 9 heures du soir. Mais les aléas du métier sont tels qu'ayant failli à sa tâche, Bouchon la corrige sévèrement. Elle quitte donc le quartier pendant plusieurs jours.

Par hasard, elle se place alors sous la protection de Joseph Pleigneur que l'on surnomme Manda. C'est un Apache, et son groupe se nomme la bande d'Orteaux, le nom d'une impasse du 20e arrondissement. Les commerçants qui veulent recevoir sa protection doivent lui reverser 10 % de leurs revenus. Manda est également doué pour fabriquer toutes sortes de fausses clefs, jacks et autres. C'est enfin un homme très efficace au lance-pierre. Certes, Bouchon tentera de récupérer Amélie Élie, que l'on surnomme en raison de ses cheveux blonds « Casque d'Or ». Manda se révèle un protecteur moins difficile que Bouchon. La seule hantise de Casque d'Or est d'être raflée par la police, car cette dernière est très stricte sur les heures pour tapiner. Une prostituée ne peut arpenter les rues qu'entre 7 heures du soir et minuit. Amélie connaît donc quelques séjours à Saint-Lazare…

Alors qu'est-ce qui a poussé Amélie Élie à quitter ainsi Manda, et choisir Leca, un autre Apache ? L'histoire est somme toute banale. Manda avait trouvé une nouvelle maîtresse, trop encombrante au goût de Casque d'Or. Dans ses *Mémoires*, Casque d'Or résume son état d'esprit :

> « Car enfin, voilà des choses qui ne se présentent pas tous les jours devant le cerveau d'une femme ; voilà des beautés qu'on ne voit point dans les livres et que la grande foule des employés à deux mille quatre ne connaît pas ! Quoi ?

Avoir là, sous la main, un homme qui n'a jamais fléchi, et puis en découvrir un second tout à côté, et capable dit-on ? Peut-être ? On ne sait pas bien ? Les uns l'affirment, les autres le nient. Ah ! C'est bien beau cela, Manda, oh que c'est beau ! La fièvre vous gagne, la tremblote vous saisit, on se lance dans le champ des hypothèses et des probabilités imbéciles ; on appelle à son secours tout l'inconnu, toutes les surprises, toutes les feintes ; on perd complètement et heureusement la boule ! L'esprit, tout seul, engage des paris avec lui-même et il les perd, et il les gagne, et on ne sait plus, à la fin du compte où on est. »

À la vérité, Casque d'Or sait très bien comment elle a quitté Manda. Le 25 décembre 1901, elle se rend avec une amie aux *Innocents*. Mais Leca n'y est pas. Puis elle se rend chez *L'Ange*, où elle le trouve cette fois. Leca évoque ses souvenirs des Bat' d'Af'. Il lui raconte sa traversée de la méditerranée, Alger, Médéa et Elgolia. Il lui montre également ses tatouages. Ces derniers sont nombreux. Lion, oasis, Andalouses, ils font rêver la prostituée qui se souvient de l'unique étoile au bout d'un doigt de Manda… Or, le tatouage est à cette époque un langage, un art qui intéresse autant les couches populaires de la société que celles bourgeoises ou aristocratiques. Amélie quitte ainsi Manda et la Courtille pour Leca et Charonne. En faisant ce choix, Casque d'Or sait parfaitement que par les codes de l'honneur, Manda doit obligatoirement affronter Leca. Ils sont des Apaches, à la tête de leur bande, et les femmes sont des biens qui ne sont pas libres de leur liberté. Or, les Apaches sont à cette époque-là une des caractéristiques du Paris de la Belle Époque.

Le gang des Apaches à Paris

Dans son édition du 20 octobre 1907, en pleine campagne anti-Apaches dans les journaux parisiens, *Le Petit Journal* donne cette description :

> « Plus de 30 000 rôdeurs contre 8 000 sergents de ville : l'Apache est la plaie de Paris. Nous démontrons plus loin, dans notre "Variété", que, depuis quelques années, les crimes de sang ont augmenté dans d'invraisemblables proportions. On évalue aujourd'hui à au moins 70 000 le nombre de rôdeurs – presque tous des jeunes gens de quinze à vingt ans – qui terrorisent la capitale. Et, en face de cette armée encouragée au mal par la faiblesse des lois répressives et l'indulgence inouïe des tribunaux, que voyons-nous ?... 8 000 agents pour Paris, 800 pour la banlieue et un millier à peine d'inspecteurs en bourgeois pour les services dits de sûreté. Ces effectifs qui, depuis quinze ans n'ont guère été modifiés, sont absolument insuffisants pour une population dont l'ensemble – Paris et banlieue – atteint, le chiffre énorme de 4 millions d'habitants. C'est ce que nous avons voulu démontrer dans la composition si artistique et si vivement suggestive qui fait le sujet de notre première gravure. »

Sur la gravure qui accompagne l'article, on voit un homme, belles chaussures, casquette vissée sur la tête, couteau à la main, attendre au coin d'un immeuble devant des hirondelles submergées et bien plus petites. C'est là une description de la bande des Apaches du Paris de la Belle Époque. Car l'une des particularités de la capitale en ce début du XXe siècle est de voir s'affronter différentes bandes rivales. Les Apaches sont l'une d'entre elles. Cette bande officie particulièrement dans les quartiers de l'Est parisien que sont alors Belleville ou Ménilmuche. La nuit, ils se rendent dans d'autres quartiers comme la Mouff', ou encore Bastoche. Généralement, la bande des Apaches est connue pour des escroqueries (le bonneteau), le proxénétisme. Les homicides sont plus rares et relèvent du code entre bandes. Les femmes n'en sont pas absentes, au contraire. La présence de Casque d'Or est ainsi assez naturelle.

La bande des Apaches se distingue par un certain nombre de codes qui témoignent de son appartenance. L'élément le plus important est sans conteste la chaussure. Qu'elles se nomment bateaux, écrase-merde, flacons, grolles, lattes ou tatanes, les chaussures des Apaches se doivent d'être brillantes. De même la casquette que l'on nomme la deffe doit être plate, ronde ou gonflante. Elle met en valeur les cheveux toujours coupés en ligne droite au-dessus du cou. Ces derniers sont lissés et pommadés, les mèches sont ramenées en guiches (accroche-cœur) sur les tempes au niveau de la partie supérieure de l'oreille. Mais les chaussures demeurent l'objet d'apanage des Apaches, un objet pour lequel on vole, on truande et parfois on tue.

Demeure la question du nom. Pourquoi et comment ce surnom a-t-il été donné ? Dans son édition du 23 janvier 1910, *Le Petit journal illustré* indique ses origines :

> « J'ai vu souvent des gens s'étonner de cette dénomination appliquée aux jeunes rôdeurs parisiens, dénomination dont ceux-ci se glorifient d'ailleurs, et il m'a paru curieux d'en rechercher l'origine. Je vous la donne telle qu'elle me fut contée.
>
> C'est au commissariat de Belleville que, pour la première fois, ce terme fut appliqué à nos jeunes malandrins des faubourgs. Ce soir-là, le secrétaire du commissariat interrogeait une bande de jeunes voyous qui, depuis quelque temps, ensanglantait Belleville par ses rixes et ses déprédations et semait la terreur dans tout le quartier. La police, enfin, dans un magistral coup de filet, avait réussi à prendre toute la bande d'un seul coup, et les malandrins, au nombre d'une douzaine, avaient été amenés au commissariat où le "panier à salade" allait bientôt venir les prendre pour les mener au Dépôt. En attendant, les gredins subissaient un premier interrogatoire. Aux questions du secrétaire, le chef de la bande, une

jeune "terreur" de 18 ans, répondait avec un cynisme et une arrogance extraordinaires. Il énumérait complaisamment ses hauts faits et ceux de ses compagnons, expliquait avec une sorte d'orgueil les moyens employés par lui et par ses acolytes pour dévaliser les magasins, surprendre les promeneurs attardés et les alléger de leur bourse ; les ruses de guerre, dont il usait contre une bande rivale avec laquelle lui et les siens étaient en lutte ouverte. Il faisait de ses exploits une description si pittoresque, empreinte d'une satisfaction si sauvage, que le secrétaire du commissariat l'interrompit soudain et s'écria :

— Mais ce sont là de vrais procédés d'Apaches.

Apaches !... Le mot plut au malandrin... Apaches ! Il avait lu dans son enfance les récits mouvementés de Mayne Reid, de Gustave Aimard et de Gabriel Ferry... Apaches !... Oui, l'énergie sombre et farouche des guerriers du Far West était assez comparable à celle que déployaient aux alentours du boulevard extérieur les jeunes scélérats qui composaient sa bande... Va, pour Apaches ! Quand les gredins sortiront de prison – ce qui ne dut pas tarder, vu l'indulgence habituelle des tribunaux –, la bande se reconstitua sous les ordres du même chef, et ce fut la bande des "Apaches de Belleville". Et puis le terme fit fortune. Nous eûmes bientôt des tribus d'Apaches dans tous les quartiers de Paris : tant et si bien que le mot prit son sens définitif et qu'on ne désigna plus, autrement les rôdeurs de la grande ville. Aujourd'hui l'expression est consacrée ; la presse l'emploie journellement, car les

> Apaches ne laissent pas passer un jour sans faire parler d'eux… Il ne manque plus que de la voir accueillie par le dictionnaire de l'Académie… »

L'Académie peut-être pas. Mais des bandes organisées et efficaces, certes.

Un procès qui passionne les foules

Le procès qui s'ouvre est l'occasion pour Casque d'Or d'une belle mise en scène. Les journalistes se montrent friands de sa gouaille, et le Tout-Paris se délecte de ses récits. C'est à ce moment qu'elle apparaît sous ce surnom, dont plusieurs journalistes se disputent la paternité. Or, l'affaire commence mal pour elle, puisqu'elle débute à Saint-Lazare. En effet, durant les semaines qui précèdent le procès, Casque d'Or vit avec une compagne Ninon, une ancienne des boulevards. Les deux femmes sortent peu. Elles se rendent parfois au bal des Gravilliers. Elles ne font qu'y assister et ne dépassent pas les barrières qui les séparent des danseurs. Le 18 mai, vers une heure du matin, elles sortent toutes deux assez éméchées du bal. Elles rencontrent alors deux policiers qui les conduisent au commissariat. Là, le sort sera différent pour l'une et l'autre. Alors que pour Ninon c'est le classique séjour, Casque d'Or elle, doit y rester bien plus longtemps que les huit jours maximum. Ce laps de temps correspond à la fin du procès de Manda, où elle est l'un des principaux témoins. Les journaux ne sont pas en reste de cette arrestation. Cependant, ils reprennent des informations erronées qu'à bon escient la police leur communique. Casque d'Or n'a point été arrêtée saoule au sortir d'un bal, mais alors qu'elle se prostituait place de la République.

Le procès s'ouvre dans une atmosphère étonnante. En effet, la salle est pleine du Tout-Paris de l'époque, outre les journalistes et les dessinateurs. Tous attendent une réaction de la part de Manda lorsqu'il se voit confronté à sa maîtresse. De sorte que pour les trois accusés, Manda, Le Boulanger et Le Rouquin c'est une étonnante découverte que cette salle d'audience lorsque s'ouvre leur procès. Un fait signale cette attention. Ce public mondain n'accorde que peu d'importance aux hommes de loi. Ni le président Chérot, ni l'avocat général Trouard-Riolle, ni les avocats de la défense Baylé, Salmon et d'Astier de la Vigerie ne suscitent la moindre curiosité. En revanche, l'attente est grande pour Casque d'Or, qui patiente elle dans le panier à salade…

Le procès s'ouvre par la lecture de l'acte d'accusation de Manda, ou plutôt de Joseph Pleigneur pour l'état civil. Ce dernier approuve la lecture qui est faite également de ses exploits passés. Le président fait état d'une déposition de Leca. Dans cette dernière, Leca explique que s'il a voulu prendre Casque d'Or à Manda, c'est parce que celui-ci avait tenté de séduire Victorine Van Maële, sa maîtresse. Si Amélie avait été dans la salle, elle aurait ainsi compris pourquoi Leca avait qualifié auparavant Manda de « dégoûtant »… Le président poursuit en citant les nombreux actes de violence dont Manda s'est rendu coupable. Contre ces voies de fait, Manda se dresse dans une position simple. Il rejette toute la responsabilité des affrontements sur Leca. C'est lui finalement qui aurait provoqué son malheur. Pire, le président a mal compris la portée des actes. Dans la bouche de Manda, les coups de couteau deviennent des coups de clé pour riposter aux coups de révolver de Leca. Les coups de révolver dans la fenêtre de Leca deviennent des injures, quant à la bagarre de la rue Planchat, un traquenard de Leca. La posture de Manda est dangereuse, au point que l'un de ses avocats, maître Baylé, le lui fait remarquer. Manda s'est enfermé dans une défense idiote au lieu de reconnaître certains faits. La déposition du docteur Socquet, le premier témoin, confirme les rapports de police et dément ainsi la position de Manda. Seule une discussion entre l'un des jurés et le docteur apporte un regard sur la question de bandes à Paris. Le juré demande si les tatouages des accusés ne peuvent pas être considérés comme des signes de reconnaissance. Le médecin répond en affirmant qu'il n'a rien remarqué de tel. La passe d'armes amuse l'audience. En effet, l'un des accusés signale qu'il a le même tatouage qu'un policier en faction et que pour autant ils n'appartiennent pas à la même bande…

Vient alors le témoignage tant attendu d'Amélie Hélie. Elle décline son état civil. Elle prétend exercer la profession de fleuriste. Quant au fait d'avoir entretenu un jour Manda, elle jure que non ! Comme le président insiste, Casque d'Or prend vite un ton acide. La presse relate alors les échanges :

« — Jamais, je n'ai rien donné à Manda. Je gardais mon argent pour les toilettes.
— Mais vous avez dit tout le contraire à l'instruction !
— C'est Leca qui m'y avait forcée.
— Vous avez envoyé de l'argent à Manda à la Santé.
— Il était en prison et je le savais malheureux. C'est comme moi quand je suis arrêtée, je suis malheureuse.
— Vous avez été arrêtée le 18 mai par le service des mœurs.
— Oui.
— Lorsque Manda ne travaillait pas, vous le nourrissiez ? Et il ne travaillait pas souvent.
— Oui.
— C'est vous qui payez la chambre.
— Je n'ai pas dit ça.
— Venons-en à l'origine de cette affaire. D'où est venue, selon vous, la haine qui existait entre Manda et Leca ?
— J'ai appris que Manda couchait avec Victorine Van Maële, la maîtresse de Leca. Alors moi, je suis partie avec Leca, pour me venger de l'infidélité de Manda.

— C'est de là qu'est venue toute l'affaire, mais pendant que vous étiez avec Leca, cela ne vous empêchait pas d'avoir des rendez-vous avec Manda.
— Je le voyais de temps en temps. »

Manda ne réagit pas. Comme il ne réagit pas lorsque Casque d'Or est aussi interrogée sur le coup de couteau à la tête reçu par Leca. Casque d'Or n'a rien vu, rien entendu. La salle est prise d'un fou rire. Casque d'Or se rétracte sur tous les points. Le président finit par lâcher :

« — En somme, toutes vos précédentes dépositions étaient mensongères. Ce sont votre loyauté et votre honnêteté qui vous ont invitée à vous rétracter.
— Oui. »

Le président libère alors Casque d'Or, non sans avoir signifié qu'elle était attendue chez le juge d'instruction pour une autre affaire. Les murmures s'élèvent dans la salle car Casque d'Or est la vedette de ce procès, et l'on s'interroge sur une nouvelle affaire. Dès lors, les bancs se clairsèment. Pour Manda, le procès se complique. Le prochain témoin à la barre n'est autre que le père de Leca. Et cet homme est au-dessus de tout soupçon. Ancien employé de l'octroi, médaillé militaire, il est la figure même de l'honnêteté. Il se lance à la barre dans un court récit :

« On est venu me dire que mon fils était à Tenon, gravement blessé, dans l'après-midi du 9 janvier. J'ai pris un fiacre qui m'a amené à l'hôpital. Une infirmière m'a conduit dans la salle. J'entends appeler "Papa", je me retourne et je vois mon fils dans un lit, pâle comme la mort. Certainement, il ne passerait pas la nuit. Je me suis assis près de lui. "C'est Manda qui m'a assassiné d'un coup de couteau, c'est lui qui m'a blessé de deux balles rue Planchat, venge-moi !" L'infirmière est alors venue me demander de ne pas prolonger l'entretien. Je suis sorti, mais si j'avais rencontré Manda à ce moment, je ne sais pas ce que j'aurais fait. Je suis allé au commissariat où se trouvait Amélie. Je lui ai répété aussitôt ce que mon fils venait de me dire à l'hôpital. Quand elle m'a entendu, Amélie a crié : "Puisque mon amant a dit à son père ce qui s'est passé, je dirai la vérité !" »

Le président fait revenir Amélie. Mais rien ne change. L'avocat général a toute lattitude pour dresser le portrait de Manda. C'est un cambrioleur, un chef de bande, un proxénète, un individu dangereux. Il requiert donc le bagne à perpétuité. Même punition pour Ponsard, qu'il considère comme son principal complice. Face à ce réquisitoire, l'avocat de Manda minimise l'affaire et met en cause l'attitude de la presse. C'est elle qui monte en épingle les bagarres entre souteneurs, il n'y a rien là que de la simple correctionnelle. Il clame ainsi : « Manda a des antécédents, un casier judiciaire, il était le protecteur d'Amélie. Cela n'est pas niable. Mais il reste qu'il n'est pas l'homme qui a blessé Leca d'un coup de couteau à sa sortie de l'hôpital Tenon. Jamais la preuve n'a pu en être faite. Que Manda soit frappé d'une peine de prison soit, mais pas de la peine de travaux forcés ! » L'avocat a ici une argumentation judiciaire. En effet, la peine des travaux forcés était souvent appliquée dans le cas de meurtre avec circonstances atténuantes. C'est une condamnation à un exil définitif en Guyane.

La délibération des jurés ne dure qu'une heure. Manda est reconnu coupable du chef d'accusation de tentative d'homicide avec préméditation. Il est condamné aux travaux forcés à perpétuité. Son acolyte Rouquin est condamné, mais avec les circonstances atténuantes. Il est donc condamné à la peine des travaux forcés, mais pour une durée de cinq ans, ce qui signifie qu'au terme de cinq années de bagne, doublées de cinq années en Guyane, il peut revenir en métropole. Quant à Heill, il est acquitté. Dans son édition du 1er juin, *Le Matin* relève les propos du condamné : « Il n'y a plus de justice. Non, plus de justice ! On me condamne uniquement parce qu'on affirme que je suis un souteneur. Tous les jours, on acquitte des cambrioleurs. Pour moi, on n'a pas eu de pitié. Et c'est ça la justice ! […] et Mélie qui m'écrit pour me dire qu'elle m'aime toujours et qu'elle est prête à se marier avec moi ! Je me fous de son amour ! Pour l'épouser, ah ! ça non, jamais, jamais ! »

Casque d'Or est libérée dès le lendemain de Saint-Lazare. Elle découvre dans la presse les déclarations peu sympathiques de Manda. Son heure de gloire est passée, auprès de son ancien amant comme auprès des journalistes. L'affaire ne fait plus la une. Manda se pourvoit en cassation, mais la cour rejette le pourvoi. Les journalistes s'intéressent encore à lui. Il est représenté, les pieds enchaînés, dans le fourgon cellulaire de l'époque. En effet, il quitte les prisons parisiennes pour la citadelle de Saint-Martin-de-Ré d'où les condamnés partent pour les bagnes de Guyane. Ce convoi signifie aussi que les condamnés ont une escale à La Rochelle, où ils traversent la ville à pied sous la surveillance des gardes.

Henri Beraud a théâtralisé à l'extrême le départ :

> « Alors à pas lents on voit sortir un troupeau, ce sont eux, ce sont les forçats, par rang de trois, encadrés de baïonnettes, qui vont s'embarquer pour la Guyane, ils s'avancent droit sur nous, on est comme hypnotisés, on ne voit qu'eux. [...] En tête marchent des hommes couplés poignet à poignet, par des brancardes d'acier. Ce sont les dangereux, les cruels, les évadés, les révoltés, les violents, les rétifs. Celui qui marche à droite, bandit grand et fort a, dit-on, fait serment d'égorger deux complices qui l'ont donné et qui le suivent à présent dans les files obscures de la chiourme. [...] Chaque forçat est vêtu de bure grise, coiffé d'un bonnet de laine. Les relégués qui vont

> en queue de convoi ont des chapeaux. Chacun coltine un gros sac blanc, où sont serrés ses effets de bagne. Lorsque la chaîne tout entière a passé par la porte, elle fait halte. C'est un silence qu'on ne peut oublier. Les trois cent quarante forçats attendent là, immobiles et soumis, bouches closes, et sur trois cent quarante visages rasés on voit toutes les expressions de la misère, de la haine et de la basse forfanterie. »

On se déplace ainsi pour le voir. Son visage, son corps déçoivent. Il est petit, n'a que peu d'allure. Est-ce là le célèbre Manda de Casque d'Or ? Quelques semaines plus tard, Leca le rejoint à la citadelle. Mais pour ce dernier, aucun journaliste ne fait le déplacement. À Saint-Martin-de-Ré, les deux prisonniers ne se rencontrent jamais.

Le départ pour la Guyane de Manda suscite en revanche l'intérêt de ses compagnons d'armes. Il demeure un Apache, et à ce titre, plusieurs estiment qu'il mérite un dernier hommage. Certains d'entres eux font ainsi le voyage vers Saint-Martin-de-Ré. Ils louent deux lucarnes d'où ils pourront assister, dès les sept heures du matin, à l'embarquement des condamnés et des relégués. Ils le voient ainsi monter dans le premier chaland. Durant la traversée, la vie est réglée comme elle le sera au sein du pénitencier. Les condamnés se lèvent à cinq heures et demie ; une heure plus tard a lieu le décrassage. Debout, nus à une extrémité de la cage, les condamnés sont aspergés d'eau de mer. Ils peuvent ensuite se promener pendant une heure sur le pont. À midi, ils prennent leur repas et à quatre heures et demie le souper. La ration qui leur est dévolue est identique à celle des marins. Par exemple, au petit-déjeuner, hareng, bœuf ou morue avec des pommes. Au dîner, macaronis et soupe de légumes. Le lendemain riz au gras et soupe de légumes. En théorie. L'usage du tonneau d'eau auquel on additionne un quart de rhum a cours.

Manda découvre la France équinoxiale et ses bagnes

Manda a été condamné aux travaux forcés. Il arrive en Guyane en 1903. Le bagne a déjà presque cinquante ans d'existence. Et sous ce terme générique, il existe une multitude de possibilités. Parler d'un bagne est faux, tant l'expression se décline au pluriel. Ouverts, fermés, déplacés à seulement quelques années d'intervalle, regroupant une dizaine de détenus comme une centaine ou des milliers, les bagnes prennent la forme de chantiers forestiers, de fermes, ou de vastes pénitenciers. Petite géographie de la transportation : 1852, les îles du Salut accueillent les premiers arrivants. Suivent l'îlet La Mère et le pénitencier de la Montagne d'Argent en 1853, le pénitencier de Saint-Georges en 1854 (fermé en 1864), de La Comté en 1855 (fermé en 1859), et des pénitenciers flottants (1855-1887). C'est alors vers la frontière nord, vers le Maroni que l'on repousse les forçats puisque Cayenne veut se préserver.

Manda est ce que l'on appelle un « transporté ». Les *transportés* sont ces anciens prévenus des assises tombés sous le coup de la loi transportation de 1854, fondatrice du régime des bagnes. L'Empire défait à Sedan, la Troisième République complète ce dispositif en 1885 par la loi sur la relégation. Cette fois, le visage des *relégués* est celui de petits voleurs, de gens de peu qui sur la base de quatre condamnations en moins de dix ans ont connu le voyage vers Cayenne. La crainte obsédante de Jean Genet qui, sous le coup de cette peine, en fait une pièce de théâtre, *Le Bagne.* Reste un troisième ordre, celui des *déportés*, espions ou traîtres dont le capitaine Dreyfus a été le plus célèbre. Confinés à l'île du Diable qui accueillait autrefois la léproserie, une trentaine d'hommes vivent dans de petites maisonnettes, libres de mouvement – au contraire de Dreyfus – et seulement gardés par des courants violents.

Trente ans séparent aussi les deux lois principales. Le temps d'une génération. Le temps de voir tomber le prétexte fallacieux d'une rédemption par le travail. En témoignent ces propos de l'empereur, en 1866, lorsqu'il apprend le retour de libérés : « Je ne puis admettre que des criminels qui n'ont point expié leur forfait, qui sont les rebuts des sociétés civilisées, le résumé de toutes les perversités humaines, soient, sous le prétexte d'encouragement à la réhabilitation, confondus avec les citoyens honnêtes à quelque race qu'appartiennent ces derniers, [...] que des pères de famille honorables, des femmes, des jeunes filles soient exposés à être convoyés par ces individus, à subir la souillure de leur contact. »

Manda est lui transféré aux îles. Les îles du Salut sont situées à quinze kilomètres au large de Kourou. À l'origine dénommées îles du Diable, elles ont changé de patronyme, lorsqu'en 1763, les malheureux colons de l'expédition de Kourou y trouvèrent refuge. Chaque île est dévolue à des types de condamnés. D'une superficie de 28 hectares pour 950 mètres de longueur, une infrastructure importante est mise en place à l'île Royale dès la fin des années 1850. Tous les bâtiments (l'hôpital, les hangars, la caserne) sont situés dans la partie basse de l'île. À titre d'exemple, en 1877, l'effectif de 514 transportés se décompose comme suit : 302 Européens, 167 Arabes, 41 Noirs et 4 femmes ; l'hôpital accueille alors 63 malades. À cette époque, les détenus qui décèdent de mort naturelle, comme les exécutés, sont jetés à la mer au large de l'île, dans des eaux infestées de requins. Cette pratique qui peut sembler inhumaine est en réalité héritée de l'immersion en mer des marins morts. N'oublions pas que le bagne dépend du ministère de la Marine et des Colonies. Elle prend fin quelques années plus tard.

Sur l'île de Saint-Joseph (20 hectares et 650 mètres de longueur), l'effectif se monte en 1859 à 52 transportés dont 32 Européens, 15 Arabes, 3 Noirs et 2 femmes. Par la suite, l'île est le domaine des incorrigibles, dits « incos ». Ils sont enfermés individuellement et le toit de la cellule est en réalité une grille ouverte du haut de laquelle le surveillant a tout loisir de surveiller, ou de balancer ordures et autres… On trouve également au XIXe siècle une tannerie qui emploie quatorze hommes, un four à chaux qui en utilise six et une maison d'aliénés. L'île du Diable (14 hectares) sert jusqu'en 1895 de léproserie. Ensuite, elle accueille une trentaine de déportés en moyenne, dont le capitaine Dreyfus. De nos jours, le cimetière des déportés, situé sur la partie haute et irrespirable de l'île, est toujours visible.

C'est vers Royale que Manda est envoyé. Ce statut est tout à fait particulier, puisqu'un séjour sur les îles est la certitude que contrairement aux autres bagnes de Guyane, on ne peut s'évader, mais c'est aussi la garantie d'un air plus sain qu'en d'autres points de la Guyane. Manda est affecté à la case rouge, c'est-à-dire qu'il est hautement surveillé. Il doit en outre se conformer au rythme de vie des condamnés. À Saint-Laurent-du-Maroni, le rythme est celui-ci : réveil à 5 heures, arrangement des cases et propreté jusqu'à 5 heures 45 où retentit l'appel, défilé et travail de 6 heures à 10 heures, repas de 10 heures 30 à 11 heures, de 11 heures à 12 heures 30 repos, défilé et travail de 13 heures à 17 heures 30, propreté et souper de 17 heures 30 à 18 heures. À 20 heures, les bagnards sont enfermés, le silence doit régner.

Au bagne, Manda ne se rebelle pas. Sans doute a-t-il pris conscience, à écouter d'autres condamnés, du statut relativement calme qu'est celui des bagnards aux îles. Il devient infirmier à l'hôpital, c'est-à-dire garçon de salle. L'une des photos prises à l'époque le montre ainsi alerte et souriant. Il fait même preuve d'un certain zèle en rempruntant des traités de médecine. Il devient infirmier-panseur, ce qui lui permet d'assister les médecins. En 1918, Manda bénéficie d'une remise de peine pour bonne conduite et services rendus à l'hôpital. Il rejoint alors le pénitencier de Saint-Laurent-du-Maroni où il est affecté à l'hôpital. En 1922, il est *libéré,* c'est-à-dire qu'il est astreint à résidence en Guyane (mais tricard à Cayenne). À la vérité la nuance est infime. Car les cases des libérés sont voisines à Saint-Laurent de celles des transportés. Cela signifie simplement que désormais ils doivent subvenir seuls à leur besoin, et nombre de libérés font tout pour redevenir des transportés tant leur vie est misérable une fois libérés. Manda exerce d'autres professions : charretier, débardeur, homme de peine, jardinier. Il perd enfin la vue et est placé à l'hôpital de Saint-Laurent où il meurt en 1935 à l'âge de 49 ans.

Au lendemain du procès, Casque d'Or se désintéresse du sort de ses anciens compagnons. Elle continue à se faire entretenir. Elle se marie même le 27 janvier 1917, à 38 ans, avec André Nardin à la mairie du 11e arrondissement. Quatre enfants naissent de cette union, et elle élève de surcroît deux neveux orphelins de son mari. Dix ans plus tard, elle vend des articles de bonneterie sur les marchés. En 1933, elle décède dans une petite maison de banlieue. Son époux découvre en 1951 la sortie du film de Jacques Becker. Il tente de le faire interdire, mais l'avocat du cinéaste plaide que les aventures de Casque d'Or appartiennent à la mémoire collective. La gloire de Casque d'Or lui revient alors une dernière fois.

Remerciements

Marion Godfroy remercie monsieur Pierre Bellemare de son accueil chaleureux pour ce projet.

Marion Godfroy tient également à assurer de sa plus parfaite reconnaissance messieurs Jean-Jacques Becker, Frédéric Chauvaud, Dominique Kalifa, Nicolas Lyon-Caen, Michel Porret et Sylvain Rappaport pour avoir mis leurs archives et – ce n'est pas négligeable – leur talent au service de cet opus. Sans cette belle équipe, rien n'aurait été possible.